Hubertus Bardt

„Arbeit" versus „Kapital" – Zum Wandel eines klassischen Konflikts:
Eine ordnungsökonomische Studie

Schriften
zu Ordnungsfragen der Wirtschaft

Herausgegeben von

Prof. Dr. Gernot Gutmann, Köln
Dr. Hannelore Hamel, Marburg
Prof. Dr. Helmut Leipold, Marburg
Prof. Dr. Alfred Schüller, Marburg
Prof. Dr. H. Jörg Thieme, Düsseldorf

Unter Mitwirkung von

Prof. Dr. Dieter Cassel, Duisburg
Prof. Dr. Karl-Hans Hartwig, Münster
Prof. Dr. Hans-Günter Krüsselberg, Marburg
Prof. Dr. Ulrich Wagner, Pforzheim

Redaktion: Dr. Hannelore Hamel

Band 73:   „Arbeit" versus „Kapital" – Zum Wandel
             eines klassischen Konflikts

 Lucius & Lucius · Stuttgart · 2003

„Arbeit" versus „Kapital" – Zum Wandel eines klassischen Konflikts

Eine ordnungsökonomische Studie

von

Hubertus Bardt

 Lucius & Lucius · Stuttgart · 2003

Anschrift des Autors:

Dr. Hubertus Bardt
Römerplatz 6
53179 Bonn

e-mail: bardt@web.de

Bibliografische Information der Deutschen Bibliothek
Die Deutsche Bibliothek verzeichnet diese Publikation in der Deutschen
Nationalbibliografie; detaillierte bibliografische Daten sind im Internet
über http://dnb.ddb.de abrufbar.

(Schriften zu Ordnungsfragen der Wirtschaft; Bd. 73)
ISBN   3-8282-0277-2

© Lucius & Lucius Verlags-GmbH • Stuttgart • 2003
Gerokstraße 51 • D-70184 Stuttgart

Druck und Einband: ROSCH-BUCH Druckerei GmbH, 96110 Scheßlitz
Printed in Germany

ISBN   3-8282-0277-2
ISSN   1432-9220

Vorwort

„Kapital für Arbeit" heißt ein Hilfsprogramm der deutschen Bundesregierung im Jahre 2003. Unternehmen, die einen Arbeits- oder Ausbildungsplatz schaffen, sollen mit zinsverbilligten Krediten belohnt werden – nach dem Motto: „Kommt das Kapital nicht zur Arbeit, muß es zur Arbeit gebracht werden". Offensichtlich mangelt es an Ordnungsbedingungen, die es ermöglichen, daß sich im Wirtschaftsalltag ein solches Miteinander von Arbeit und Kapital vollzieht, aus dem von selbst – also ohne das fragwürdige Lockmittel staatlicher Subventionen – ein volkswirtschaftlich wünschenswertes Beschäftigungsverhalten der Unternehmen hervorgehen kann. Hier wie auch vielfach sonst in der Beschäftigungspolitik geht es um Probleme, die auf bestimmten wirtschaftstheoretischen und sozialethischen Vorstellungen zum Verhältnis von „Kapital" und „Arbeit" beruhen und den Gebrauch beeinflussen, der davon im Wirtschaftsalltag gemacht wird. In der vorliegenden Arbeit geht der Autor diesen Vorstellungen systematisch nach, indem er sie einer Konfliktthese und einer Harmoniethese zuordnet.

Aus einer ordnungsökonomischen Sicht werden hierzu folgende Fragen in den Mittelpunkt gerückt: Welche ordnenden Kräfte wirken auf Form und Ergebnis des Zusammenwirkens von Arbeit und Kapital ein? Welche Theoriekonzepte erweisen sich in verschiedenen historischen und aktuellen Situationen als handlungsleitend für die Gestaltung dieses Verhältnisses? Warum haben sich in der Wissenschaft die Vertreter einer (bedingten) Harmoniethese weithin durchgesetzt, während im wirtschaftspolitischen Alltag und in der sozialethischen Diskussion Deutschlands und anderer Länder die Konfliktthese nach wie vor dominiert?

Der Autor zeigt insbesondere, wie neuere ordnungsökonomische Theorien für die Analyse möglicher Wechselwirkungen zwischen Verfügungsrechten und bestimmten Konfliktarten fruchtbar gemacht werden können. Dies wird nicht nur prinzipiell abgehandelt, sondern auch an verschiedenen historischen und aktuellen Konfliktbereichen und Entwicklungen des Wirtschaftsalltags erläutert, und zwar in Industrie- und Entwicklungsländern.

Die Arbeit ist als Beitrag zur Theorieentwicklung und Wirtschaftsgeschichte vor dem Hintergrund einer Problematik zu verstehen, deren Bedeutung angesichts der anhaltenden Massenarbeitslosigkeit an Aktualität nichts verloren hat. Von Anfang bis Ende legt der Verfasser Wert darauf, die theoretischen Erörterungen stets mit den Triebkräften zu verbinden, die den Wandel des Zusammenwirkens von Arbeit und Kapital bestimmen. Die Arbeit, die im Sommer-Semester 2003 vom Fachbereich Wirtschaftswissenschaften der Philipps-Universität Marburg als Dissertation angenommen wurde, leistet einen wichtigen Beitrag zur Aufklärung des Verhältnisses von Arbeit und Kapital und zu den Notwendigkeiten und Möglichkeiten für institutionelle Reformen, die die Chancen für eine produktive und menschenwürdige Gleichrichtung der Interessen von Kapital und Arbeit verbessern, wie es der irenischen Idee der Sozialen Marktwirtschaft entspricht.

Marburg, im November 2003   Prof. Dr. Alfred Schüller

Vorwort des Verfassers

All jenen, die mit dazu beigetragen haben, dass diese Arbeit zustande kommen konnte, sei an dieser Stelle ganz herzlich gedankt.

Bedanken möchte ich mich insbesondere bei meinem Doktorvater, Herrn Professor Dr. *Alfred Schüller*, der nicht nur den Anstoß zu dieser Untersuchung gab, sondern die Arbeit durch zahlreiche Ratschläge, Hinweise und Anmerkungen auch stets engagiert förderte. Ebenso danke ich Herrn Professor Dr. *Wilhelm Meyer*, der sich freundlicherweise als Zweitgutachter zur Verfügung gestellt hat.

Zu danken habe ich ferner den Mitarbeitern der Forschungsstelle zum Vergleich wirtschaftlicher Lenkungssysteme an der Philipps-Universität Marburg für ihre Hilfe und den Teilnehmern der Doktorandenkolloquien für die konstruktiven Diskussionen.

Meinem Chef am Institut der deutschen Wirtschaft Köln, Herrn Professor Dr. *Gerhard Fels*, danke ich für seine wohlwollende Unterstützung und für interessante Einblicke in vielfältige wirtschaftspolitische Fragestellungen.

Mein besonderer Dank gilt jedoch meinen Eltern und meiner Familie, die mich immer außerordentlich gefördert und ermutigt haben. Ohne die Geduld, die Anregungen und kritischen Anmerkungen meiner lieben Frau *Juliane Bardt*, die vor allem auch unzählige Korrekturgänge auf sich genommen hat, wäre diese Arbeit niemals möglich gewesen. Vielen Dank!

Bonn, im November 2003   Hubertus Bardt

Inhalt

Abkürzungsverzeichnis

d.h.	das heißt
DBK	Deutsche Bischofskonferenz
EKD	Evangelische Kirche in Deutschland
(f)f.	(fort)folgende
Hrsg.	Herausgeber
NGO	Nongovernmental Organisation/Nichtregierungsorganisation
Nr.	Nummer
o.J.	ohne Jahresangabe
o.O.	ohne Ortsangabe
o.V.	ohne Verfasser
OECD	Organisation for Economic Co-Operation and Development/Organisation für wirtschaftliche Zusammenarbeit und Entwicklung
usw.	und so weiter
S.	Seite
SVR	Sachverständigenrat zur Begutachtung der gesamtwirtschaftlichen Entwicklung
u.a.	und andere
u.ä.	und ähnliches
v.Chr.	vor Christus
WTO	World Trade Organization/Welthandelsorganisation
Zf.	Ziffer

1. Einführung

Fragen des Mit- oder Gegeneinanders von Arbeit und Kapital haben wissenschaftliche Diskussionen und politische Entwicklungen der letzten Jahrhunderte geprägt. Spätestens seit *Marx* und dem Aufkommen von Sozialismus und Kommunismus war vor allem in Europa der Gedanke des Klassenkampfes zwischen Kapitaleignern auf der einen und Arbeitern auf der anderen Seite weit verbreitet, wobei die Seite der Arbeit in aller Regel positiv bewertet wurde. Die dabei vertretene Konfliktthese geht von einer grundsätzlichen Unvereinbarkeit der Interessen von Arbeit und Kapital aus und sieht folglich einen strukturellen und mithin unabänderlichen Konflikt zwischen den Eigentümern der verschiedenen Produktionsfaktoren. Dem entgegen steht die These von der prinzipiellen Möglichkeit einer Gleichrichtung der Interessen (Harmoniethese), wobei das bestehende Konfliktpotential zumindest für beherrschbar gehalten wird. Auf die Fragen nach der Relevanz dieser Thesen zu (möglichen) Konflikten zwischen Arbeit und Kapital, soll in dieser Arbeit eine ordnungsökonomische Antwort gegeben werden.

Üblicherweise argumentieren Ökonomen nicht mit undifferenzierten kollektiven Kategorien wie ‚die Arbeiter' oder ‚die Kapitaleigner', da der methodologische Individualismus ein prägendes Element der Volkswirtschaftslehre ist. Die Betrachtung des Individuums und seiner Wahlhandlungen wird jedoch mitunter zu Gunsten einer gruppenspezifischen Betrachtung unter Verzicht auf mögliche Unterscheidungen zwischen den Gruppenmitgliedern aufgegeben. Bei dieser Aggregatbildung werden Gruppen oder auch abstrakte Begriffe wie ‚die Wirtschaft', ‚das Kapital' oder ‚die Arbeit' wie Personen behandelt: Ihnen werden Eigenschaften und typische Verhaltensweisen zugedacht.[1] So wird der Kapitalismus von Kritikern als ein eigenständig handelndes Subjekt interpretiert. Mit dem Begriff ‚der Arbeiter' wird gedanklich derjenige verbunden, der für seine Arbeitskraft entlohnt wird und gleichzeitig kein Vermögenseinkommen erzielen kann. Unternehmer beziehungsweise Kapitalbesitzer repräsentieren hingegen ‚das Kapital'. Gibt es jedoch in nennenswertem Umfang Arbeiter mit zusätzlichem Kapitaleinkommen und Kapitalbesitzer mit direktem Arbeitseinkommen, verwischen die Grenzen. Die zwischen den idealtypischen Polen ‚Arbeit' und ‚Kapital' bestehenden Konflikte verlieren damit an Bedeutung.

In dieser Studie soll folgendem Fragenkomplex nachgegangen werden: Welche ordnenden Potenzen wirken auf das Verhältnis von Arbeit und Kapital? Wie hat sich dies in verschiedenen historischen Situationen dargestellt? Welche Bedeutung muss der Konflikt- und der ihr widersprechenden Harmoniethese beigemessen werden? Dabei ist festzuhalten: Kollektivistische Ansätze neigen zur These vom Konflikt zwischen den Gruppen, während Betrachtungsweisen, die vom einzelnen Individuum ausgehen, eher in Überlegungen münden, wie es gewollt oder ungewollt zu einer Gleichrichtung der unterschiedlichen Interessen kommen kann.

---

[1] „Logisch gesehen, liegt hier stets eine Hypostasierung vor; eine Eigenschaft oder ein Abstraktum wird zu einer selbständigen Wesenheit oder einer Person gemacht, die handelt, wächst, altert, stirbt" (*Eucken* 1952/1990, S. 206).

Um die Bedeutung der Thesen zu untersuchen, soll eine ordnungsökonomische Sichtweise eingenommen werden. Für diese Perspektive typisch ist die Frage, wie Regelsysteme entstehen und wie diese die Koordination menschlicher Tauschbeziehungen beeinflussen. Im Mittelpunkt einer solchen Betrachtungsweise stehen also Institutionen und somit durch Handlungsbeschränkungen geschaffene und gesicherte Handlungsmöglichkeiten.[2] Das Verhältnis von Kapital und Arbeit und die dahinter stehenden Ideologien oder gesellschaftlichen Grundannahmen stellen eine Restriktion für die weitere Ausgestaltung bestimmter Regelsysteme dar.[3] Geht eine Mehrheit der Bevölkerung von einem unüberwindbaren Konflikt aus, bieten sich andere Ordnungsstrukturen an als unter der Annahme einer prinzipiellen Möglichkeit der Interessengleichrichtung. Somit ist in den Vorstellungen über das Verhältnis von Arbeit und Kapital ein implizites Regelsystem enthalten. Diese Regeln grenzen wiederum den Rahmen für weitere mögliche Institutionen ein. Einzelne Konfliktsituationen sollen im Folgenden auch daraufhin untersucht werden, ob sie einen ökonomischen Hintergrund haben und ob sie Teil eines Prozesses des institutionellen Wandels sind, durch den bestehende ordnungspolitische Fehlsteuerungen behoben werden können.

Nach einer grundlegenden Darstellung des thematisierten Spannungsfeldes (Kapitel 2) sind in Anlehnung an *Walter Eucken* (1952/1990) insbesondere die ordnenden Potenzen zu untersuchen, die das Auftreten von Konflikten zwischen Arbeit und Kapital beeinflussen können (Kapitel 3). Hier ist zunächst die Wissenschaft zu nennen (Kapitel 3.1). Sie erforscht Zusammenhänge, weist neue Wege und entwickelt Konzeptionen für mögliche Ordnungsrahmen. Auch wenn sich nicht jede wissenschaftliche Forschung unmittelbar in gesellschaftlichen oder ökonomischen Neuerungen niederschlägt, hat die wissenschaftliche Entwicklung doch Bedeutung für das Verhältnis von Arbeit und Kapital. So beschreibt etwa *Friedrich August von Hayek* (1955) den Einfluss britischer Autoren auf die öffentliche Meinung über die Wohlstandswirkungen des Liberalismus zu Zeiten der Industrialisierung. Diese Geschichtsschreibung hat nach *von Hayek* wesentlich zur Diskreditierung des sogenannten Manchester-Kapitalismus beigetragen. Als einflussreiche Autoren mit besonderer Bedeutung für das Verhältnis von Arbeit und Kapital seien hier nur *Adam Smith, David Ricardo, Karl Marx, John Maynard Keynes*, Vertreter der Österreichischen Schule, die Väter der sozialen Marktwirtschaft *Walter Eucken, Alfred Müller-Armack* und *Ludwig Erhard* sowie *Milton Friedman* genannt. Diese sollen mit ihren Werken vorgestellt werden. Betrachtet werden ihre Schriften, soweit sie sich mit dem Verhältnis von Arbeit und Kapital beschäftigen. Während *Smith* noch die Harmoniethese vertritt, bildet *Marx'* Werk den Höhepunkt der Konfliktthese. Er vertritt die Position vom antagonistischen Interessengegensatz, wenn er auch einen Weg zur Auflösung des Konfliktes vorlegt. Die nach *Marx* zu erwartende Überführung des Kapitalismus in den Kommunismus löst zumindest definitorisch den Konflikt zwischen Arbeit und Privateigentum, da letzteres abgeschafft wird. Die Vertreter der Österreichischen Schule und der sozialen Marktwirtschaft sowie *Friedman* hingegen sind

---

[2] *North* (1992, S. 3) definiert Institutionen als „vom Menschen erdachte Beschränkungen menschlicher Interaktion".

[3] Kulturen und Werte werden auch als sozio-kulturelle Handlungsrechte aufgefasst (*Röpke* 1983, S. 131).

wieder Vertreter einer prinzipiell möglichen Gleichrichtung der Interessen der verschiedenen Wirtschaftssubjekte. Mit der Darstellung einiger Kernaussagen der Autoren soll auch ihr Einfluss auf das jeweilige Denken ihrer Zeit und gegebenenfalls darüber hinaus verdeutlicht werden.

Auch der Staat und die ihn lenkenden Gruppen und Organisationen sind prägend für das Verhältnis von Arbeit und Kapital. Daher soll untersucht werden, wie sich die Interessen dieser Gruppen auswirken – zu denken ist in Anlehnung an die Neue Politische Ökonomie vor allem an Bürokratie, Politik und Verbände (Kapitel 3.2). So kann es im individuellen Interesse einiger Gruppen oder Personen sein, den Konflikt noch zu verschärfen oder das Bild eines Interessengegensatzes zu pflegen. Bürokraten und Politiker etwa können unter Ausnutzung von Interessenkonflikten ihren eigenen Entscheidungsspielraum vergrößern. Gewerkschaften und einige andere Verbände würden ihre Existenzberechtigung gefährden oder zumindest ihr Arbeitsgebiet einschränken, wenn sie nicht mehr als Lobbyisten gegen konkurrierende Bestrebungen auftreten könnten. Dies gilt auch für die neueren Vertreter der Konfliktthese, die sich bei Protesten gegen die Globalisierung hervortun. Auch hier wird ein – zumindest postulierter – kaum überbrückbarer Gegensatz der Interessen von Arbeit und Kapital zum Anlass für Proteste genommen. Daher sollen besonders die Argumente, die die Kritiker gegen die Globalisierung vorbringen, diskutiert werden. Die auf diesem Gebiet aktiven Nichtregierungsorganisationen (NGOs) bedienen sich der Massenmedien, um der Konfliktthese öffentlich Nachdruck zu verleihen. Dabei ist die Hypostasierung, also die Personifizierung von abstrakten Begriffen, ein beliebtes Instrument. Es kann die eigenen Kosten der Kritikübung verringern, da so der direkte Konflikt mit bestimmten Personen vermieden wird, die möglicherweise gar nicht den behaupteten Eigenschaften des Abstraktums entsprechen. Es soll den Interessengruppen nicht unterstellt werden, sie würden die Darstellung eines Konfliktes nur aus einem gesteigerten Geltungsbedürfnis betreiben. Tatsache ist jedoch, dass Übertreibungen in der Kritik an gegebenen Verhältnissen auch mit dem Versuch erklärt werden können, eigene Bedeutung und Aufmerksamkeit zu erringen.

Als dritte ordnende Potenz soll die Rolle der Kirchen berücksichtigt werden (Kapitel 3.3), wobei eine Beschränkung auf die westlichen christlichen Kirchen erfolgt. Diese haben sich mit Fragen der Arbeit oder des Konfliktes zwischen Kapitaleignern und Arbeitnehmern auseinandergesetzt. Freilich werden auch in den Kirchen heterogene Meinungen vertreten, die nicht vollständig dargestellt werden können. Es soll jedoch ein Überblick über die wesentlichen Positionen und Argumente der Kirchen, die nach wie vor nicht ohne Einfluss auf die gesellschaftliche Entwicklung sind, gegeben werden. Dabei ist auch eine klare Abgrenzung der Kirchen von verschiedenen christlich geprägten Organisationen kaum vorzunehmen, die jeweils eigene Ziele verfolgen und gegebenenfalls an anderer Stelle angesprochen werden. Nicht selten ist bei den Kirchen selbst eine gewisse Tendenz zur Akzeptanz der Konfliktthese zu beobachten, weniger jedoch Aktivitäten der Konfliktverschärfung. Eine Milderung des Konfliktes wird dabei eher über staatliche Eingriffe als über die Mechanismen einer marktwirtschaftlichen Ordnung angestrebt.

Neben der Analyse der ordnenden Potenzen soll versucht werden, mögliche Konflikte zwischen Kapital und Arbeit auch unter Zuhilfenahme von Property Rights-Ansätzen zu erklären (Kapitel 4). Von Bedeutung erscheint dabei die Möglichkeit, verschiedene Verfügungsrechte an Produktionsfaktoren erlangen zu können. Durch den verweigerten Zugang zu bestimmten Verfügungsrechten kann es zu Konflikten mit den monopolistischen Besitzern dieser Rechte kommen. Das Eigeninteresse derjenigen, die sich in der Verteilung der Rechte für benachteiligt halten, kann den Wunsch nach einer Umverteilung erhöhen. Daher soll darauf eingegangen werden, wie sich Kritik und Umverteilungswünsche gegen bestimmte Produktionsfaktoren oder gegen die Personen richten, die über die entsprechenden Property Rights verfügen. So ist für diejenigen, die diese Rechte nicht erlangen können, unter Umständen ein größerer Nutzen durch Änderung der Institutionen oder Umverteilung der Verfügungsrechte zu erzielen, als durch eigene im engeren Sinne produktive Anstrengung.[4] Dies könnte auch erklären, welche Personen oder Gruppen sich aufgrund des eigenen, durch die Gestaltung der Property Rights kanalisierten Gewinnstrebens und des Interesses nach Umverteilungsmaßnahmen bestimmter Ideologien bedienen, wozu auch die Konfliktthese zu zählen sein wird. Verlierer eines Strukturwandels können versuchen, Entwicklungen zu diskreditieren und als gemeinwohlschädlich darzustellen. Die durch die Gestaltung und Verteilung von Verfügungsrechten definierte Anreizstruktur hat direkte Auswirkungen auf das Auftreten von Konflikten. Eine breitere Beteiligung an Kapitalanlagen kann beispielsweise die Akzeptanz dieser Anlagen erhöhen. Dabei ist zu unterscheiden, ob die Konflikte durch die Verweigerung von Zugangsmöglichkeiten zu bestimmten Rechten entstehen, oder ob es sich um reine Verteilungskonflikte handelt. Nach einem kurzen Überblick über die Grundzüge der Property Rights-Theorie (Kapitel 4.1) sollen die Einflüsse von Property Rights auf das Verhältnis von Arbeit und Kapital dargestellt werden (Kapitel 4.2), bevor unter diesen Gesichtspunkten die reale Entwicklung beleuchtet wird – von Problemen in Entwicklungsländern über die Industrialisierung bis hin zur New Economy (Kapitel 4.3 bis 4.6).

Ebenso wie die Verteilung und die Bedeutung der verschiedenen Verfügungsrechte an den wichtigsten Produktionsfaktoren in einzelnen historischen Situationen unterscheidet sich auch der jeweilige Konflikt zwischen Kapitaleignern und Arbeitnehmern. So sind in Entwicklungsländern die Landwirtschaft und der Abbau von Bodenschätzen häufig die bedeutendsten Wirtschaftszweige. Diese sind auf den Produktionsfaktor Boden angewiesen, der im Zentrum der Kritik steht (Kapitel 4.3). Zu Zeiten *Marx'* entwickelte sich der industrielle Sektor und wurde somit Objekt der Konflikte (Kapitel 4.4). So wandten sich beispielsweise die Maschinenstürmer gegen die Einrichtung arbeitsparender Produktionsanlagen und somit gegen den Faktor (Sach-)Kapital und dessen Eigentümer. In jüngerer Zeit hat sich die Kritik an den Kapitaleignern in der Debatte über das Konzept des Shareholder Value geäußert. Nach diesem Konzept sollten sich die Unternehmensleiter primär an dem Renditeinteresse der Kapitaleigner orientieren. Diese Kontroverse ist im weiteren Verlauf unter dem Gesichtspunkt der Konfliktträchtigkeit

---

[4] Auf die Folgen der Grenzerträge und -kosten der Institutionenänderung weist *North* (1992) hin.

der Interessen von Kapitaleignern und anderen Stakeholdern, insbesondere den Arbeitnehmern, näher zu beleuchten.

Neben den Unternehmensleitern als traditionelle Symbolfiguren des Produktionsfaktors Kapital wurde auch der Finanzsektor als Teil des Kapitalmarktes zu einem besonderen Ziel der Kritik. Dies liegt zum einen darin begründet, dass er bedeutenden Einfluss auf die Industrie ausübt, dass er zum anderen aber auch geradezu symbolhaft für das mobile Kapital steht, das von augenscheinlich unsichtbaren und somit kaum kontrollierbaren Kräften gesteuert wird – so die Kritiker. In jüngerer Zeit steht der Finanzsektor stärker im Mittelpunkt der Diskussion, weshalb ausführlicher auf ihn einzugehen sein wird (Kapitel 4.5). Es soll dargestellt werden, welche Dysfunktionalitäten den Finanzmärkten vorgeworfen werden und welche Funktionen sie tatsächlich erfüllen. Auch soll das zentrale Argument der Kritik untersucht werden, die Finanzmärkte seien unabhängig von anderen Märkten und somit für Krisen auf Güter- und Arbeitsmärkten verantwortlich.

Im Zuge des Strukturwandels hat eine weitere Bedeutungsverschiebung zu Gunsten des tertiären Sektors stattgefunden, die in der Entwicklung zur New Economy einen vorläufigen Höhepunkt erreicht hat (Kapitel 4.6). Somit ist zu erwarten, dass sich mögliche zukünftige Konflikte zwischen den Eignern der Produktionsfaktoren, die für diesen Wirtschaftszweig entscheidend sind, und denjenigen, die hieran keine Anteile haben können oder wollen, abspielen werden. Für eine generelle Entschärfung des Konfliktes sprechen aus einer Perspektive der Verfügungsrechte allerdings zum einen die umfassendere Nutzung und größere Akzeptanz von Aktien und ähnlichen Papieren. Zum anderen gewinnt das Humankapital eines Unternehmens zunehmend an Bedeutung. Daher dürften sich die Interessengegensätze zwischen einem Arbeitgeber und seinen Mitarbeitern entspannen, während mögliche Konflikte zwischen gut Ausgebildeten und Menschen, die wenig Humankapital akkumulieren konnten, wahrscheinlicher werden könnten. Zur Sicherung der Akzeptanz einer marktwirtschaftlichen Ordnung dürften also die Humankapitalbildung und folglich die Bildungspolitik ebenso an Bedeutung gewinnen wie eine breitere Akzeptanz von Kapitalbeteiligungen. Zwar können mit der Steigerung der Zustimmung zur Marktwirtschaft auch die Transaktionskosten des Marktprozesses, hier die unproduktiven Kosten des Konfliktes, gesenkt werden, was für eine Tendenz zur Durchsetzung der Harmoniethese spricht. Im Gegensatz zur *Marxschen* These von der naturgesetzlichen Notwendigkeit der Entwicklung wird hier jedoch kein Automatismus behauptet. Vielmehr soll betont werden, dass die Entwicklung und die Bedeutung der Konfliktthese entscheidend eine Frage der Ordnung sind, während ein automatisches Verschwinden von Konflikten nicht zu erwarten ist.

2. Thesen zum Verhältnis von Arbeit und Kapital

An dieser Stelle werden die beiden zentralen Thesen zum Verhältnis von Arbeit und Kapital erläutert. Die These vom antagonistischen Gegensatz wird im Folgenden als Konfliktthese bezeichnet. Unter der Harmoniethese mit ihren verschiedenen Ausprägungen soll die Auffassung verstanden werden, die einen solchen Konflikt verneint oder als lösbare Aufgabe ansieht.

2.1. Konfliktthese

Die Akzeptanz einer marktwirtschaftlichen Ordnung ist keinesfalls selbstverständlich. Die ökonomische Theorie beschäftigt sich mit dieser Fragestellung eher selten und setzt zumeist eine Marktwirtschaft für ihre Analysen voraus. Die Frage, ob die Bevölkerung eine Marktwirtschaft akzeptiert oder verwirft, wird mit Blick auf die größere Effizienz einer auf Privateigentum basierenden dezentralen Wirtschaftsordnung vielfach beiseite geschoben. Spätestens seit dem Zusammenbruch der osteuropäischen Zentralverwaltungswirtschaften sei die Überlegenheit der Marktwirtschaft offenkundig und eine Ablehnung derselben folglich abwegig.

Dennoch gibt es selbst in entwickelten Marktwirtschaften mit einem entsprechend hohen Wohlstandsniveau immer auch Kritik an dieser Ordnung. Umfragen aus dem Jahr 2000 zufolge sind knapp 60 Prozent der Bundesbürger der Meinung, dass Unternehmer Arbeitnehmer ausbeuten und ihr Gewinnstreben gegen deren Interessen der Arbeitnehmer. Auf dem Gebiet der früheren DDR sehen drei Viertel der Bürger Unternehmer als Ausbeuter, in den alten Bundesländern immerhin noch mehr als die Hälfte (*o.V.* 2000b). Gelegentlich wurden sogar konjunkturelle Krisen als Maßnahmen einer reichen Oberschicht zur Stärkung ihrer Herrschaft gegen eine ärmere Unterschicht interpretiert (*Meyer* 1968, S. 101 f.). Hierin zeigt sich der angebliche Konflikt zwischen Kapitaleignern und Arbeitnehmern als Kern der Kritik an der Marktwirtschaft. Die Konfliktthese beschreibt diesen Konflikt als unabänderlich und somit quasi naturgesetzlich. Einer Marktwirtschaft beziehungsweise dem Kapitalismus liege ein fundamentales Gegeneinander der beiden Gruppen zugrunde.

Herausragender Vertreter der These vom antagonistischen Interessengegensatz ist *Karl Marx*. Die von ihm vorgeschlagene Lösung des Problems ist die Ersetzung des Privateigentums, auf dem der Kapitalismus beruht, durch Kollektiv- beziehungsweise Staatseigentum. Dadurch, dass die Kapitaleigner nach eigenem Nutzen und somit nach Gewinn streben und nicht direkt das Wohl der Gesamtheit der Menschen im Auge haben, wird ihr Vorteil mit dem Nachteil aller anderen, insbesondere dem der Arbeiter, gleichgesetzt. Es wird somit ein direktes Interesse der einen am Niedergang der anderen Gruppe vermutet. Insofern ist die Konfliktthese eine radikalisierte und fokussierte Abwandlung der Misstrauensthese der ökonomischen Theorie, die ein altruistisches oder anständiges Verhalten der Wirtschaftssubjekte nur dann vermutet, wenn dies dem eigenen Vorteil entspricht (*Meyer* 2000, S. 127). Der fundamentale Konflikt zwischen Arbeit und Kapital ließe sich nach *Marx'* Vorstellungen nur durch die Abschaffung des Kapitals lösen. Der Klassenkampf zwischen Arbeitern und Kapitalisten könne also lediglich durch den absoluten Sieg der einen und die darauf folgende Unterdrückung beziehungsweise Ausschaltung der anderen Klasse beendet werden.

Auch wenn die Konfliktthese heute kaum mehr in dieser radikalen Form vertreten wird, spielt sie in abgeschwächter Form doch noch eine nennenswerte Rolle bei der Sicht auf die existierende marktwirtschaftliche Ordnung. Immer noch ist beispielsweise das Unternehmerbild ein zwiespältiges, das auch die Rolle des Ausbeuters mit umfasst. Dabei ist einsichtig, dass die Motivation, selbst unternehmerisch tätig zu werden, mit einem damit verbundenen negativen Ansehen in der Öffentlichkeit sinkt. Verbreitung und Überzeugungskraft der Konfliktthese haben somit auch unmittelbaren Einfluss auf die wirtschaftliche Leistungsfähigkeit einer Gesellschaft. So verringert ein bestehender dauerhafter Konflikt die Produktionsmöglichkeiten, während „ein [Konflikte abbauender] sozialer Mindestausgleich zweifellos eine Voraussetzung für weiterhin produktive Tätigkeit" (*Zimmermann* 1996, S. 3) ist.

2.2. Naive und bedingte Harmoniethese

Die der Konfliktthese entgegenstehende Behauptung soll in dieser Arbeit als Harmoniethese bezeichnet werden. Sie ist in zwei verschiedenen Varianten denkbar. Zunächst einmal ist als wirklich analoges Gegenstück zur Konfliktthese die *naive* Harmoniethese zu nennen. In ihr wird von einer quasi naturgesetzlichen Interessenübereinstimmung ausgegangen, die zwischen den verschiedenen am wirtschaftlichen Leben beteiligten Personen und Gruppen besteht. Die Marktwirtschaft wird für so leistungsgerecht und effizient gehalten, dass eventuell mögliche Konflikte nicht zum Tragen kommen beziehungsweise dass dennoch auftretende Konflikte keinerlei ökonomische Begründung haben. Dieser Denkweise entspricht in der neoklassischen Theorie auch die Verwendung des Pareto-Kriteriums als Effizienzmaßstab, nach dem eine alternative Situation nur dann vorteilhaft ist, wenn keiner der Beteiligten schlechter gestellt ist als zuvor. Dies würde bedeuten, dass keine Interessengegensätze auftreten oder dass die auftretenden Benachteiligungen durch entsprechende Kompensationszahlungen ausgeglichen werden.

Von größerer Bedeutung ist jedoch die vorherrschende *bedingte* Harmoniethese, wonach zumindest eine prinzipielle Gleichgerichtetheit der verschiedenen Interessen möglich ist. Ob dies gelinge, sei dann eine Frage der Ausgestaltung einer marktwirtschaftlichen Ordnung, durch die die Interessen einzelner Wirtschaftssubjekte „im Sinne des gesellschaftlichen Gesamtinteresses begrenzt und kontrolliert werden" (*Engelhard* 1999, S. 81) sollten. So wird auch die ökonomische Funktion des Gewinns anerkannt, die von Verfechtern der Konfliktthese in der Regel negiert wird. Schon *Smith* kann als Vertreter der *bedingten* Harmoniethese angesehen werden. Bei ihm sorgt im Prinzip das Wachstum der Volkswirtschaft für einen Ausgleich der Interessen. Dennoch können Personengruppen oder Unternehmen durch wettbewerbsbeschränkendes Verhalten ihre Interessen durchsetzen, ohne dass sie hierfür andere Interessen befriedigen müssen, wie dies in einer wettbewerblichen Wirtschaft notwendig ist. *Smith* kritisiert solche Versuche der Kartellbildung und stellt freien Wettbewerb als Bedingung für eine Ordnung dar, in der die ‚unsichtbare Hand' eine weitestgehende Interessenharmonie herstellen kann.

Im Falle der Harmoniethese wird auch nicht ignoriert, dass es vor allem kurzfristig zu Kollisionen der Interessen kommen kann. So sind beispielsweise hohe Löhne für den Arbeitnehmer wünschenswert, für den Arbeitgeber jedoch ein Kostenfaktor, was die Inhaber von Kapital und Anbieter von Arbeit somit zu Gegnern macht. Unternehmen bieten jedoch auch Arbeitsplätze und Einkommensmöglichkeiten an, während Arbeitnehmer Leistungen für die Unternehmen erbringen, was zu einer Gleichrichtung des Interesses an produktiver Arbeit in gut wirtschaftenden Unternehmen führt (*Peterhoff* 1990, S. 29). Insbesondere im Fall einer Unternehmensgründung zeigt sich, wie die Interessen von Investoren und Arbeitnehmern übereinstimmen. Beide würden beispielsweise durch schlecht funktionierende Kapitalmärkte Einkommen verlieren, da damit die Ausstattung der Unternehmen mit Risikokapital und die schnelle Schaffung neuer Betriebe erschwert wären. Hierdurch würden der Strukturwandel und das Entstehen neuer Arbeitsplätze verzögert (*Fehn* 2001a).

Auch bei der *bedingten* Harmoniethese spielt die Misstrauensthese der Volkswirtschaftslehre eine Rolle. Individuen werden nicht als altruistisch, sondern sehr wohl als eigeninteressiert angesehen. Die richtige Wirtschaftsordnung soll die Möglichkeiten eröffnen, diese Interessen als prinzipiell gleichgerichtet zu betrachten. Es werden bestimmte Regelwerke[5] benötigt, damit die Handlungsmöglichkeiten beschränkt und unterschiedliche Interessen kompatibel gemacht werden. Eine Anreizstruktur, die der Marktpreismechanismus zur Verfügung stellt, soll das Eigeninteresse so kanalisieren, dass bei seiner Verfolgung die Ziele anderer mit berücksichtigt werden. Hierin zeigt sich der enge Zusammenhang zur Ordnungsökonomie, in der nach Ordnungsbedingungen gesucht wird, unter denen die Menschen moralisch handeln und eigene Ziele verfolgen können, ohne dass dies zu Lasten der anderen Gesellschaftsmitglieder geht (siehe hierzu *Engelhard* 1999, S. 68 f.). Dabei wird unterstellt, dass eine solche Ordnung insgesamt der Befriedigung der jeweiligen Präferenzen entgegenkommt. So kann ein höheres Wohlstandsniveau erreicht werden, als wenn Interessenkonflikte im Sinne der *naiven* Harmoniethese weitgehend negiert oder, wie es die Konfliktthese unterstellt, zum Klassenkampf ausgeweitet werden. Welchen Einfluss eine angemessene Ausgestaltung von Property Rights-Strukturen auf den Erfolg der Konfliktvermeidung hat und wie einige historische und gegenwärtige Konflikte unter diesem Aspekt zu beurteilen sind, soll im zweiten Hauptteil dieser Studie (Kapitel 4) ausführlich dargestellt werden.

Auch wenn ein Interessenausgleich für prinzipiell möglich gehalten wird, divergieren die Meinungen darüber, wie er zu erreichen ist. Beispielsweise wurde in den letzten Jahren in Deutschland immer wieder der Versuch unternommen, diesen Ausgleich ex ante herbeizuführen, indem Repräsentanten von Arbeitnehmern und Arbeitgebern sich in ‚Kanzlerrunden', der ‚konzertierten Aktion' oder dem ‚Bündnis für Arbeit' mit der Regierung auf bestimmte Maßnahmen verständigten. Eine derartige Zentralisierung der Problemlösung widerspricht jedoch dem Gedanken einer funktionierenden Marktwirtschaft, in der der Preismechanismus zu einer dezentralen Lösung beiträgt.[6] Dennoch

---

[5] Zur Bedeutung von Regeln und anderen Restriktionen in der ökonomischen Theorie siehe kurz *Frey* und *Bohnet* (1993).

[6] Dabei ist ein gemeinsames Auftreten von korporatistischen Strukturen auf Arbeitsmärkten und ineffizienten Strukturen auf Kapitalmärkten zu beobachten (*Fehn* 2001b). Dies verhindert

können verschiedene Formen der Selbstregulierung[7] dort wirksam werden, wo Vereinbarungen zwischen den Beteiligten nötig sind, um Arrangements zum beiderseitigen Vorteil zu realisieren.

Marktlösungen, die notwendig wären, um das Wohlstandsniveau zu erhöhen. Hierdurch würden sowohl für Kapitaleigner als auch für Arbeitnehmer höhere Einkommen ermöglicht und somit Konfliktpotential abgebaut.

[7] Einen Überblick hierüber gibt *Wenzel* (2002).

3. Die ordnenden Potenzen

In diesem Abschnitt soll die Aufmerksamkeit auf die ordnenden Potenzen gelenkt werden, die Einfluss auf das Verhältnis von Arbeit und Kapital haben. Es soll darauf eingegangen werden, wie Wissenschaftler (Kapitel 3.1), Vertreter der Institutionen, die das staatliche Handeln bestimmen (Kapitel 3.2), sowie Amtsträger der Kirchen (Kapitel 3.3) den diskutierten Konflikt beeinflussen. Dabei wird bei Politikern, Bürokraten und Verbandsfunktionären der Schwerpunkt der Analyse nicht auf einzelne inhaltliche Positionen gelegt. Vielmehr soll darauf eingegangen werden, welche Zielfunktionen und Mechanismen das Handeln dieser Personen bestimmen und wie sich dies auf das traditionelle Konfliktschema auswirkt.

Die Betrachtungen führen zu einem vielschichtigen und mitunter unklaren Bild. Während in der Wissenschaft eine Basis für die verschiedenen Thesen gelegt wird, wird im politischen Bereich eine Verschärfung von Konflikten zumindest in Kauf genommen, um kurzfristige Interessen zu verfolgen. Es werden jedoch ebenfalls einige konfliktbegrenzende Mechanismen zu benennen sein, die dieser Tendenz entgegenstehen. Auch von Seiten der Kirchen als moralische Instanzen der Gesellschaft sind verschiedene, sich teilweise widersprechende Positionen statt einer einheitlichen Leitlinie zu erkennen. Im Folgenden soll dies genauer untersucht werden.

3.1. Die Wissenschaft

„Die Geschichte einer Wissenschaft ist stets der erste, meist auch zugleich der lehrreichste und nicht selten der unterhaltsamste Zugang zu ihr [...]." (*Schmölders* 1961, S. 9). In diesem Sinne sollen zunächst einige Schriften aus der Geschichte der Volkswirtschaftslehre beleuchtet werden. Die wissenschaftliche Entwicklung bleibt nicht ohne Einfluss auf die Gestaltung der Wirtschaftsordnung, auch wenn der tatsächliche Einfluss der Ökonomen zuweilen bezweifelt[8] und von der Politik eine stärkere Orientierung an wissenschaftlichen Erkenntnissen gefordert wird (*Jens* 2001). Die Wissenschaft beziehungsweise Wissenschaftler können folglich als ordnende Potenz betrachtet werden. Dabei sollen hier nicht die Gesetzmäßigkeiten der Generierung wissenschaftlichen Fortschritts betrachtet, sondern auf die inhaltlichen Aussagen der Wissenschaft eingegangen werden.

Die Zusammenhänge zwischen den Produktionsfaktoren Arbeit und Kapital waren spätestens seit den klassischen Ökonomen ein beachtetes Thema. Um die Probleme, mit denen sich die Hauptvertreter der ökonomischen Zunft beschäftigt haben, und die Lösungs- und Erklärungsansätze, die sie vorschlugen, zu überschauen, soll hier eine kurze Darstellung der wichtigsten Gedankengänge erfolgen, die für das Thema dieser Untersuchung relevant sind. Eine umfassende Würdigung der Werke ist jedoch nicht beabsichtigt. Begonnen werden soll mit dem ‚Urvater' der Volkswirtschaftslehre, *Adam Smith*, der Grundlagen gelegt hat, auf denen sich noch heute alle Ökonomen bewegen.

---

[8] *Frey* (1999) nimmt einen pessimischeren, *Donges* (2002) einen optimistischeren Standpunkt ein.

Anschließend soll die Untersuchung mit Betrachtungen von *David Ricardo* fortgesetzt werden, der den bei *Smith* vorhandenen Harmoniegedanken durch Konfliktüberlegungen ersetzt. *Karl Marx* als radikalster und einflussreichster Vertreter der Konfliktthese muss ebenfalls ausführlich berücksichtigt werden. Gleiches gilt für *John Maynard Keynes*, der große Teile der weltweiten Wirtschaftspolitik in den sechziger und siebziger Jahren beeinflusst und der den Selbstheilungskräften des Marktes teilweise deutlich widersprochen hat. Im Gegensatz dazu stehen als Vertreter der Österreichischen Schule *Carl Menger*, *Ludwig von Mises* und *Ludwig Lachmann*, die sowohl dem Marxismus als auch den keynesianischen Ideen kritisch gegenüberstanden und die auf ein gemeinsames Interesse aller Beteiligten an funktionierenden marktwirtschaftliche Mechanismen hingewiesen haben. Nicht unerwähnt bleiben dürfen auch die Väter der sozialen Marktwirtschaft *Walter Eucken*, *Alfred Müller-Armack* sowie *Ludwig Erhard*. Sie haben eine Wirtschaftsordnung geprägt, die einen Ausgleich der unterschiedlichen Interessen mit marktwirtschaftlichen Grundsätzen anstrebt. Abschließend sollen die Arbeiten von *Milton Friedman* angesprochen werden, der als Vertreter der Chicagoer Schule einer streng marktwirtschaftlichen Argumentation folgt, und der insbesondere Preisstabilität als Grundlage ökonomischen Fortschritts propagiert und sich damit gegen die verbreite Argumentation von *Keynes* und seinen Anhängern gestellt hat.

3.1.1. Adam Smith

Der schottische Moralphilosoph *Adam Smith* gilt mit seinem 1776 erschienenen Hauptwerk „An Inquiry into the Nature and Causes of the Wealth of Nations" als Begründer der liberalen Volkswirtschaftslehre, auch wenn mit dieser Titulierung außer Acht gelassen wird, dass es durchaus Vorläufer gegeben hat. „Keiner der neben Smith zu den ‚Klassikern' der Nationalökonomie zu zählenden Nachfolger hat dem ‚Wealth of Nations' ein auch nur annähernd ebenbürtiges Werk an die Seite zu stellen vermocht." (*Schmölders* 1961, S. 35). *Smith* betont die Bedeutung von Vereinbarungen, die zum beiderseitigen Vorteil der Vertragspartner abgeschlossen werden, für die öffentliche Wohlfahrt (*Krüsselberg* 2002, S. 45). Dieses Konzept legt er als Gegenvorschlag zu dem im 18. Jahrhundert vorherrschenden und von ihm kritisierten Merkantilismus vor. *Smith* geht von einer natürlichen Marktordnung aus, innerhalb der der Preismechanismus den Marktpreis stets zum natürlichen Preis hin bewegt. Diesen Mechanismus umschreibt er mit dem metaphysischen Bild der ‚unsichtbaren Hand'. Von den von ihm postulierten Gesetzen „nahm Smith an, sie würden in einer freien Marktwirtschaft ähnlich präzise funktionieren wie die Gesetze der Physik." (*Koesters* 1984, S. 29). Im Gegensatz zu späteren theoretischen Ökonomen unterschlägt *Smith* bei der Formulierung seiner Gesetze nicht, wie vielfach unterstellt, die institutionellen Rahmenbedingungen und die Aufgaben des Staates. Für ihn bildet die menschliche Arbeit Grundlage jeden Wertes, was später von *David Ricardo* und vor allem von *Karl Marx* aufgegriffen und zu einer strengen Form der Arbeitswertlehre weiter entwickelt wurde. Trotzdem konstruiert *Smith* keinen fundamentalen Konflikt zwischen den Eigentümern der Produktionsfaktoren Arbeit, Kapital und Boden, also zwischen Lohnempfängern, Kapitaleignern und Grundbesitzern. Freier Handel, Arbeitsteilung und Spezialisierung können seiner Ansicht nach vielmehr die Wohlfahrt aller am Wirtschaftsleben Beteiligten steigern.

3.1.1.1. Zur Entlohnung der Produktionsfaktoren

Smith unterscheidet drei Produktionsfaktoren und die aus ihnen erwachsenen Einkommen. Arbeit führt zu Lohn, aus Grundbesitz erhält man Rente, und die Entlohnung des Faktors Kapital wird als Gewinn bezeichnet. Dabei werden Thesen über die Bestimmungsgründe für die Höhe der Einkommensarten aufgestellt und eine funktionale Verteilungstheorie vorgelegt. Die einzelnen Bestandteile sollen an dieser Stelle in der gebotenen Kürze dargestellt werden.

„In seiner Analyse der Lohnhöhe finden sich drei Ansätze moderner Lohntheorien." (*Recktenwald* 1999, S. LVII). Die Höhe des Lohnes werde zum einen bestimmt durch die Höhe des Lohnfonds, also der Kapitalmenge, die der Unternehmer zum Zwecke der Lohnzahlung zur Verfügung gestellt hat (*Smith* 1776/1999, S. 60 f.). Wenn jemand mehr Kapital besitze, könne und werde er zusätzliche Arbeiter beschäftigen. So stelle zum Beispiel ein Handwerker Gesellen ein, wenn er das nötige Kapital zur Verfügung habe. Die so entstandene höhere Nachfrage nach Arbeit führe zu einem höheren Preis, also höheren Löhnen. *Smith* betont die Bedeutung einer steigenden Kapitalmenge. In stagnierenden oder schrumpfenden Volkswirtschaften gehe es den Arbeitern schlechter als in wachsenden. Die Höhe der Arbeitslöhne hänge weniger vom absoluten Niveau des Kapitaleinsatzes als vielmehr von seinem Wachstum ab. Somit profitierten von einer Zunahme des Wohlstandes, festgemacht an der Steigerung von Kapital und Lohneinkommen, sowohl Unternehmer als auch Arbeitnehmer. Im Gegensatz zu späteren Autoren, die klassenkämpferische Gegensätze zwischen Arbeitnehmern und Arbeitgebern konstatieren, sieht *Smith* keinen solchen fundamentalen Konflikt. Dabei ignoriert er natürlich nicht, dass Unternehmer lieber einen niedrigen Lohn zahlen möchten, während Arbeitnehmer einen höheren Lohn vorziehen. Nach *Smith* profitieren beide Seiten von einer Erhöhung des Kapitals, da Arbeitsplätze entstehen und Löhne steigen. Von der These, die Arbeiter würden verarmen, ist hier nichts zu finden. Vor der Verelendung der Arbeiter schütze schon die natürliche Untergrenze des Lohnes. Diese Untergrenze könne bei den Lohnzahlungen der Arbeitgeber nicht unterschritten werden. „Der Mensch ist darauf angewiesen, von seiner Arbeit zu leben, und sein Lohn muss mindestens so hoch sein, dass er davon existieren kann." (*Smith* 1776/1999, S. 59).

Hierin ist ein zweites in der heutigen Theorie noch vorzufindendes Element zu sehen. Der Minimallohn ist notwendig, um das Arbeitsvermögen der Arbeiter und ihrer Familien zu erhalten. Eine objektive Festlegung des Minimallohnes scheint auch für *Smith* nicht möglich zu sein, die gesellschaftlichen „Vorstellungen über Humanität" (1776/1999, S. 62) sind für ihn lediglich ein Maßstab. Der Lohn könne höchstens kurzfristig unter diese Grenze sinken, da sonst die ganze Schicht der Arbeiter ausgelöscht würde. Dabei ist das generative Verhalten, also vor allem Familienplanung und die Fähigkeit, Kinder großzuziehen, in *Smiths* Ausführungen der wesentliche Regulationsmechanismus, um längerfristig Arbeitsangebot und Arbeitsnachfrage zum Ausgleich zu bringen.

Der Einfluss von Angebot und Nachfrage auf die Höhe des Lohnes ist das dritte Element, welches sich in der theoretischen Diskussion bis in die heutige Zeit hinein gehalten hat. Eine im Verhältnis zum Arbeitsangebot hohe Arbeitsnachfrage führt zu einem hohen Preis, im umgekehrten Fall sinken die Löhne. So bewegt sich der tatsächliche Marktlohn um einen natürlichen Lohn. Ist das Arbeitsangebot zu hoch, sinkt der Lohn und es ist nicht möglich, eine große Anzahl von Kindern zu finanzieren, die Geburtenrate wird also sinken. Steigt jedoch die Arbeitsnachfrage oder sinkt das Arbeitsangebot, werden Arbeitnehmer knapp, die Löhne müssen steigen und die Bevölkerung wächst. „Auf solche Art reguliert die Nachfrage nach Arbeitskräften, wie bei jeder anderen Ware, das Wachstum der Bevölkerung." (*Smith* 1776/1999, S. 69). Wie grausam dieser Regulationsmechanismus sein kann, demonstriert *Smith* mit einem Beispiel aus China: „In allen großen [chinesischen] Städten werden etliche [Kinder] jede Nacht auf den Strassen ausgesetzt oder wie junge Hunde im Wasser ertränkt." (1776/1999, S. 63). Im Gegensatz zu diesen Überlegungen scheinen jedoch *Smiths* Ausführungen über die Kinderzahlen in verschiedenen Einkommensklassen zu stehen. „Eine halb verhungerte Frau im schottischen Hochland gebärt oft mehr als zwanzig Kinder, während eine verwöhnte Dame häufig nicht einmal ein Kind zur Welt bringen kann [...]" (1776/1999, S. 68). Armut ist jedoch, zumindest im 18. Jahrhundert, mit einer hohen Kindersterblichkeit verbunden. Somit können arme Familien nur sehr wenige ihrer zahlreichen Kinder am Leben erhalten, so dass wieder ein positiver Zusammenhang zwischen Lohnhöhe und Bevölkerungswachstum festgestellt werden kann und der von *Smith* postulierte Regelungszusammenhang funktionsfähig bleibt.

Smith betont, dass zunehmender Wohlstand eine hohe Entlohnung ermöglicht. Diese ist wiederum Grundlage für eine wachsende Bevölkerung. Allgemeiner Wohlstand und hohe Löhne gehen für ihn Hand in Hand, nicht zuletzt, weil die Masse der Bevölkerung von hohen Löhnen profitiert. „Über hohe Löhne klagen, heißt daher nichts anderes, als über die notwendige Folge und Ursache höchster Prosperität im Lande jammern." (*Smith* 1776/1999, S. 70). Dass hohe Löhne auch Ursache für Prosperität sind, unterstreicht *Smith* durch zwei Argumente: Zum einen erhöhen sich durch einen höheren Lohn auch der Fleiß und die Gewissenhaftigkeit der Arbeiter und damit die Produktivität des Faktors Arbeit (1776/1999, S. 71). Hierin ist ein Vorläufer der modernen Effizienzlohntheorie zu erkennen. Zum anderen ermöglicht der Einsatz von mehr Arbeitnehmern, die durch das lohninduzierte Bevölkerungswachstum zur Verfügung stehen, eine bessere Arbeitsteilung und einen schnelleren technischen Fortschritt und trägt somit zur allgemeinen Prosperität bei (*Smith* 1776/1999, S. 75). Die Harmoniethese von der Interessengleichheit verschiedener Schichten, deren Einkommen aus unterschiedlichen Produktionsfaktoren stammt, formuliert *Smith* wie folgt: „Der Aufschwung ist in der Tat für alle Schichten erfreulich und willkommen, die Stagnation hingegen lähmend und der Niedergang trostlos." (1776/1999, S. 70).

Smiths die Vorstellung eines natürlichen Niveaus erstreckt sich auch auf den Gewinn, zu dem er nicht den gesamten Ertrag des Faktors Kapital zählt. Er grenzt ihn vielmehr sowohl vom Unternehmerlohn als auch vom Zins deutlich ab. Aufgabe des Unternehmers ist es, wie ein angestellter Manager die Abläufe zu organisieren und zu kontrollieren. Hierfür wird der Unternehmerlohn ausbezahlt. Der Zins ist der Preis für die Verleihung des Geldes. Der Gewinn selbst ist die Entlohnung für Aufwand und Risiko bei der richtigen Zusammenführung der einzelnen Produktionsfaktoren (*Recktenwald* 1999, S. LVIII). Auch wenn Zins und Gewinn nicht identisch sind, nutzt *Smith* den Zins doch als Maßstab für den kaum zu ermittelnden Gewinn. Der Zins beziehungsweise Gewinn muss mindestens so hoch sein, dass er gelegentliche Totalverluste der Kapitalanlagen ausgleichen kann. Gewinn und Lohn stehen in einem ‚natürlichen' Verhältnis zueinander, auf das sie sich zu bewegen, wenn es zu Abweichungen gekommen ist.

Smith negiert nicht den Verteilungskonflikt zwischen den beiden Produktionsfaktoren, der darin zu sehen ist, dass ein vergleichsweise höherer Gewinn den Lohn senkt und umgekehrt. Er beschreibt jedoch die Mechanismen, die einen Ausgleich des Verhältnisses der beiden Produktionsfaktoren herbeiführen. Entscheidend dabei ist „Smiths Optimismus über das Wachstum des Sozialprodukts als Ganzes" (*Krelle* 1962, S. 20 f.).

Ein durch Wirtschaftswachstum ermöglichter größerer Kapitaleinsatz erhöht den verfügbaren Lohnfond und damit auch bei zunächst gleichbleibendem Arbeitsangebot die Lohnhöhe. Das erhöhte Kapitalangebot senkt jedoch, sofern eine konstante Kapitalnachfrage angenommen wird, den Gewinn (*Smith* 1776/1999, S. 70). „Vor- und Nachteile beim Einsatz von Arbeit und Kapital in den einzelnen Erwerbszweigen halten sich zwangsläufig innerhalb eines bestimmten Gebietes genau die Waage." (*Smith* 1776/1999, S. 85). Ist ein Produktionsfaktor in einem Bereich knapp, steigt sein Preis; er wandert von anderen Verwendungen, in denen er reichlicher vorhanden und der Preis folglich geringer war, dorthin. Von Wohlstandssteigerungen profitieren Löhne und Gewinne. Erst in einem Zustand höchsten Wohlstandes ohne weiteres Wachstum sinken Löhne und Gewinne auf ihr existenzsicherndes Minimum (*Smith* 1776/1999, S. 82).

Den Preis für die Nutzung des Bodens, der beispielsweise an Kapitaleigner verpachtet wird, bezeichnet *Smith* als Rente. Diese ist für ihn ein Monopolpreis, der von drei Faktoren abhängt: „der Fruchtbarkeit, der Lage des Bodens sowie dem Preis, der für landwirtschaftliche Erzeugnisse am Markt erzielt werden kann" (*Recktenwald* 1999, S. LVIII f.). Dieser Preis muss den Lohn der dort arbeitenden Menschen sowie den natürlichen Gewinn decken und das Kapital ersetzen, das für die Produktion verwendet wurde. Sämtliche Erlöse, die dieses Minimum überschreiten, fließen in die Rente des Grundbesitzers. Die Rente ist somit die Folge des Preises für landwirtschaftliche Güter, während „Lohn und Gewinn Ursache für einen hohen oder niedrigen Preis" (*Smith* 1776/1999, S. 126 f.). sind. Gleichzeitig besteht der Preis eines Gutes jedoch aus drei Komponenten: Lohn, Gewinn und Rente (*Smith* 1776/1999, S. 44). Die Höhe der Rente kann jedoch nicht gleichzeitig mit Hilfe des Preises erklärt werden und zudem als Grundlage für die Erklärung des Preises dienen. Hierin ist ein Zirkelschluss in der Argumentation *Smiths* zu erkennen.

3.1.1.2. Arbeitswertlehre – Grundlage späterer Fehldeutungen

Smiths Werk wurde vielfach fehlgedeutet und diente als Basis für weitere theoretische Entwicklungen, die dem Ursprung widersprachen. Auch Fehler im theoretischem Konzept seiner Schriften wurden von späteren Autoren verwendet und radikalisiert. Zu diesem Komplex gehört die Arbeitswertlehre, die von *Ricardo* aufgegriffen und von *Marx* verabsolutiert wurde. *Marx* hat daraus eine Ordnungsvorstellung entwickelt, die mit *Smiths* System der natürlichen Freiheit nichts mehr zu tun hat.

Smith suchte nach einem objektiven Wertmaßstab. Silber oder Gold, die damals in Form des Geldes einen gebräuchlichen Wertmaßstab bildeten, hielt er nicht für verlässlich, da die Edelmetallpreise schwankten. Vor allem führten große Gold- oder Silberfunde zu einem fallenden Preis des Metalls. Damit wurden gleichzeitig Preisanstiege anderer Güter signalisiert, obwohl sich deren Wert objektiv nicht verändert hatte. Spätestens seit sich die Konzeption der subjektiven Wertlehre gegen die Varianten der objektiven Wertlehre, zu denen auch die Arbeitswertlehre zählt, durchgesetzt hat, ist offensichtlich geworden, wie überflüssig der Versuch war, einen objektiven Wert bestimmen zu wollen. Letztlich sind immer subjektive Werteinschätzungen entscheidend. *Smith* griff auf die Arbeit als Messgröße für den Wert eines Gutes zurück. „Arbeit ist [...] ganz offensichtlich das einzige allgemein gültige und auch das einzige exakte Wertmaß oder der alleinige Maßstab, nach dem man die Werte der verschiedenen Waren immer und überall miteinander vergleichen kann." (*Smith* 1776/1999, S. 33). Auch wenn Arbeit als Wertmaß dienen soll, seien jedoch alle eingesetzten Produktionsfaktoren – Arbeit, Boden und Kapital – als wertstiftend anzusehen. *Smith* betont mehrfach, dass es nur eine spezielle historische Situation gebe, in der Arbeit die einzige Quelle des Werts eines Guts sei (1776/1999, S. 42 f. und S. 56): Auf der untersten Entwicklungsstufe, auf der Boden noch nicht bebaut wird und auf der es noch kein Kapital gibt, welches zur Produktion eingesetzt werden kann, ist Arbeit der einzig verfügbare Produktionsfaktor. Nur in dieser Situation entsteht der gesamte geschaffene Wert aus dem Einsatz von Arbeit. Unmöglich lässt sich jedoch aus *Smiths* Überlegungen folgern, dass in jeder Situation nur die vordergründig sichtbare menschliche Arbeit wertstiftend sei.

3.1.2. David Ricardo

Auch *David Ricardo*[9], einer der bedeutendsten klassischen Nationalökonomen des frühen 19. Jahrhunderts, untersuchte das Wertproblem und die Zusammenhänge zwischen Lohn, Rente und Profit. In seinen Argumentationen baute er auf den Werken *Adam Smiths* auf, kritisierte sie und entwickelte sie weiter. So übernahm er Grundzüge der *Smithschen* Arbeitswertlehre. Während aber *Smith* den Wettbewerb als wohlstandsstiftend für alle gesellschaftlichen Gruppen betrachtet, konstatiert *Ricardo* einen elementaren Konflikt zwischen den Erträgen der verschiedenen Produktionsfaktoren. Dieses Element findet sich auch in *Marx'* Argumentationen wieder, von denen sich *Ricardos* jedoch deutlich unterscheiden. Ein „gesellschaftliches Verhältnis" (*Bondi* 1959, S. X) im Sinne eines zu überwindenden Gesellschaftssystems versteht er unter dem Begriff Kapital nicht. Und dennoch kritisieren Zeitgenossen: „Das System des Herrn Ricardo ist eines der Zwietracht [...] Er hat die Tendenz zur Erzeugung von Feindschaft zwischen Klassen und Nationen [...] Sein Buch ist das richtige Handbuch des Demagogen, der nach Macht strebt durch Bodenkonfiskation [...], Krieg und Plünderung" (*Carey* 1845, S. 74 f.). Allerdings ist *Ricardo* nicht der erste Ökonom, der Klassenunterschiede beschrieben hat. So geht die Einteilung in Klassen schon auf die Physiokraten zurück, die zwischen der produktiven Klasse (der Landwirtschaft), der be-

---

[9] *Ricardo* kam durch Zufall zur Wirtschaftswissenschaft. 1799 war er mit seiner kranken Frau zur Kur. „Langeweile trieb den damals 27jährigen Makler in die öffentliche Bibliothek, wo ihm *Adam Smiths* ‚Wohlstand der Nationen' in die Hände fiel." (*Koesters* 1984, S. 38).

sitzenden Klasse (der Grundeigentümer) und der sterilen Klasse (der Händler und Handwerker) unterschieden und Boden und Landwirtschaft als alleinige Wohlstandsquelle akzeptierten (*Behrends* 1999, S. 173; siehe auch *Stavenhagen* 1969, S. 36 ff.). Im Gegensatz zu dieser Kritik steht jedoch die Wertschätzung, die *Ricardo* als „Begründer der ‚reinen Wirtschaftstheorie'" (*Schmölders* 1961, S. 38) entgegengebracht wird.

3.1.2.1. Das Wertproblem

David Ricardo hat von *Adam Smith* die Grundideen der Arbeitswertlehre übernommen. „Für ihn [*Ricardo*] ist die Arbeit wertschöpfende Kraft – und nur die Arbeit. Er ist der konsequenteste und vollendetste bürgerliche Repräsentant der Arbeitswerttheorie." (*Bondi* 1959, S. XXI f.). Die Ideen *Smiths* wurden von *Ricardo* weiter entwickelt. „Güter werden seiner Ansicht nach im Verhältnis der zu ihrer Erzeugung aufgewendeten Arbeitsmenge getauscht." (*Schmölders* 1961, S. 59). Der Wert ist jedoch nicht abhängig „von dem höheren oder geringeren Entgelt, das für diese Arbeit gezahlt wird." (*Ricardo* 1817/1959, S. 9). Entscheidend für den Tauschwert einer Ware ist laut *Ricardo* neben der Arbeitsmenge auch ihre Seltenheit. Seltene Dinge können durch den Mehreinsatz von Arbeit nicht vermehrt werden; ihr Preis ist unabhängig von der eingesetzten Arbeitsmenge. Als Beispiele nennt er „auserlesene Statuen und Bilder, seltene Bücher und Münzen, Wein von spezieller Qualität" (*Ricardo* 1817/1959, S. 10). Kapitalgüter, vor allem landwirtschaftliche Produktionsmittel, Werkzeuge und Gebäude, gehen entsprechend der für ihre Herstellung verwendeten Arbeit in den Wert des produzieren Gutes ein (*Ricardo* 1817/1959, S. 21). Für irrelevant hält *Ricardo* hingegen den Preis der eingebrachten Arbeit, den Lohnsatz. „Keine Veränderung der Arbeitslöhne kann irgendeine Veränderung im relativen Wert dieser Waren hervorbringen; denn angenommen sie steigen, so wird doch keine größere Quantität Arbeit [...] benötigt " (1817/1959, S. 27). Eine Steigerung des Lohns werde durch eine Absenkung des Profits vollständig ausgeglichen. Die These *Ricardos*, dass sich der Wert durch die eingebrachte Quantität an Arbeit bestimmt, hat zur Konsequenz, dass der Wert eines Gutes sinkt, wenn weniger Produktionsfaktoren dafür benötigt werden, wenn es also mit weniger Aufwand hergestellt werden kann. Eine Orientierung am Nutzen findet sich nicht. Aus heutiger Sicht würde diese Situation so interpretiert werden, dass der gleiche Nutzen mit einem geringeren Kostenaufwand produziert würde, wodurch höhere Konsumenten- beziehungsweise Produzentenrenten zustande kämen.

Die Arbeitsmengen allein bilden aber zunächst nur eine Annäherung an den Wert eines Gutes. Sowohl der Existenzlohnsatz, der gerade die Reproduktion der Arbeitskraft ermöglicht, als auch die Verzinsung des eingesetzten Kapitals in Höhe einer allgemein üblichen Profitrate wirken auf den langfristigen Preis ein, der kurzfristig zusätzlich durch Angebots- und Nachfrageänderungen bestimmt wird (*Hamel* 1992a, S. 76 f.). *Ricardo* unterscheidet zwischen fixem und zirkulierendem Kapital. Letzteres geht sofort wieder in die Produktion eines Gutes ein. Ersteres kann mehr oder weniger langlebig sein. Je länger Kapital für die Produktion eines Gutes gebunden sein muss, desto höher ist der Wert des entsprechenden Gutes. Ein Gut, in das Arbeit und Kapitalgüter eingebracht werden, hat einen höheren Wert, als die eingesetzte Arbeit, da die in einer früheren Periode zur Produktion der Kapitalgüter aufgebrachte Arbeit verzinst werden muss.

Der Profit des Kapitaleigners erhöht den Wert. „Die Waren werden also nach der verschiedenen Lebensdauer ihres Kapitals bewertet, oder, was dasselbe ist, nach der Zeit, die verstreichen muss, bis ein Posten auf den Markt gebracht werden kann, jedoch nicht genau proportional zu der auf sie verwendeten Menge Arbeit." (*Ricardo* 1817/1959, S. 32). Auch wenn die Verzinsung des Kapitals von *Ricardo* bei der Ermittlung eines Wertes berücksichtigt wird, geht auch dies für ihn letztlich auf die eingebrachte Arbeitsmenge zurück. Ein moderneres Verfahren, nach dem der Barwert mehrerer zeitlich unterschiedlichen Güter durch Auf- beziehungsweise Abdiskontierung auf einen gleichen Basiszeitpunkt ermittelt wird, findet sich bei *Ricardo* nicht. Für ihn ist eine Normalverzinsung wertsteigernd und nicht nur werterhaltend. Opportunitätskosten, also die entgangenen Möglichkeiten einer anderen Verwertung des eingesetzten Kapitals, spielen hier keine Rolle.

3.1.2.2. Lohn, Profit und Rente

Die Kritik, *Ricardos* Thesen postulierten einen Gegensatz zwischen gesellschaftlichen Klassen und könnten Grundlage für eine Vergesellschaftung des Bodens sein, ist nicht ganz zu Unrecht erhoben worden. Immerhin attackierte *Ricardo* gerade die Grundbesitzer. Diese griff er nicht nur in seinen Schriften, sondern auch als Redner im britischen Unterhaus an.[10] „Unbekümmert prangerte er die Raffgier der Bodenbesitzer an" (*Koesters* 1984, S. 51), obwohl er selbst über landwirtschaftlichen Besitz verfügte. Seiner Argumentation nach litten sowohl die Profitrate als auch der Lohnsatz unter der Rente. Nur Grundbesitzer profitierten vom wachsenden Wohlstand. Im Folgenden gilt es, *Ricardos* Überlegungen zum Verhältnis der jeweiligen Erträge der Produktionsfaktoren Arbeit, Kapital und Boden, also Lohn, Profit und Rente, darzustellen.

Lohn und Profit stehen für *Ricardo* zwar in einem grundsätzlichen Widerstreit, erleiden aber dennoch beide das selbe Schicksal. Wenn die Löhne steigen, sinken die Profite – wenn die Profite steigen, sinken die Löhne. Hierin liege das Gegeneinander der beiden Einkommensarten. Beiden gemein sei, dass langfristig die Rente, also das Einkommen aus dem Produktionsfaktor Boden, ansteigen und Lohn und Profit immer weiter sinken werden. Vom Wohlstandszuwachs profitierten so weitgehend die Grundbesitzer. Hieraus ergäbe sich ein Konflikt zwischen den Eigentümern der einzelnen Produktionsfaktoren. Aus der Sicht *Ricardos*, die möglicherweise aus den Erfahrungen des frühen 19. Jahrhunderts gerechtfertigt ist, leben Arbeiter nur vom Lohn; Kapitaleigner leben nur vom Profit; Grundbesitzer beziehen die Rente als einzige Einkommensquelle. Aus dieser Konstellation könnte eine Situation der Konfrontation zwischen den einzelnen Gruppen der Bevölkerung folgen. Im Unterschied dazu besteht spätestens in modernen Industriegesellschaften keine derart strenge Trennung mehr zwischen den Einkommensarten einzelner Gruppen. Auch viele Arbeitnehmer haben beispielsweise Einkommen aus Kapitalerträgen.

Ricardo stellt verschiedene Überlegungen zur Erklärung der Entlohnung der Produktionsfaktoren an. Für ihn entspricht der natürliche Lohn dem Existenzminimum, also der

---

[10] Den Sitz im Unterhaus hatte er sich 1819 gekauft (*Starbatty* 1996, S. 34).

Menge von Gütern, die zur Reproduktion der Arbeitskraft und zur Stabilisierung der Arbeiterzahl durch genügend viele Kinder notwendig ist. Eine Angleichung des tatsächlichen Lohnes auf den natürlichen Lohn findet über die Familienplanung statt. Sind die Löhne zu hoch, steigt die Kinderzahl, und der Lohn sinkt wieder auf das natürliche Niveau. Wenn aufgrund von niedrigen Löhnen und daraus resultierendem Elend oder Hungersnöten weniger Kinder geboren werden, nimmt der Lohn entsprechend zu (*Ricardo* 1817/1959, S. 79). Gleichzeitig stellt *Ricardo* eine Tendenz zur Steigerung der Löhne fest (1817/1959, S. 78). Dies liegt daran, dass aufgrund der wachsenden Bevölkerung der Bedarf an landwirtschaftlichen Erzeugnissen zunimmt und daher auch Böden mit immer geringeren Erträgen bewirtschaftet werden müssen. Folglich erhöht sich der Preis für diese Güter, der nominale Lohn steigt, während der reale Lohn, ausgedrückt beispielsweise in Getreide, weiterhin beim Existenzminimum verbleibt.

Kapital, also der „zur Produktion verwendete Teil des Reichtums" (*Ricardo* 1817/1959, S. 79 f.), ist aus *Ricardos* Sicht nötig, damit der Faktor Arbeit produktiv eingesetzt werden kann. Der Wert des Kapitalstocks ist abhängig von der eingesetzten Arbeitsmenge. Wenn der Umfang des Kapitals, also die Menge der Kapitalgüter, zunimmt, steigt der Lohnsatz, weil zusätzliche Nachfrage nach komplementärer Arbeit entsteht. Aufgrund der Nachfragesteigerung nach Arbeit steigt der Lohn schneller als das Existenzminimum, so dass sich die Lage der Arbeiter „erheblich verbessern" (*Ricardo* 1817/1959, S. 80 f.) wird. Das Wachstum des Kapitalstocks nimmt auf lange Sicht ab, da auch hier auf weniger produktive Verwendungen zurückgegriffen werden muss, was den Profit tendenziell fallen lässt. Die Nachfrage nach Arbeit steigt dann, folgt man der Argumentation *Ricardos*, langsamer als das Angebot, welches durch das Bevölkerungswachstum bestimmt wird. Dadurch, dass die Bevölkerung laufend wächst, muss auch die produzierte Menge an Lebensmitteln weiter erhöht werden. Schlechteres Land muss bebaut werden, die Kosten für Lebensmittel steigen und mit ihnen das Existenzminimum. Infolge dessen muss der Lohnsatz steigen, während der Lohn in realen Größen ausgedrückt sinkt. „Obwohl der Arbeiter also tatsächlich schlechter bezahlt wird, wird diese Erhöhung seines Lohnes doch notwendigerweise den Profit des Fabrikanten verringern, da dessen Waren zu keinem höheren Preis verkauft werden, die Kosten ihrer Produktion aber gestiegen sind." (*Ricardo* 1817/1959, S. 86). Der Profit sinkt mit zunehmendem Lohnsatz und steigt mit fallendem. *Ricardo* zieht aus diesem Konflikt jedoch nicht den Schluss, Arbeiter durch besondere institutionelle Regelungen zu schützen. „Wie alle anderen Verträge sollten auch die Löhne der gerechten und freien Konkurrenz des Marktes überlassen bleiben und niemals durch Eingriffe der Gesetzgebung kontrolliert werden." (*Ricardo* 1817/1959, S. 90). Zusammenfassend kann als Ergebnis genannt werden, dass der nominale Lohn steigt und somit der Profit sinkt, während der reale Lohn letztlich am Existenzminimum verharrt.

Eine besondere Rolle spielt in diesem Verteilungskonflikt für *Ricardo* die Rente, also das Einkommen der Grundbesitzer. Die Höhe der Rente eines Bodens ergibt sich aus der Differenz zwischen den Erträgen dieses Bodens und denen des schlechtesten noch genutzten Bodens. Der Preis für die landwirtschaftlichen Produkte richtet sich nach dem Ertrag des schlechtesten verwendeten Bodens, dem Grenzboden. Besserer Boden bringt höhere Erträge oder verlangt weniger Einsatz von Arbeit und Kapital. Diese zusätzlichen Erträge können sich die Grundbesitzer aneignen. Während die Bevölkerung laufend größer wird, ist die landwirtschaftliche Fläche nur begrenzt vermehrbar. Um die wachsende Bevölkerung ernähren zu können, muss immer schlechteres Land bewirtschaftet werden. (*Koesters* 1984, S. 50). Mehr Arbeit oder Kapital wird benötigt, um einen angemessenen Ertrag zu erwirtschaften. Der Preis der landwirtschaftlichen Produkte steigt unabhängig davon, wo die Erzeugnisse geerntet werden. Dadurch nimmt die Rente zu, die auf besseren Flächen erwirtschaftet werden kann. Bei einer wachsenden Bevölkerung steigt der Anteil der Rente am gesamten Einkommen, Profit und Lohn, die selbst in einem Gegensatz zueinander stehen, nehmen beide weiter ab. Ricardo stellt fest, dass „fast das gesamte Produkt des Landes [...] nach Bezahlung der Arbeiter Eigentum der Grundeigentümer und der Empfänger von Zehenten und Steuern sein" (1817/1959, S. 106) wird. Auch wenn die Bezahlung der Arbeiter einen Großteil des gesamten erwirtschafteten Produkts ausmacht, verbleibt jedem einzelnen Arbeiter aufgrund ihrer großen Anzahl nur ein geringer Anteil (*Ricardo* 1817/1959, S. 112). Grundbesitzer können sich bereichern, während Kapitaleigner auf Einkommen verzichten müssen und Arbeiter gerade ihre physische Existenz erhalten können. „Die Kapitalbesitzer sind also die eigentlich Geschädigten beim Wirtschaftswachstum, während die Arbeiter auf die Dauer zwar keinen Vorteil, aber auch keinen Nachteil haben. Bevölkerung und Produktion wachsen nicht ad infinitum weiter; die Entwicklung mündet vielmehr in einen stationären Zustand ein." (*Krelle* 1962, S. 22).

Die These von *Adam Smith*, dass alle vom erhöhten Wohlstand profitieren, ist von *Ricardo* aufgegeben worden. Er hat sie durch eine These des Konflikts zwischen den gesellschaftlichen Schichten, die sich über den Besitz an einzelnen Produktionsfaktoren definieren, abgelöst (*Koesters* 1959, S. 51). Dieses Element findet sich auch bei späteren Autoren wieder, die sich in Teilen auf die theoretischen Arbeiten *Ricardos* beziehen. Dabei wurde die besondere Stellung des Faktors Boden auf andere Produktionsfaktoren, vornehmlich den Faktor Kapital, übertragen. Vernachlässigt wurde dabei jedoch ein entscheidendes Element von *Ricardos* Argumentation, dass der Boden bei wachsender Bevölkerung konstant ist und somit ständig relativ knapper wird, was in dieser Form für den Faktor Kapital nicht gilt (siehe hierzu *Heuß* 1987, 7 ff.).

3.1.3. Karl Marx

Wie wenige andere waren die Theorien von *Karl Marx* prägend für ganze Wirtschaftsordnungen. Obwohl er als junger Redakteur bei einer Kölner Zeitung die kommunistischen Ideen ablehnte (*Weischedel* 1966/2001, S. 249), legte er später in seinen Werken die theoretischen Grundlagen für einen Klassenkampf, den er als „mehr oder minder versteckten Bürgerkrieg [...] zwischen Kapitalistenklasse und Arbeiterklasse" (*Marx* 1867/1969, S. 263) bezeichnete. *Marx'* Einfluss ging weit über seine Lebenszeit hinaus. Die russischen Oktoberrevolutionäre von 1917 beriefen sich auf ihn. Im Laufe des 20. Jahrhunderts wurden zahlreiche Länder in den Einflusskreis der Sowjetunion einbezogen. Es ist jedoch zu bezweifeln, dass die Diktaturen, die sich auf die Ideen des Kommunismus beriefen, diese Ideologie wirklich im Sinne der Gleichheit der Men-

schen verwirklichen wollten.[11] Diktaturen mit einem Personenkult, wie er beispielsweise unter *Stalin* in der Sowjetunion und unter *Ceausescu* in Rumänien vorherrschte,
lassen sich mit Gleichheitsgrundsätzen nicht vereinbaren. Dennoch wiesen die offiziel-
len Argumentationen der regierenden Parteien durchaus Bezüge zu Werken von *Marx*
auf.[12]

Trotz des Zusammenbruchs des real existierenden Sozialismus in den meisten Ländern 1989 und 1990 sind die Einflüsse der marxistischen Ideen bis heute spürbar. So
berufen sich insbesondere Kuba und Nord-Korea nach wie vor auf den Kommunismus
beziehungsweise Sozialismus und damit auf *Marx*. Zusätzlich existiert auch in Gesellschaften mit marktwirtschaftlicher Tradition eine weit verbreitete Stimmung, die unterstellt, Arbeiter würden von den stärkeren Unternehmern systematisch ausgenützt, Gewinnstreben sei gesellschaftlich zumindest problematisch, und es gäbe einen fundamentalen und unauflösbaren Gegensatz zwischen den Interessen von Kapital und Arbeit.

3.1.3.1. Der antagonistische Interessengegensatz

Marx übernahm für seine Werttheorie das Konzept der Arbeitswertlehre, das er bei
Smith und *Ricardo* vorgefunden hatte und das von ihm verabsolutiert und radikalisiert
wurde. Allein die Arbeit bestimmt demnach den Wert eines Gutes. Unterschiedliche
Knappheiten können so nicht mehr angezeigt werden, der Preismechanismus verliert
seine koordinierende Funktion.[13] Da nur menschliche Arbeit von *Marx* als wertstiften-
der Produktionsfaktor angesehen wird, ist auch der Lohn die einzige legitimierte Einkommensquelle. Bodenrente erkennt *Marx* ebenso wenig an wie Zins, Unternehmerlohn
oder Gewinn. „Die arbeitende Klasse allein ist es, die alle Werte produziert" wie es
Friedrich Engels (1891/1946, S. 12), formulierte. Wenn gegebene Waren wie beispielsweise Rohstoffe oder Halbfertigwaren mit Hilfe des Produktionsfaktors Arbeit
veredelt werden, entsteht ein zusätzlicher Wert, der Mehrwert. Ein Konsumgut entsteht
durch den Einsatz von Arbeit und Halbfertigwaren, Halbfertigwaren durch Rohstoffe
und Arbeit, Rohstoffe werden durch Arbeit aus dem Boden gewonnen. Der Wert eines
Gutes ist folglich die Summe der Werte der auf den verschiedenen Produktionsstufen
eingesetzten Arbeit. Gleiche Güter haben jedoch den gleichen Wert, auch wenn das eine
mit einer höheren Produktivität hergestellt wurde als das andere und daher weniger Arbeit in ihm geronnen ist. *Marx* bezieht sich bei der exakten Bestimmung des Wertes auf
das „Quantum gesellschaftlich notweniger Arbeit" (*Marx* 1867/1969, S. 21). Wenn also
neue Produktionsmethoden Arbeit einsparen, sinkt der Wert des Gutes, auch wenn einzelne Produktionsstätten die Neuerungen noch nicht eingeführt haben und daher mehr
Arbeit einsetzen.

Wäre nur Arbeit wertstiftend, dürfte es außer dem Lohn keine anderen Einkommensquellen geben. In der Regel ist aber das aufgewendete Kapital – beispielsweise in Form
von Rohstoffen, Maschinen oder Lohnzahlungen – kleiner als das nach Produktion und

---

[11] Wie *Marx* zur Rechtfertigung des Sowjetsystems diente, zeigt beispielsweise *Fetscher* (1960).

[12] Zum Beispiel Rumäniens siehe *Ceausescu* (1979).

[13] Siehe hierzu *Fehl* (1974) sowie zur weiteren Diskussion *Wagener* (1976) und *Fehl* (1976).

Vermarktung verbleibende. Der Preis der Maschinen, Rohstoffe und Arbeitskräfte ist, wenn kein Verlust in Kauf genommen werden soll, kleiner als der Erlös der hergestellten Waren. Arbeiter schaffen – nach *Marx* – die Werte, von denen die Kapitaleigner einen Anteil für sich behalten, ohne selbst produktiv tätig gewesen zu sein. „Von der ganzen, von ihr erzeugten Produktenmasse erhält also die Arbeiterklasse nur einen Teil für sich zurück." (*Engels* 1891/1946, S. 12). Dies ist der Kern der Ausbeutungsthese, nach der Kapitalisten den Arbeitern einen Teil des Ertrages ihrer Arbeit vorenthalten. Kapitalismus wird von *Marx* wie auch Sklavenhaltung und Leibeigenschaft durch Ausbeutung charakterisiert, nicht jedoch Sozialismus und Kommunismus. „Obwohl die Arbeiter auch im Sozialismus nicht den vollen Ertrag ihrer Arbeit erhalten, gebe es hier keine Ausbeutung, weil der Mehrwert nicht privat angeeignet werde." (*Hamel* 1992c, S. 79). Ausbeutung durch den Staat ist somit per Definition nicht existent.

Die Idee einer Kooperation von Kapital und Arbeit sucht man bei *Marx* vergeblich. Einen gemeinsamen produktiven Einsatz beider Produktionsfaktoren, der zu einer steigenden allgemeinen Wohlfahrt führt und beide Faktoren angemessen entlohnt, wie es sich *Smith* vorstellt, hält *Marx* für nicht möglich. Er konstatiert einen dem Kapitalismus innewohnenden unlösbaren Interessenkonflikt zwischen Kapital und Arbeit. Aus diesem folge der notwendige Klassenkampf zwischen Kapitalisten und Arbeitern. „Wir sehen also, dass [...] die Interessen des Kapitals und die Interessen der Lohnarbeit sich schnurstracks gegenüberstehen." (*Marx* 1891/1946, S. 33). Demzufolge spalte sich die „ganze Gesellschaft [...] mehr und mehr in zwei große feindliche Lager, in zwei große, einander direkt gegenüberstehende Klassen: Bourgeoisie und Proletariat." (*Marx* und *Engels* 1848/1977, S. 10 f.). Sehr plastisch schildert *Marx* das von ihm für unmenschlich gehaltene Ausbeutungsverhältnis: „[...] der eine [der Kapitalist] bedeutungsvoll schmunzelnd und geschäftseifrig, der andere [der Arbeiter] scheu, widerstrebsam, wie jemand, der seine eigene Haut zu Markt getragen und nun nichts andres zu erwarten hat als die – Gerberei." (1867/1969, S. 147). Kapitalisten beschreibt er als eigensüchtige Vergeuder „von Menschen, von lebendiger Arbeit, [...] nicht nur von Fleisch und Blut, sondern auch von Nerven und Hirn." (1885/1969, S. 83).

Auch wenn diese radikale Form heute kaum noch vertreten wird, bestehen Verteilungskonflikte zwischen Arbeitgebern und Arbeitnehmern weiter. Dabei wird jedoch deutlich, dass die *Marxsche* Sichtweise zumindest der modernen Realität nicht gerecht wird. Für *Marx* sind Menschen entweder besitzlose Arbeiter oder Kapitaleigner. Heute sind zahlreiche Arbeitnehmer gleichzeitig Besitzer von Kapitalgütern. Die Lohnquote sagt also nur noch sehr bedingt etwas über die gesamten Einkommen von Arbeitnehmern aus. Auch sollen gesetzliche Regelungen ausbeuterische Abhängigkeitsverhältnisse verhindern. Trotzdem scheint der Gedanke der Ausbeutung nach wie vor verbreitet zu sein.

3.1.3.2. Entwicklungstendenzen

Die fortgesetzte Ausbeutung der Arbeiter führt, so *Marx*, zu zunehmendem Elend. Kapitalakkumulation und Mechanisierung machten Arbeit mehr und mehr überflüssig, die Verelendung weiter Teile der Bevölkerung sei die Folge (siehe hierzu *Hamel* 1992d). Auf diese Menschen baut *Marx*, wenn er auf eine kommende Revolution der

Arbeiterklasse hofft. In der Geschichte taucht immer wieder das Argument auf, dass Arbeit nicht mehr gebraucht werde. Französische Arbeiter warfen zur Zeit der Industriellen Revolution ihre Holzschuhe (französisch: sabon) in die Maschinen, woraus der Begriff der Sabotage entstand. Maschinenstürmerei gab es auch in Deutschland (siehe dazu auch Kapitel 4.4.1). Im Zuge der Robotisierung wurden wieder Befürchtungen laut, Arbeitsplätze würden dauerhaft verschwinden. Die Sorge, dass den Menschen die Arbeit ausgehen könnte, beruht jedoch auf den impliziten Annahmen, Arbeit würde nur in einem fest liegenden Umfang benötigt und zur Herstellung von arbeitssparenden Maschinen bedürfe es nicht auch der Arbeit.[14] Dies würde aber auch bedeuten, das alle Bedürfnisse nahezu befriedigt seien. Knappheiten sind jedoch nach wie vor charakteristisch für alle Gesellschaften. Arbeit wird weiterhin benötigt, um diese abzubauen.

Die Verarmung der Arbeiterklasse geht nach *Marx* einher mit dem Fall der Profitrate. Diese wird definiert als Verhältnis des Mehrwertes zur Summe aus konstantem und variablen Kapital. Ersteres sind Vorprodukte und Ersatzinvestitionen, letzteres Arbeitslöhne. Während die Mehrwertrate (der Quotient aus Mehrwert und Arbeitslohn) laut Marx konstant bleibe, steige der Anteil des konstanten Kapitals aufgrund der anhaltenden Akkumulation. Dies bedeute jedoch auch, dass die Profitrate, also die Verzinsung, laufend abnehme (*Hamel* 1992b). Somit würden die treibenden Elemente der kapitalistischen Ordnung geschwächt. Der ‚Kapitalismus' bräche zusammen, die Revolution der ausgebeuteten und arbeitslosen Arbeiterklasse sei die Folge. Dieser Prozess wird von *Marx* als zwangsläufig angesehen. Die Entwicklung wird als determiniert betrachtet, was in einem grundsätzlichen Gegensatz zum Gedanken der individuellen Freiheit der handelnden Personen steht (*Heuß* 1965, S. 53).

Festzuhalten bleibt abschließend, dass die *Marxschen* Überlegungen sich nur auf die Gesellschaftsform des Kapitalismus beziehen, die nach seiner Auffassung eine temporäre Erscheinung im historischen Ablauf sei. Die Verelendung der Arbeiterklasse auf der einen Seite und die Schwächung der Kapitalistenklasse durch die Abnahme der Profitrate auf der anderen Seite sorgten dafür, dass die kapitalistische Gesellschaftsform durch den Kommunismus beziehungsweise der Zwischenstufe dahin, den Sozialismus, abgelöst werde. Im Kommunismus, so die Utopie, existiere kein Gegensatz zwischen Arbeitern und Kapitalisten, da es keine Kapitalisten mit Privateigentum, sondern nur Kollektiveigentum gebe. So faszinierend diese Vorstellung für viele war, so desaströs waren die Ergebnisse des real existierenden sozialistischen Experimentes. Trotz allem finden sich Vorstellungen, wie sie auch bei *Marx* auftreten, noch in heutiger Zeit. Nicht zuletzt bleibt die Befürchtung eines unauflöslichen Gegensatzes der Interessen von Kapital und Arbeit.

3.1.4. John Maynard Keynes

John Maynard Keynes hat als Ökonom zu Lebzeiten Einfluss auf die Wirtschaftspolitik gesucht und diese noch Jahrzehnte nach seinem Tod geprägt. Als Mitglied der bri-

---

[14] Häufig geht es bei Kapitalintensivierung der Produktion um die Substitution von weniger qualifizierter durch qualifizierte Arbeit, weshalb flexible Arbeitsmärkte und leistungsfähige Bildungssysteme von besonderer Bedeutung sind.

tischen Delegation nahm er nach dem Ende des Ersten Weltkrieges 1918 an den Friedensverhandlungen von Versailles teil und warnte schon damals vor den ökonomischen Auswirkungen der Vertragsbedingungen. Die Ereignisse der Weltwirtschaftskrise, die die optimistischen ‚goldenen' zwanziger Jahre jäh beendeten, waren für zahlreiche Ökonomen unerklärlich. Die selbstregulierenden Stabilisierungsmechanismen der Marktwirtschaft schienen kläglich versagt zu haben. Geprägt von diesen Erfahrungen entstand *Keynes* Hauptwerk, die „Allgemeine Theorie der Beschäftigung, des Zinses und des Geldes" (1935/1966). Er stellte es der klassischen Theorie entgegen, die seines Erachtens nur einen Sonderfall erklärt und damit keinen Allgemeingültigkeitsanspruch erheben kann (*Keynes* 1935/1966, S. 3). Besonderen Einfluss auf die staatliche Wirtschaftspolitik konnte der Keynesianismus auch in Deutschland in den sechziger und siebziger Jahren ausüben, als Nachfragesteuerung und ‚deficit spending' große Popularität erlangten. Ob und wie weit Vertreter dieser Politik nur *Keynes'* Namen für sich beanspruchten oder ob sie sich wirklich auf seine Werke stützen konnten, soll hier aber nicht näher beleuchtet werden.

3.1.4.1. Die Rolle der gesamtwirtschaftlichen Nachfrage

Eine entscheidende Stellung in der Argumentation *Keynes* nimmt die gesamtwirtschaftliche Nachfrage ein. Nachfrage ermöglicht Produktion, Produktion schafft Beschäftigung und baut somit Arbeitslosigkeit ab. Während in der klassischen Theorie diese Faktoren durch flexible Informations-, Anreiz- und Kontrollinstrumente wie Zins und Lohnsatz ein natürliches Gleichgewicht anstreben, hält *Keynes* dieses Vollbeschäftigungsgleichgewicht nur für einen Spezialfall, für eine Ausnahme von der Regel (1935/1966, S. 24). Sie tritt nur ein, wenn die Summe aus Investitions- und Konsumgüternachfrage genau der Angebotsmenge entspricht, die Vollbeschäftigung ermöglicht. Hängt nun die Sparneigung der Bevölkerung nicht ausschließlich vom Zinssatz, sondern auch vom Einkommen ab, so kann der Zins nicht dafür sorgen, dass der Teil des Einkommens, der nicht konsumiert wurde, für Investitionen verwendet wird. Die entstehende Nachfragelücke müsste somit durch exogene Einflüsse ausgeglichen werden. Zu denken ist hier vor allem an zusätzliche staatliche Nachfrage.

Dieses Konzept wurde in den sechziger und siebziger Jahren vielfach verwirklicht. Staatliche Konjunkturprogramme wurden aufgelegt, um durch kreditfinanzierte Investitionen Nachfrage zu schaffen und Arbeitslosigkeit zu reduzieren. Eine erhöhte Nachfrage ging mit einer Ausweitung der Geldmenge einher, was letztlich zu Inflation führen musste. Der vom damaligen Bundeskanzler *Helmut Schmidt* überlieferte Satz: „Lieber fünf Prozent Inflation als fünf Prozent Arbeitslosigkeit" ist Ausdruck dieses Zusammenhanges. Berühmt geworden ist die Phillips-Kurve, die (auf empirischen Daten basierend) eine Wahlmöglichkeit zwischen Inflationsrate und Beschäftigungsquote postulierte. Voraussetzung für die langfristige Wirksamkeit einer inflationären Beschäftigungspolitik wäre jedoch, dass die Arbeitnehmer und ihre Interessenvertreter den realen Einkommensverlust einer Geldentwertung hinnehmen würden. Sie müssten der Geldillusion unterliegen.[15] Nur dann würden sie ihre Konsumgewohnheiten trotz sinkender

---

[15] Siehe hierzu auch die Kritik von *Hahn* (1949) an *Keynes* Überlegungen.

Reallöhne nicht verändern und damit ihre Sparneigung reduzieren. *Keynes* schien von der Wirksamkeit der Geldillusion auszugehen. Er behauptet, Arbeitnehmer „könnten sich unmöglich jeder Kürzung der Reallöhne widersetzen, die durch eine Änderung der Kaufkraft des Geldes verursacht wird und die alle Arbeiter in gleichem Maße trifft." (1935/1966, S. 12). Beobachtet man heutige Tarifverhandlungen, ist das Stichwort ‚Inflationsausgleich' jedoch von großer Bedeutung. Eine schleichende reale Lohnsenkung mit dem Ziel, Vollbeschäftigung zu erreichen, könnte kaum unbemerkt vorgenommen werden.

In den sechziger und siebziger Jahren wurde das keynesianische Rezept nicht nur für einen Sonderfall wie die Weltwirtschaftskrise angewendet. Systematische staatliche Konjunkturlenkung schien möglich zu sein, indem eine kreditfinanzierte Investitionslenkung empfohlen wurde. Neben einer steil ansteigenden Staatsverschuldung war auch das bis dahin nicht bekannte Phänomen der Stagflation, also das gleichzeitige Auftreten von Stagnation und Inflation, zu beobachten. Durch das Versagen der Geldillusion wurde eine Lohn-Preis-Spirale in Kraft gesetzt, die den Abbau von Arbeitslosigkeit durch eine inflationäre Entwicklung konterkarierte.

3.1.4.2. Zum Verhältnis der Produktionsfaktoren zueinander

Was die Einschätzung des wertstiftenden Charakters der verschiedenen Produktionsfaktoren angeht, so erkennt *Keynes* zwar die Bedeutung des Faktors Kapital an, weigert sich aber ausdrücklich, ihn als produktiv zu bezeichnen (1935/1966, S. 178). Nur der Faktor Arbeit erzeuge Werte, unterstützt durch die Technik. Im Gegensatz zu *Marx* berücksichtigt *Keynes* jedoch die Leistung des Unternehmers, die er der Arbeit zurechnet (1935/1966, S. 179). Ähnlich wie *Smith* anerkennt er auch die Unterschiedlichkeit verschiedener Arten von Arbeit: „[...] nicht alle Arbeit wird unter gleich angenehmen Begleitumständen vollbracht; und die Bedingungen des Gleichgewichts erfordern, dass unter weniger angenehmen Begleitumständen erzeugte Gegenstände, gekennzeichnet durch üblen Geruch, Gefahr oder Zeitablauf, genügend knapp gehalten werden müssen, um einen höheren Preis zu bedingen." (1935/1966, S. 180). Dies deutet darauf hin, dass er ‚Arbeit' nicht als einheitlichen Block ansehen will, sondern durchaus eine Differenzierung vornimmt und keine durch ungerechtfertigte Diskriminierungen ausgelösten Konflikte zwischen verschiedenen Beziehern von Arbeitseinkommen ausmacht.

Einkommen aus Kapitalzinsen scheint *Keynes* nicht für generell notwendig zu halten. Er geht davon aus, dass es unproblematisch sei, Kapital so reichlich bereitzustellen, dass Kapitalgüter gerade einmal den eigenen Wert und einen Ausgleich für das eingegangene Risiko produzieren können (1935/1966, S. 316 ff.). Reale Gründe für die Knappheit von Kapital erkennt er nicht an. Der Rückgang der Kapitalzinsen würde seines Erachtens „den sanften Tod des Rentners bedeuten, und folglich den sanften Tod der sich steigernden Unterdrückungsmacht des Kapitalisten, den Knappheitswert des Kapitals auszubeuten" (*Keynes* 1935/1966, S. 317). Der Staat könne die Ersparnis soweit beeinflussen, dass Kapital kein knapper Faktor mehr wäre. Die „Rentnerseite des Kapitalismus", also die Existenz eines leistungslosen Einkommens, als das er das Einkommen aus Kapitalerträgen zu betrachten scheint, hält *Keynes* für ein vorübergehendes Ereignis. Diese

Phase gehe ohne Revolution langsam zu Ende. In diesen Ausführungen kommt ein vermuteter tiefgreifender Widerspruch zwischen Arbeit und Kapital zum Ausdruck.

3.1.5. Österreichische Schule

Die Autoren der Österreichischen Schule (siehe hierzu *Fehl* 1992) sind als Vertreter der Grenznutzenlehre Verfechter eines subjektivistischen Ansatzes, der sich gegen die objektiven Wertlehren richtet. Als wichtige Autoren soll an dieser Stelle auf *Carl Menger*, den Begründer der Österreichischen Schule, auf *Ludwig von Mises* sowie auf *Ludwig Lachmann*, der die moderne Neo-Österreichische Schule vertritt, eingegangen werden. Auch die von *Eugen von Böhm-Bawerk* entwickelte temporale Kapitaltheorie ist der Österreichischen Schule zuzurechnen. Auf sie wird später in Zusammenhang mit *Walter Eucken* hingewiesen, der diese kapitaltheoretischen Ideen ebenfalls vertreten und weiterentwickelt hat.

3.1.5.1. Carl Menger

Die Überlegungen *Carl Mengers*, die vor allem in seiner Güterordnung manifestiert sind, sind auch für die Fragen zum Verhältnis von Arbeit und Kapital von Interesse, wobei er insbesondere ein Gegenkonzept zur herrschenden Arbeitswertlehre sowie den gängigen Vorstellungen von der systematischen Verarmung der arbeitenden Bevölkerung erstellt. *Menger* definiert Güter, die unmittelbar zur Befriedigung von Bedürfnissen verwendet werden, als Güter erster Ordnung. Güter, die zur Herstellung von Gütern erster Ordnung verwendet werden, sind Güter zweiter Ordnung. Entsprechend lassen sich Güter dritter, vierter oder höherer Ordnung bestimmen. Schon hierin wird das subjektive Element seiner theoretischen Ansätze sichtbar, da die Bedürfnisse der Menschen höchst unterschiedlich sind und sich somit auch die Ordnung eines Gutes nach subjektiven Maßstäben bemisst. Objektive Kriterien zur Bestimmung des Wertes sucht man bei *Menger* vergebens. Für ihn ist die Bedürfnisbefriedigung, die von einem Gut für ein Wirtschaftssubjekt ausgeht, entscheidend für die subjektive Zurechnung eines Wertes (1871/1923, S. 102 f.). Sämtliche Zwischenprodukte und Produktionsfaktoren werden danach bewertet, wie sie direkt oder indirekt der Befriedigung von subjektiven Konsumentenbedürfnissen dienen (*Kirzner* 1990, S. 66).

Für *Menger* ist weder die für die Produktion insgesamt notwendigen Arbeit wertbestimmend, wie es *Marx* vorschlägt, noch der Wert der gesamten für die Produktion verwendeten Güter höherer Ordnung – einschließlich der Produktionsfaktoren Arbeit, Kapital und Boden. Diese Sichtweise, nach der sich der Wert eines Gutes aus den einzelnen Werten der in die Produktion einfließenden Bestandteile ergibt, bezeichnet *Menger* als einen Grundirrtum der früheren Theorie. Es gelte im Gegenteil, dass „[d]er Wert der Güter höherer Ordnung [...] bedingt [ist] durch den voraussichtlichen Wert der Güter niederer Ordnung, zu deren Hervorbringung sie dienen." (*Menger* 1871/1923, S. 144). Somit ist also auch der Wert von Vorprodukten bis hin zu den Produktionsfaktoren lediglich davon abhängig, in welchem Ausmaß sie über die daraus entstehenden Güter zur Bedürfnisbefriedigung beitragen können. Dabei betrachtet *Menger* die jeweiligen Grenzraten und nicht absolute Werte, auch wenn er die Terminologie der Grenznutzenlehre noch nicht verwendet (*Hayek* 1990, S. 28).

Konsequent lehnt *Menger* die Aufstellung separater Werttheorien für die einzelnen Produktionsfaktoren ab. Auch diese unterliegen als Güter erster oder höherer Ordnung den allgemeinen Wertgesetzen (*Menger* 1871/1923, S. 160 ff.). Damit ist bereits ein wichtiges Element einer Konflikttheorie, die von einer gesetzmäßigen Benachteiligung einzelner Produktionsfaktoren ausgeht, in der Regel des Faktors Arbeit, in Überlegungen *Mengers* nicht anzutreffen. Während Konflikttheoretiker wie *Marx* dem Faktor Kapital quasi die Existenzberechtigung absprechen und zumindest den Kapitalzins als Element der Ausbeutung der Arbeiter sehen, lehnt *Menger* diese Sichtweise ab und formuliert eine Begründung für das Auftreten von Kapital. Er weist darauf hin, dass durch gegenwärtigen Verzicht auf Güter ein größeres Gesamtprodukt in einer späteren Periode erwirtschaftet werden kann (*Menger* 1871/1923, S. 99 ff.), womit ein wichtiger Hinweis auf eine temporale Kapitaltheorie gegeben ist. Bezogen auf die Güterordnung kann dieses Eingehen eines Produktionsumweges auch als Umwandlung eines Gutes in ein Gut höherer Ordnung verstanden werden. Statt es sofort zu nutzen, wird es investiert, um zukünftigen Nutzen zu erzeugen. Der daraus resultierende Kapitalzins ergibt sich entsprechend der subjektiven Bedürfnisse und der Möglichkeiten, sie durch den Einsatz von Kapital zu befriedigen, wie dies auch für andere Produktionsfaktoren gilt.

3.1.5.2. Ludwig von Mises

Ludwig von Mises war ein vehementer Verfechter des wirtschaftlichen Liberalismus. In seiner wissenschaftlichen Arbeit wendet er sich gegen das Gleichgewichtsdenken eines ökonomischen Formalismus und betont die Bedeutung des Marktprozesses (siehe hierzu *Lachmann* 1984, S. 177 ff.). Ausgangspunkt seiner Überlegungen ist stets das handelnde Individuum, was auch in der Methodik des Subjektivismus Niederschlag findet. „Sie [die subjektivistische Wissenschaft] wertet das Handeln nicht, sie nimmt es so hin, wie es ist [...]." (*Mises* 1933, S. 169). Objektive oder kollektiv vereinbarte und festgelegte Wertmaßstäbe sind ihm fremd. Der Wert eines Gutes und der entsprechende Preis leiten sich lediglich aus der subjektiven Bedeutung für die Bedürfnisbefriedigung der einzelnen Personen ab. Infolge dessen wendet *von Mises* sich gegen die verschiedenen Versuche einer zentralen Wirtschaftslenkung, sowohl in einer sozialistischen Planwirtschaft als auch in einem System des Interventionismus, bei dem zwar formal das Privateigentum nicht angetastet wird, staatliche isolierte Eingriffe aber ein bestimmtes Marktergebnis erzwingen sollen. Dennoch wird die zuletzt genannte Variante nicht für stabil gehalten und stellt keinen alternativen Weg zwischen Kapitalismus mit Privateigentum und Sozialismus mit Gemeineigentum dar. Jede Intervention zieht Reaktionen von Anbietern und Nachfragern nach sich. Ein Höchstpreis beispielsweise stimuliert die Nachfrage, reduziert aber gleichzeitig das Angebot, so dass ein Nachfrageüberschuss, also eine als Mangel empfundene Situation entsteht. Hierdurch werden in der Logik des Interventionismus neue Maßnahmen erforderlich – eine Interventionsspirale wird in Gang gesetzt. *Von Mises* urteilt über den Interventionismus: „Es gibt eben keine andere Wahl als die: entweder von isolierten Eingriffen in das Spiel des Marktes abzusehen oder aber die gesamte Leitung der Produktion und der Verteilung an die Obrigkeit zu übertragen. Entweder Kapitalismus oder Sozialismus; ein Mittelding gibt es nicht." (*Mises 1929*, S. 12).

Seiner Leitidee von der Bedeutung der einzelnen Individuen folgend wendet sich *von Mises* gegen die verschiedenen Versuche, einen Klassengegensatz zu propagieren, der in unüberbrückbaren Interessenunterschieden fußt. In der marxistischen Literatur „wird bezeichnenderweise kaum die Frage gestellt, ob die Voraussetzungen, dass die Gesellschaft in Klassen zerfällt, deren Interessen in unversöhnlichen Gegensatz stehen, wirklich zutrifft." (*Mises* 1933, S. 174; siehe auch S. 177 f.). Die Interessengegensätze der Klassen werden schon dadurch aufgeweicht, dass einzelne Personen mehreren Klassen angehören können, sie können sowohl Arbeitnehmer als auch Kapitaleigner oder Bodenbesitzer sein (*Mises* 1932, S. 299). *Von Mises* konstatiert eine übermäßige Abstrahierung sowie eine mangelnde Differenzierung bei der Betrachtung einer angeblichen Klassengesellschaft (1932, S. 303). So werde abstrakt von ‚der' Arbeit gesprochen, ohne zu realisieren, dass es hierbei größte Unterschiede geben kann. Auch die Interessen innerhalb der Klassen sind nicht per se und in jedem Fall gleichgerichtet. Ganz im Gegenteil gibt es Konkurrenz zwischen den verschiedenen Anbietern eines Produktionsfaktors (1932, S. 311). Konsequenterweise müsste in sehr viel mehr verschiedene Klassen als nur drei oder vier differenziert werden (1932, S. 308), so dass letztlich wieder die verschiedenen Individuen in den Mittelpunkt der Betrachtung rücken. „Die Gesellschaft kennt keine anderen Teile als die Individuen. Die durch Gemeinschaft von Sonderinteressen geeinte Klasse gibt es nicht [...]." (*Mises* 1932, S. 312).

Für *von Mises* ist „die Marktwirtschaft die einzig mögliche Ordnung der gesellschaftlichen Kooperation" (1933, S. 183). In ihr gibt es keine Herren und Leibeigene, deren Rolle mit der Geburt festgelegt ist, sondern jeder muss sich um die Bedürfnisbefriedigung Dritter bemühen, um eine möglichst hohe Entlohnung zu erhalten (*Mises* 1958, S. 10). Die eigene Leistung ist – zumindest im Prinzip – Maßstab für das erhaltene Einkommen, den erreichten Lebensstandard und den gesellschaftlichen Status. Hierin liegt nach *von Mises'* These aber auch der Grund, warum eine marktwirtschaftliche Ordnung häufig auf Ablehnung stößt und sich Thesen wie die vom unüberbrückbaren Interessengegensatz mitunter großer Beliebtheit erfreuen. In einer sozialistischen Ordnung hingegen, in der das Gewinnstreben keine Rolle spielt, mögen manche Verfechter von Utopien bessere Chancen für eine harmonische Entwicklung sehen. Tatsächlich, so betont *von Mises*, bewirkt die fehlende Gewinnorientierung jedoch die Unmöglichkeit der Wirtschaftsrechnung im Sozialismus und letztlich dessen wirtschaftlichen Zusammenbruch (siehe hierzu beispielsweise *Mises* 1944/1997, S. 69).

3.1.5.3. Ludwig Lachmann

Auch für *Ludwig Lachmann* ist der wirtschaftliche Mensch Ausgangspunkt der Betrachtung. Mit seiner subjektivistischen Position will er das Verhalten der Individuen analysieren und daraus resultierend das Verhalten von Kollektiven betrachten. Insofern steht er auch der Analyse makroökonomischer Beziehungen kritisch gegenüber und fordert deren Mikrofundierung ein, also eine Erklärung makroökonomischer Phänomene durch Gesetzmäßigkeiten auf einzelwirtschaftlicher Ebene. Dabei setzt er sich besonders kritisch mit keynesianischen makroökonomischen Analysen und Theorien auseinander. Aber auch neoklassische Theoretiker, die zwar eine Mikrofundierung für notwendig halten, diese aber tatsächlich bei ihrer Makroökonomik nicht ausreichend berücksichtigen, bezieht er in seine Kritik mit ein (*Lachmann* 1975).

Lachmann weist seinem subjektivistischen Verständnis folgend auf die Schwächen kollektiver Sichtweisen hin, die die Präferenzen, Erwartungen und Verhaltensweisen der beteiligten Individuen vernachlässigten. „Für sie bedeutet wirtschaftliches Handeln immer die Reaktion eines ‚typischen Handelnden' auf eine ‚gegebene' Situation. Die Menschen handeln ausschließlich in ihrer Eigenschaft als ‚Arbeiter', ‚Kapitaleigentümer' oder ‚Bodenbesitzer'." (*Lachmann* 1975, S. 21). In einer solch kollektiven Sichtweise wird leicht der eigentliche Zweck des Wirtschaftens übersehen. Wirtschaftliche Betätigung ist letztlich nicht Selbstzweck, sondern soll im Konsum zur Bedürfnisbefriedigung beitragen. „Für Ricardianer existiert der Verbraucher überhaupt nicht. Ihre Welt ist eine Welt der Produktion und Verteilung." (*Lachmann* 1975, S. 26).

Ein weiteres und entscheidendes Ergebnis des subjektivistischen Ansatzes von *Lachmann* ist die Ablehnung einer objektiven Wertlehre, darunter auch der Arbeitswertlehre. „Arbeit im Sinne von geleisteter Arbeit hat an sich keinen wirtschaftlichen Wert. Sie erlangt erst Wert, wenn mit ihr Leistungen erbracht werden, für die eine Nachfrage besteht" (*Lachmann* 1975, S. 66), und die entsprechende Bedürfnisse befriedigen. Dies gilt entsprechend auch für andere Produktionsfaktoren oder Vorprodukte, die weiter zu Gütern erster Ordnung im *Mengerschen* Sinne verarbeitet werden. Auch diese werden nicht durch die aufgewendeten Leistungen wertvoll, sondern nur durch die erwartete zukünftige Befriedigung von Bedürfnissen. Entsprechend wird Kapital auch als der gegenwärtige Wert zukünftiger Einkommensströme definiert.[16] Aus der Ablehnung der Arbeitswertlehre folgt die Ablehnung des Vorrangs des Produktionsfaktors Arbeit. Die objektive Höherbewertung der Arbeit vor dem Kapital, wie sie *Marx* propagiert, ist *Lachmann* als Vertreter des Subjektivismus und der Österreichischen Schule ebenso fremd wie jede andere zentral vorgegebene Bewertung. Entscheidend ist für ihn die Bewertung durch die Märkte beziehungsweise die auf den Märkten agierenden Individuen. Daher definiert er auch die Grenze zwischen einer Marktwirtschaft und einer sozialistischen Planwirtschaft nicht durch die Größe des Anteils des öffentlichen Sektors an der gesamten Volkswirtschaft, sondern durch die Existenz oder das Fehlen von Börsen als Handelsplätze für Kapital (*Lachmann* 1975, S. 67).

3.1.6. Die Väter der sozialen Marktwirtschaft

Von herausragender Bedeutung für die wirtschaftliche und gesellschaftliche Entwicklung in Deutschland seit dem Zweiten Weltkrieg ist die Ordnung der sozialen Marktwirtschaft, wie sie schon während des Krieges und in der Nachkriegszeit konzipiert und dann nach der Währungsreform unter Führung von *Ludwig Erhard* umgesetzt wurde. Mit ihr sollte versucht werden, mögliche Konflikte zwischen Arbeit und Kapital abzubauen und alle Bürger von der Leistungsfähigkeit der Marktwirtschaft profitieren zu lassen. Sie bildete die Grundlage für den schnellen Wiederaufbau des zerstörten Landes und den rasch wachsenden Wohlstand der Bevölkerung. Zu den Vätern der so-

---

[16] Siehe zu dieser und anderen Definitionen *Lachmann* (1956, S. 1).

zialen Marktwirtschaft zählen vor allem Wissenschaftler wie *Walter Eucken*, *Alfred Müller-Armack*, *Ludwig Erhard*, *Franz Böhm* und *Wilhelm Röpke*. An dieser Stelle soll auf *Eucken* als Begründer der Ordnungstheorie, *Müller-Armack* als Verfechter der ‚Sozialen Irenik' und Erfinder des Begriffes ‚Soziale Marktwirtschaft' sowie *Erhard* als treibende Kraft bei der Durchsetzung der neuen Ordnung eingegangen werden.

3.1.6.1. Walter Eucken

Walter Eucken gilt als einer der maßgeblichen Begründer der deutschen Ordnungstheorie. Sein wissenschaftliches Augenmerk galt unter anderem der Kapitaltheorie, auf die zunächst eingegangen werden soll, bevor seine ordnungsökonomischen Überlegungen dargestellt werden. Zu erwähnen ist ferner sein Versuch, ein Ende des Methodenstreites zwischen historischer und Österreichischer Schule herbeizuführen.[17] Hier sollen jedoch primär die Elemente von *Euckens* Theorie von Interesse sein, die sich mit Fragen der Kapitalmärkte sowie der übergreifenden Frage der Wirtschaftsordnung befassen. Auch wenn *Eucken* diese Themengebiete als zusammengehörend betrachtet, soll aus Gründen der besseren Darstellbarkeit eine Trennung vorgenommen werden.

Euckens Kapitaltheorie[18] kann an dieser Stelle nur in groben Zügen vorgestellt werden. Dabei soll ein Schwerpunkt auf die kapitaltheoretischen Ansätze gelegt werden, die auch für die Arbeitsmärkte relevant sind.[19] Die Überlegungen *Euckens* zu kapitaltheoretischen Fragen verdeutlichen, dass er der „temporalen oder Österreichischen Schule der Kapitaltheorie zuzurechnen ist." (*Fehl* 1989, S. 71).[20] Er verweist darauf, dass die Menge der produzierten Güter durch Produktionsumwege erhöht werden kann. „Gegebene Produktionsfaktoren erzeugen in der Regel um so mehr Konsumgüter, desto längere Zeit zwischen der Aufwendung der produktiven Leistungen und der Konsumgutreife im Durchschnitt verstreicht." (*Eucken* 1934/1954, S. 68). Dem Ertragsgesetz entsprechend nimmt jedoch auch der zusätzliche Nutzen der zusätzlich eingesetzten Zeit ab (*Eucken* 1934/1954, S. 81). Das Eingehen eines Produktionsumweges bedeutet auch, dass zunächst keine fertigen Konsumgüter zur Verfügung stehen. Da in der Regel der Bedarf jedoch kontinuierlich ist, muss ein gewisser Bestand vorhanden sein. Nur wenn kurzfristig die Versorgung gesichert ist, können die Produktionsfaktoren eingesetzt werden, um längerfristig einen größeren Ertrag zu erzielen. Güter müssen dem Konsum für einen bestimmten Zeitraum entzogen und als Investition der Produktion zugeführt werden. Der begrenzte Bestand an Gütern beschränkt die Möglichkeit, Produktionsumwege weiter zu verlängern. Dadurch, dass Güter für Investitionen verwendet werden, werden sie zu Kapital. „Kapital nennen wir also in der Geldwirtschaft die Verfügungsmacht über Konsumgüter, soweit sie sich in Händen der Unternehmer befindet." (*Eucken* 1934/1954, S. 125).

---

[17] Zu diesen Bemühungen und den verbundenen methodologischen Problemen an *Euckens* theoretischen Ausführungen siehe *Wentzel* (1999a) und *Meyer* (1989).

[18] *Lutz* (1954, S. IX) ordnet sie in die Gruppe der statischen Zinstheorien ein.

[19] Eine tiefere und trotzdem kurze Darstellung und Würdigung findet sich bei *Fehl* (2002).

[20] Für eine kurze Darstellung der Kapitaltheorie *Böhm-Bawerks*, die *Euckens* Überlegungen zugrunde liegt, siehe *Krelle* (1962, S. 43 ff.).

Die Besitzer des Kapitals erwarten eine Zinszahlung dafür, dass sie dieses zur Verfügung stellen. Auf der anderen Seite sind die Investoren auch bereit, einen Zins zu zahlen, da sie eine zusätzliche Produktion erzielen können.[21] „Die mittlere Ausreifungszeit wird soweit verlängert, dass der letzte Zuwachs eine Ergiebigkeits- und Wertsteigerung der Produktionsfaktoren bewirkt, die der Zinsbelastung gleichsteht." (*Eucken* 1934/1954, S. 105). Ein funktionsfähiger Kapitalmarkt wird somit grundlegend für die Allokation der Ressourcen. Er ist es, der Güter und Produktionsfaktoren über den Zeitablauf hinweg der geeignetsten Verwendung zuordnen kann. So werden weder übertrieben wenige Güter in der Gegenwart konsumiert, noch werden zu viele Chancen vergeben, durch eine Ausweitung der Produktionsumwege einen größeren Ertrag in der Zukunft zu genießen.

Arbeit und Boden beziehungsweise Naturerzeugnisse bilden die originären Faktoren, aus denen die Güter geschaffen werden, die dann teilweise zu Kapital werden. *Eucken* erkennt einen Konflikt zwischen erhöhten Arbeits- und erhöhten Kapitaleinkünften an. Auch wenn eine marktwirtschaftliche Ordnung beiden Gruppen von Einkommensbeziehern zugute kommt, gilt natürlich die Feststellung, dass die Verteilung kurzfristig immer zu Konflikten führt. Ebenso wie ein niedriger Zins einen größeren Produktionsumweg ermöglicht, tut dies auch ein geringerer Lohn. Dadurch kann das bereitstehende Kapital auf einen längeren Zeitraum verteilt werden. Ein höherer Zins und eine höhere Entlohnung bremsen hingegen die Verlängerung der Produktionsumwege. Während Arbeitnehmer nach einem hohen Lohn streben und somit eine Verkürzung der Produktionsperiode wünschen, orientieren sich Unternehmen an einem hohen Gewinn, der sich durch die höhere Produktivität einer längeren Produktionsperiode ergibt. „So ist also der Lohnkampf ein Kampf der Arbeiter für Verkürzung, der Unternehmer für Dehnung der Konsumtions- und Produktionsperiode." (*Eucken* 1934/1954, S. 113). *Eucken* analysiert zwar, dass das gesamte Produkt nicht verteilt werden kann, ohne dass es zu Interessengegensätzen der Besitzer der einzelnen Produktionsfaktoren kommt. Er stellt jedoch keinen antagonistischen Interessengegensatz fest, der die These einer völligen Verarmung der einen oder anderen Gruppe rechtfertigt. Das Marktgeschehen sorge hingegen für die Herstellung eines möglichst großen Produktes, wobei an Arbeits- und Kapitalmärkten eine angemessene Entlohnung der jeweiligen Faktoren bestimmt werde.

Euckens Ordnungstheorie beschäftigt sich mit der gesamten ordnenden Konzeption einer Gesellschaft. Besonderer Schwerpunkt liegt naturgemäß auf Fragen der Wirtschaftspolitik. Streng geht *Eucken* mit einer Wirtschaftspolitik der Experimente ins Gericht, die punktuelle Eingriffe propagiert, jedoch die ordnungspolitische Leitlinie vermissen lässt. Entscheidend für die Fundierung von Entscheidungen über Fragen der Wirtschaftsordnungspolitik ist für *Eucken* die „Kenntnis der einzelnen Ordnungsformen, der Zusammenhänge des Wirtschaftsprozesses und der Interdependenz der Ordnungen. Nicht Ideologien über Kapitalismus, Sozialismus usw., sondern das ordnende Denken leitet das ordnungspolitische Handeln." (1952/1990, S. 242). Breiten Raum in

---

[21] Auch wenn dies hier nicht weiter ausgeführt wird, betont *Eucken* doch (dem Interdependenzgedanken folgend), dass der Zins nicht nur von einzelnen Faktoren, sondern von allen verfügbaren Daten abhängig ist (*Lutz* 1954, S. XI).

seinen Ausführungen nimmt dabei der Vergleich der beiden Grundformen ein – die dezentrale Verkehrswirtschaft auf der einen und die Zentralverwaltungswirtschaft auf der anderen Seite. Darüber hinaus sind *Euckens* wettbewerbspolitische Grundsätze zu erwähnen, die das Ziel haben, Machtkonzentration auf beiden Seiten des Marktes zu verhindern. Auch in Bezug auf die Arbeitsmärkte spielen diese Überlegungen eine wichtige Rolle.

Eucken stellt fest, dass die einzelnen Ordnungen nicht unabhängig voneinander existieren, sondern dass diese wechselseitigen Einfluss aufeinander haben. „Es besteht die vollständige Interdependenz aller wirtschaftlichen Erscheinungen, aller Bewertungen, aller Handlungen. [...] Losgelöste Eigenbezirke, zum Beispiel der Holzwirtschaft, gibt es in der großen industrialisierten Wirtschaft so wenig wie bei Robinson Crusoe." (*Eucken* 1952/1990, S. 7 ff.). Seine Interdependenzthese wird von ihm sowohl auf Ordnungen wie die Staats- und die Wirtschaftsordnung bezogen (1952/1990, S. 332), als auch auf Teilbereiche (1952/1990, S. 11) der Wirtschaftsordnung untereinander. Er stellt sich damit gegen *Marx* und seine Nachfolger, die Staat und Wirtschaft als einseitig abhängig von der herrschenden Klasse einschätzen (*Mestmäcker* 1990, S. XIV). Dies bedeutet jedoch nicht, dass eine All-Interdependenz besteht, die die Analyse oder die Beeinflussung einzelner Teilordnungen unmöglich machen würde.

Weiterhin betont *Eucken*, dass die Ausgestaltung einer Ordnung nicht ohne Auswirkungen bleibt. Nicht nur die Ordnung, auf deren Veränderung die wirtschaftspolitische Maßnahme abzielt, wird beeinflusst, auch andere Ordnungen werden davon berührt (1952/1990, S. 220). Das umfassende Denken in Ordnungen ist seine Antwort auf eine Politik des pragmatisch-unsystematischen Eingriffs in bestehende Systeme. Er warnt davor, dass sich wettbewerbswidrige Marktformen von einem auf den anderen Markt fortpflanzen. Sowohl in einer Monopolisierung als auch in einer staatlichen zentralen Lenkung sind Gefahren für eine freiheitlich-marktwirtschaftliche Ordnung zu sehen. Nur eine Berücksichtigung des gesamten Ordnungsgefüges kann die Aufgaben der Wirtschaftspolitik lösen. So weist *Eucken* beispielsweise darauf hin, dass die Sozialpolitik nicht isoliert oder als Anhängsel der Wirtschaftspolitik zu betrachten sei. „Es gibt nichts, was nicht sozial wichtig wäre." (1952/1990, S. 313). Insofern ist auch die Sozialpolitik Teil einer umfassenden Ordnungspolitik. Entsprechend wendet sich *Eucken* gegen alle Versuche, durch punktuelle Eingriffe in eine Ordnung wünschenswerte Resultate zu erzielen, ohne dabei die Wirkungen auf andere Teilordnungen zu bedenken.

Eucken tritt einer Wirtschaftspolitik entgegen, die experimentell in das Wirtschaftsgeschehen eingreift und den Gedanken an die Zusammenhänge der Ordnungen unter den Tisch fallen lässt. Er wendet sich damit sowohl gegen Versuche einer zentralen Lenkung bei Staatseigentum, wie in den sozialistischen Ländern Osteuropas zu beobachten war, als auch gegen eine zentral gelenkte Wirtschaft bei Privateigentum. Letztere Ordnungsform war in Deutschland während der nationalsozialistischen Diktatur gegeben. *Eucken* greift aber auch die auf *Keynes* aufbauenden politischen Konzepte an. Dies ist schon deshalb besonders bemerkenswert, weil die keynesianischen Politik in Europa erst in den sechziger und siebziger Jahren ihren Höhepunkt erreicht hat, also lange nach *Euckens* Tod im Jahre 1950.

Ein typisches wirtschaftspolitisches Experiment wird mit dem Ziel initiiert, Vollbeschäftigung zu erreichen. *Eucken* zeigt, dass ein solcher einzelner Eingriff weitere Eingriffe nach sich zieht (1952/1990, S. 57). Nach den Vorstellungen *Keynes* besteht eine dauerhafte Unterinvestition, die durch staatliche Maßnahmen ausgeglichen werden soll. Dies kann zum Beispiel durch niedrige Zinsen, staatliche Nachfrage, Haushaltsdefizite oder Arbeitsbeschaffungsmaßnahmen geschehen. Doch deren negative Auswirkungen müssen mit weiteren Maßnahmen korrigiert werden, die wiederum Korrekturen nach sich ziehen. Man erkennt in diesen Überlegungen *Euckens* das Ölflecktheorem. „Es war [...] die Politik der Experimente und vor allem die Vollbeschäftigungspolitik, die ungewollte Tendenzen zur Zentralverwaltungswirtschaft mobilisierte." (1952/1990, S. 218). Es zeigt sich also, dass der unsystematische Eingriff in eine Ordnung, der ohne Beachtung der Ordnungszusammenhänge vorgenommen wird, gewollt oder ungewollt eine Tendenz zur Ordnungstransformation hervorrufen kann. Die laufenden Eingriffe in die wirtschaftlichen Abläufe destabilisiert die Erwartungen der Wirtschaftssubjekte, Investitionen müssen eine höhere Risikoprämie erwirtschaften und werden eher unterlassen (*Eucken* 1952/1990, S. 287 f.). Arbeitslosigkeit ist die Folge, auch wenn deren Abbau gerade die ursprüngliche Motivation für die Interventionskette war.

In den keynesianischen Überlegungen kommt, wie *Eucken* ausführt, ein tiefes Misstrauen in die These zum Ausdruck, dass marktwirtschaftliche Austauschprozesse allen Beteiligten Nutzen bringen. Es werde vielmehr eine Vorstellung von einer „Diskrepanz zwischen Eigennutz und Gemeinwohl" (1952/1990, S. 350). vertreten. *Eucken* verteidigt mit seiner Kritik keine *naive* Harmoniethese, sieht jedoch die Möglichkeit einer Gleichgerichtetheit der Interessen und hält das bei *Keynes* und anderen wieder auftauchende Misstrauen für einen Rückfall in den Merkantilismus. *Euckens* Urteil über die Wirtschaftspolitik der Experimente ist daher ebenso prägnant wie eindeutig, hat sich jedoch bis ins frühe 21. Jahrhunderts nicht durchsetzen können: „Die Periode der Experimente verdient es, ihrem Ende zugeführt zu werden." (1952/1990, S. 241).

Eucken nimmt Bezug auf die von *Marx* angeprangerte Armut der Arbeiter während der Industrialisierung, die er als Tatsache anerkennt, liefert jedoch einen anderen Erklärungsansatz. Während *Marx* das Privateigentum an Produktionsmitteln für diese Zustände verantwortlich macht, sieht *Eucken* die Marktform am Arbeitsmarkt als Ursache (1952/1990, S. 45). Der Grund für die Situation der Arbeiter habe in der Nachfragemacht der Arbeitgeber gelegen, die eine monopolähnliche Position innehatten. Diese Nachfragemacht könne durch eine höhere Mobilität der Arbeitnehmer, bessere Nachrichtentechnik (1952/1990, S. 228 f.) und eine bessere Arbeitsvermittlung gebrochen werden. Die Bildung von Gewerkschaften als gleichfalls monopolähnliches Gegengewicht nennt er ebenso als historischen Ansatz zur Verbesserung der Lage (1952/1990, S. 46). Er weist jedoch gleichzeitig auf die Probleme und Konflikte hin, die diese beiderseitige Monopolisierung mit sich bringt. Für die schwierige Situation können nach *Euckens* Auffassung auch andere Gründe verantwortlich gewesen sein, beispielsweise Fehlfunktionen des Preissystems. Paradox erscheint, dass Arbeiter, die unter der Monopolmacht der Unternehmen am Arbeitsmarkt leiden müssen, dennoch deren Monopolstellung begrüßen. Der Grund liegt nach *Eucken* darin, dass ein Monopol eines Unternehmens auf dem Gütermarkt die dortigen Arbeitsplätze – zumindest auf kurze Sicht –

sicherer macht (1952/1990, S. 294). Die Konzentration führe jedoch auch dazu, dass es weniger mögliche Arbeitgeber gebe. Die denkbare Überwälzung der Monopolmacht vom Güter- auf den Arbeitsmarkt werde bei dieser Überlegung nicht mit einbezogen. Dabei betont *Eucken*, dass gerade die menschliche Arbeitskraft nicht durch eine Monopolstellung missbraucht werden dürfe (1952/1990, S. 295).

Während in der Zentralverwaltungswirtschaft die Einkommen plangemäß auf die einzelnen Produktionsfaktoren verteilt werden, wird die Höhe von Lohn, Gewinn und Bodenrente in der Verkehrswirtschaft dezentral ermittelt (*Eucken* 1952/1990, S. 90). *Eucken* analysiert die sozialistischen Versuche, die Situation der Arbeitnehmer zu verbessern und hält sie für gescheitert. Während *Marx* die Verteilung von Einkommen und Vermögen der reichen Schichten an die Armen als Lösung vorschlug und die Herstellung von Vollbeschäftigung als anzustrebenden Zustand proklamierte, wies *Eucken* darauf hin, dass die Einkommensumverteilung die Situation der Arbeiter nicht unbedingt verbessert hätte. Auch Vollbeschäftigung an sich sei als wichtigste Zielgröße nicht zu akzeptieren. Schließlich seien auch römische Sklaven beschäftigt gewesen, ohne dass ihre Situation erstrebenswert gewesen sei (1952/1990, S. 122 f.). Auch wenn der anerkannte *Economist* 1942 schrieb: „Wenn die liberale Demokratie sich mit Vollbeschäftigung nicht verträgt, so muss sie verschwinden" (zitiert nach *Eucken* 1952/1990, S. 140). gelte: „Vorhandensein von Vollbeschäftigung zeigt nicht etwa eine zureichende Lösung der Ordnungsfrage an." (*Eucken* 1952/1990, S. 141).

Eucken hat den Blick nicht isoliert auf einzelne Teilprobleme gerichtet, sondern immer das gesamte Ordnungsgefüge im Auge. So argumentiert er gegen Experimente der Vollbeschäftigungspolitik, die den marktwirtschaftlichen Knappheitsmesser stilllegten (1952/1990, S. 142 f.). Häufig würden Arbeitnehmer in Stellen beschäftigt, an denen sie mehr konsumieren als sie produzieren. Vollbeschäftigung werde mit einer Politik des billigen Geldes erreicht, die durch staatliche Preisfestsetzung und Devisenbewirtschaftung abgesichert werde. „[E]inseitig [auf den Arbeitsmarkt] ausgerichtete Maßnahmen [können] zu Ungleichgewichten auf anderen Teilbereichen führen." (1952/1990, S. 165). Hierin zeigt sich erneut *Euckens* Betonung der Interdependenz der einzelnen (Teil-)Ordnungen. Auch kritisiert er das makroökonomische Denken, das einer solchen Vollbeschäftigungspolitik zugrunde liegt. Die Betrachtung globaler Größen wie Gesamtnachfrage oder Gesamtinvestitionen verleite dazu, nur die jeweiligen Summen zu betrachten, dabei aber die Proportionen innerhalb der aggregierten Größen und deren Bestimmungsgründe zu vernachlässigen.[22] Es bestehe die große Gefahr, dass die Wirtschaftspolitik, ohne es abschließend und gründlich zu durchdenken, investiert, um die notwendige Größe zu erfüllen, dabei jedoch nicht berücksichtigt, welche Investitionen unter vielen möglichen die richtigen sind. Hierdurch entstünden Disproportionalitäten, die das verfolgte Ziel der Beschäftigungsförderung konterkarierten.

Trotz aller Kritik sieht *Eucken* durchaus staatliche Aufgaben auf dem Arbeitsmarkt. Die Monopolbekämpfung ist ein durchgehendes Anliegen. Deshalb ist es nur konse-

---

[22] Auch an anderer Stelle kritisiert *Eucken* die makroökonomische Perspektive und betont die Notwendigkeit einer einzelwirtschaftlichen Untermauerung, beispielsweise für die Lohntheorie (siehe hierzu *Eucken* 1940/1950, S. 142).

quent, diese auch auf den Arbeitsmarkt zu übertragen. Der Aufbau von Machtpositionen auf beiden Marktseiten müsse verhindert werden. Expliziten Handlungsbedarf für den Staat sieht *Eucken* beim Auftreten anormaler Angebotsreaktionen am Arbeitsmarkt. Es ist denkbar, dass bei fallenden Löhnen das Arbeitsangebot steigt, da die Anbieter die eigenen Lebenshaltungskosten decken müssen. In einer solchen Situation wäre das Erreichen eines stabilen Gleichgewichts nicht möglich, weshalb *Eucken* als letztes Mittel auch den Einsatz von staatlichen Regelungen von Mindestlöhnen anspricht (1952/1990, S. 303 f.). Aber er sieht auch deutlich die Grenzen staatlicher Möglichkeiten. So wurde auf die ‚Soziale Frage' des 19. Jahrhunderts, in der sich die Arbeiter der neuen Industrie als dem Kapital ausgeliefert betrachteten, mit punktueller Sozialpolitik reagiert, statt das gesamte zusammenhängende Ordnungsgefüge zu betrachten. Auch wenn er dieser Politik einige Erfolge nicht abspricht, sei doch die Verbesserung des Lebensstandards der Arbeiter weniger auf die Sozialpolitik als vielmehr auf die wirtschaftlich-technische Entwicklung zurückzuführen (1951/2001, S. 37 f.). Weiterhin spricht *Eucken* insbesondere die staatliche Unfähigkeit zur Steuerung des Kapitalmarktes an. Gerade ein Eingreifen in die Kapitalmärkte ist es jedoch, was die Vertreter der von ihm kritisierten Vollbeschäftigungspolitik propagieren. „Wie aber sollte die Grenze der Staatstätigkeit gezogen werden? [...] Brauchbare Kapitalverkehrs-, Börsen- oder Hypothekengesetze vermögen die gesetzgebenden Organe des Staates zu erlassen, aber die unmittelbare Lenkung des Kapitalstromes übersteigt ihre Fähigkeiten." (1952/1990, S. 336).

3.1.6.2. Alfred Müller-Armack

Alfred Müller-Armack war es, der der sozialen Marktwirtschaft ihren Namen gegeben hat (*Müller-Armack* 1952/1976, S. 232). Diese eingängige Formel, die die Verbindung von Marktwirtschaft und sozialem Ausgleich zum Ausdruck bringt, hat sicherlich neben den schnellen ökonomischen Erfolgen der ‚Wirtschaftswunder'-Jahre ganz wesentlich mit zur schnellen Akzeptanz der neuen Ordnung nach dem Zweiten Weltkrieg beigetragen. *Müller-Armack* sah in der sozialen Marktwirtschaft nicht einfach eine Variante des Kapitalismus mit einigen Abweichungen, sondern ein völlig neues Modell eines dritten Weges zwischen liberalem Kapitalismus und sozialistischer Planwirtschaft. Er verteidigt die Frühzeit des Kapitalismus, dem vorgeworfen wurde, das Elend der Arbeiter im 19. Jahrhundert ausgelöst zu haben, mit dem Hinweis, dass es sich zwar um unbefriedigende Zustände gehandelt habe, die jedoch im Vergleich zu vorangegangenen Zeiten ein wirklicher Fortschritt gewesen seien (1946/1990, S. 10 f.). *Müller-Armack* betont die selbst-stabilisierenden Wirkungen einer marktwirtschaftlichen Ordnung (1946/1990, S. 84 f.), kritisiert jedoch die Mängel der alten liberalen Marktwirtschaft, beispielsweise im Bereich der Wettbewerbspolitik (1952/1976, S. 234). Erst in der Weltwirtschaftskrise der dreißiger Jahre habe der Kapitalismus entscheidend versagt. Deutlich negativer beurteilt er die Kommandowirtschaft. Planwirtschaftliche Positionen kritisiert er beispielsweise dadurch, dass er der Behauptung von der besseren Behandlung der Arbeiter im Sozialismus massiv widerspricht (1946/1990, S. 34 ff.). Die soziale Marktwirtschaft war in den Augen *Müller-Armacks* ein neues Konstrukt, welches die Vorteile beider Systeme auf sich vereinigen sollte, ohne gleichzeitig die zum Versagen führenden Nachteile mit in Kauf nehmen zu müssen. Im Gegensatz zu einer sich selbst überlassenen Wirtschaft sollte es sich hierbei um eine bewusst sozial gelenkte

Marktwirtschaft handeln, bei der die Lenkungsinstrumente jedoch marktkonform aus-zugestalten seien (1946/1990, S. 95 ff.). Neben der rein ökonomischen Funktion sollten mit der neuen Ordnung auch gesellschaftspolitische Ziele verfolgt werden (1926/1976, S. 301). Gerade dies ist jedoch auch kritikwürdig, da es nicht konkretisierte Spielräume für eine von oben herab bestimmende Gesellschaftspolitik bietet (*Lange-von Kulessa* und *Renner* 1998).

Eng verbunden mit dem Konzept der sozialen Marktwirtschaft ist auch die von *Müller-Armack* (1950) propagierte Idee der sozialen Irenik. Hierunter versteht er das friedliche Neben- und Miteinander von gesellschaftlichen Grundströmungen wie Libe-ralismus und Sozialismus, Katholizismus und Protestantismus. Dies kommt auch in dem Begriff der Irenik zum Ausdruck, der dem Namen der griechischen Friedensgöttin *Eirene*, der Tochter des *Zeus*, entstammt (*Quaas* 2002, S. 384). Voraussetzung für eine solche Versöhnung sei jedoch ein Konsens darüber, dass die eine Geisteshaltung die andere nicht verdrängen könne und dass aus den verschiedenen Richtungen jeweils wertvolle Elemente in die bestehende Ordnung einfließen. Als Ordnung der sozialen Irenik schlägt *Müller-Armack* die soziale Marktwirtschaft vor, die auf einem Ausgleich der Grundwerte Freiheit und Gleichheit basiert und die marktwirtschaftliche Effizienz mit sozialem Ausgleich beziehungsweise mit ethischer Verantwortung verbinden soll.

Müller-Armack kann als Vertreter einer Harmoniethese aufgefasst werden, auch wenn er allzu weitgehende Harmonievorstellungen von sich weist. Allerdings hält er es offenbar für eine wichtige staatliche Aufgabe, den gewünschten Ausgleich der ver-schiedenen Grundströmungen zu erzielen und gesellschaftspolitische Vorgaben durch-zusetzen. In seiner sozialen Irenik betont er primär die Möglichkeit eines Ausgleichs zwischen den verschiedenen gesellschaftlichen Konzepten. Dabei anerkennt er die vier Strömungen (Liberalismus, Sozialismus, Katholizismus und Protestantismus), ohne einzelnen die Existenzberechtigung abzusprechen. Dennoch ist *Müller-Armack* den ein-zelnen Grundströmungen gegenüber nicht indifferent. Vielmehr stellt er klar, dass eine modifizierte Marktwirtschaft auch mit den gesellschaftlichen freiheitlichen Grundwer-ten übereinstimmt. „Unter dem Gesichtspunkt der Freiheit dürfte die Marktwirtschaft auch dann vorzuziehen sein, wenn ihre ökonomischen Leistungen geringer wären als in der Wirtschaftslenkung." (*Müller-Armack* 1946/1990, S. 71).

Während eine soziale Irenik für die verschiedenen Gesellschaftskonzeptionen für wünschenswert und realisierbar gehalten wird, sieht *Müller-Armack* die Chance auf eine Minderung von Interessenkonflikten innerhalb einer marktwirtschaftlichen Wirtschafts-ordnung skeptischer, weswegen er eine starke soziale Komponente für sein Konzept der sozialen Marktwirtschaft vorsieht. Er äußert sich als Kritiker einer allzu deutlichen Be-tonung marktwirtschaftlicher Regelungsmechanismen, die als Ersatz für die Schaffung einer sozialen Ordnung herhalten sollen, und legt Wert auf einem Kanon von sittlichen Prinzipien sowie auf verschiedene Instrumente und Mechanismen zur Behebung von Defekten einer freien Marktwirtschaft.

3.1.6.3. Ludwig Erhard

Die besondere Bedeutung *Ludwig Erhards* erwächst nicht in erster Linie aus seinem wissenschaftlichen Werk, sondern vor allem aus seiner Leistung als Wirtschaftspolitiker. Insbesondere sein maßgebliches Wirken bei der Gestaltung der Währungsreform in Westdeutschland 1948 und der begleitenden Liberalisierung der Nachkriegswirtschaft sowie sein Einsatz für die soziale Marktwirtschaft sind zu nennen. Sein Engagement zeigte sich nicht nur in der Ablehnung planwirtschaftlicher Konzepte. Vielmehr musste den Prinzipien der sozialen Marktwirtschaft, zu denen insbesondere die Sicherung des Wettbewerbs gehört, gegen vielfältige Sonderinteressen Geltung verschafft werden. Beispielhaft hierfür steht der Kampf *Erhards* für das Kartellgesetz Anfang der fünfziger Jahre, in dem er sich gegen den Widerstand weiter Teile der Wirtschaft durchsetzen musste (*Erhard* 1961/2002). *Erhard* war eine der führenden Persönlichkeiten, die der neuen Wirtschaftsordnung nach dem Krieg zum Durchbruch verholfen und damit die Grundlage für das sogenannte Wirtschaftswunder gelegt hat. Heute steht sein Name geradezu symbolisch für die soziale Marktwirtschaft und ihre Erfolge.

Schon während des Zweiten Weltkriegs hatte sich *Erhard* deutlich zu den Möglichkeiten einer preisgesteuerten Wirtschaftsordnung nach der militärischen Niederlage und dem Ende des nationalsozialistischen Regimes geäußert. So warnte er davor, die aus dem Krieg gewohnte Zentralverwaltungswirtschaft in die Zeit des Wiederaufbaus zu überführen. Für eine Übergangszeit werde zwar eine gewisse staatliche Steuerung notwendig sein, um allzu große materielle Not in der Bevölkerung zu vermeiden. Dennoch müsse man später zu einer freien Marktwirtschaft mit wohlstandssteigerndem Leistungswettbewerb übergehen (1944/1988, S. 49 f. sowie 1945/1988, S. 54). Auch wenn *Erhard* ein klarer Verfechter marktwirtschaftlicher Prinzipien war, hat er doch dafür pladiert, die sich bietenden Möglichkeiten einer Annäherung zwischen freier Wirtschaft und Planwirtschaft, zwischen Kapitalismus und Sozialismus zu nutzen. Damit beschritt er jedoch keinen Weg der Verwässerung marktwirtschaftlicher Grundsätze, stellte jedoch fest, dass gewisse Handlungsschranken zur Sicherung einer wettbewerblichen Marktwirtschaft notwendig sind. Im Unterschied zu der Wirtschaftsordnung vor dem Zweiten Weltkrieg legte er insbesondere Wert auf eine Sicherung des Wettbewerbs und die Verhinderung von Privilegien und Monopolen und anderen Machtstellungen, um das freie Spiel der Marktkräfte auf dem Weg zu einem Marktgleichgewicht nicht zu behindern (1946/1988). Die frühere kapitalistische Wirtschaft hingegen habe Leistungswettbewerb und freie Preisbildung immer weiter eingeschränkt (1947/1988). In der Betonung der Sicherung des freien Wettbewerbs als staatliche Aufgabe auch gegen private und freiwillige Beschränkungen liegt einer der wesentlichen Neuerungen von *Euckens* Ordnungspolitik sowie der sozialen Marktwirtschaft, wie *Erhard* sie realisierte.

Besonders einschneidend für die Entwicklung der sozialen Marktwirtschaft in Deutschland war die Währungsreform von 1948. *Erhard* hatte darunter jedoch nie eine rein technische Einführung einer neuen Währung verstanden, die allenfalls geldpolitische Konsequenzen hätte. Er hatte sie vielmehr von vornherein als ordnungspolitische Maßnahme konzipiert, zu der neben der Schaffung der D-Mark auch wirtschaftliche und soziale Elemente gehörten. Insbesondere verband er damit ein Ende der Preispolitik, die sich vor allem in Preisstops manifestiert hatte. Diese Zwangsmaßnahmen hätten jedoch nicht die gewünschten Erfolge gehabt, sondern verdeckte Inflation, Misswirtschaft und weitere staatliche Zwänge ausgelöst. Bei der Aufhebung der Preisstops sollten zwar zur Abfederung sozialer Härten zunächst einige Bindungen bestehen bleiben, dennoch zeigte sich *Erhard* in diesem Kontext als klarer Verfechter marktwirtschaftlicher Positionen, die keine Kompromisse im Sinne der französischen ‚Planification', deren Einfluss er später besonders im Zuge der Schaffung der Europäischen Wirtschaftsgemeinschaft fürchtete, oder ähnlicher Ansätze zulassen (1948a/1988, S. 112 f.).

In *Erhards* Augen war die Politik der sozialen Marktwirtschaft wohlstandsstiftend für die gesamte Bevölkerung, nicht nur für einzelne Teilgruppen wie Arbeitnehmer oder Kapitaleigner. Diese Form der *bedingten* Harmoniethese kommt auch im programmatischen Titel seines Buches „Wohlstand für Alle" (1957) zum Ausdruck. Er verteidigte marktwirtschaftliche Prinzipien gegen Gruppeninteressen und warb für die soziale Marktwirtschaft. Er sah sich darin bestärkt, nachdem die für weite Teile der Bevölkerung überraschenden und harten Maßnahmen der Währungsreform überaus positive Wirkungen entfaltet und Zustimmung gefunden hatten. Die Aufhebung der Zwangsinstrumente, insbesondere in der Preispolitik, sei wie eine Befreiung empfunden worden. Notwendig seien aber auch Freiheiten wie die freie Berufswahl und der freie Konsum als Vorraussetzungen für wirklich wahrgenommene politische Freiheit (*Erhard* 1948b/1988). Wenn diese Freiheiten ausgefüllt würden, sei die soziale Marktwirtschaft eine Ordnung, in der alle Bürger von ihren eigenen Anstrengungen profitieren könnten. Ausbeutung durch Marktmacht müsse ebenso bekämpft werden wie Umverteilungsforderungen einzelner Interessengruppen, die jeweils spezifische Gerechtigkeitsvorstellungen für sich in Anspruch nähmen (1962/1988, S. 730). Zu *Erhards* grundlegenden Überzeugungen gehörte vielmehr, ganz im Sinne einer deutlichen Ablehnung der Konfliktthese, dass mit Hilfe der sozialen Marktwirtschaft „endlich das Ressentiment zwischen ‚arm' und ‚reich' überwunden" (1957, S. 7) werden müsse.

3.1.7. Milton Friedman

Wenn man in Bezug auf *Keynes* und die große Verbreitung seiner Gedanken von einer Revolution spricht, kann *Milton Friedman* getrost als „Gegenrevolutionär" (*Johnson* 1974, S. 33). bezeichnet werden, der ebenfalls großen Einfluss auf die internationale Wirtschaftspolitik hatte[23] – insbesondere in den achtziger Jahren unter dem US-Präsidenten *Reagan* und der britischen Premierministerin *Thatcher*. Während die keynesianische Makropolitik an die Machbarkeit einer staatlichen Steuerung glaubt, lehnen *Friedman* und seine Chicagoer Weggefährten dies rundweg ab. So weist er darauf hin, dass die Geldpolitik weder Zinsen stabilisieren noch Unterbeschäftigung abbauen könne (1970/1974). *Friedman* kritisiert die Aussagen der Phillips-Kurve, nach der zwischen einer höheren Arbeitslosigkeit und einer höheren Inflation gewählt werden müsse. Vollbeschäftigung könne demnach durch Zulassung einer Geldentwertung erreicht werden. *Friedman* weist jedoch darauf hin, dass es darauf ankomme, die Reallohnentwicklung zu betrachten und die Erwartungsbildung zu berücksichtigen (1970/1974, S. 321). Eine

---

[23] Dazu werden auch seine auf ein breites Publikum ausgerichteten Schriften beigetragen haben, beispielsweise *Friedman* (1984).

Inflationsrate, die höher ist als die nominalen Lohnzuwächse, reduziert die Reallöhne. Dies wiederum habe einen Anstieg des gleichgewichtigen Beschäftigungsgrades beziehungsweise den Abbau bestehender Arbeitslosigkeit zur Folge. Insofern könne man der These zustimmen, dass eine hohe Inflation nützlich für das Erreichen des Vollbeschäftigungsziels sei. Bei dieser Argumentation werde jedoch vernachlässigt, dass sich die Inflation in den Erwartungen der Wirtschaftssubjekte niederschlägt. Arbeitnehmer, die mit der Fortsetzung der bisherigen Inflation rechnen, stellten entsprechend erhöhte Lohnforderungen. Dies mache die mögliche Reallohnsenkung wieder zunichte. Nötig werde daher eine weitere Steigerung der Inflationsrate über das Maß hinaus, das von den Beteiligten erwartet wird. „Der vorübergehende trade-off resultiert nicht aus der Inflation an sich, sondern aus der nicht antizipierenden Inflationsrate, dass heißt generell aus einer steigenden Inflationsrate." (1970/1974, S. 323).

Um mit Hilfe der Geldentwertung Vollbeschäftigung herzustellen, wäre also eine immer schneller ansteigende Inflation notwendig. Ohne Inflation spielt sich die Arbeitslosigkeit auf dem Niveau der natürlichen Arbeitslosigkeit ein, wobei auch *Friedman* den Begriff ‚natürlich' für missverständlich hält. Dieser bedeute nicht, dass das Unterbeschäftigungsniveau „unwandelbar und unveränderlich sei. Im Gegenteil sind viele der dieses Niveau bestimmenden Marktcharakteristika Menschenwerk und das Ergebnis der Wirtschaftspolitik. [...] Verbesserungen der Arbeitsmobilität, der Erhältlichkeit von Informationen über freie Stellen und Arbeitsuchende usw. würden das natürliche Unterbeschäftigungsniveau tendenziell senken." (1970/1974, S. 322). Somit verweist auch *Friedman* an dieser Stelle auf die Ordnungsbedingungen, die für die Ergebnisse des jeweiligen Marktes und hier für die Höhe der natürlichen Arbeitslosigkeit verantwortlich sind. Eine niedrigere Arbeitslosigkeit, als sie von den zunächst gegebenen Rahmenbedingungen bestimmt ist, kann höchstens kurzfristig und nur unter Inkaufnahme einer kaum kontrollierbaren Inflation erzielt werden. Langfristig kann dies nur zur systematischen Vernichtung von Arbeitsplätzen führen. *Friedmans* Analyse zufolge müssten also Ordnungsbedingungen geschaffen werden, die eine inflationäre Beschäftigungspolitik ausschließen oder zumindest unwahrscheinlich machen.

3.1.8. Zusammenfassung

In diesem ersten Abschnitt wurde untersucht, wie bedeutende Denker der Nationalökonomie in ihren wichtigsten Werken das Verhältnis zwischen den Produktionsfaktoren Arbeit und Kapital oder, um den Begriff von *Marx* aufzugreifen, den jeweiligen Klassen der Bevölkerung einschätzen. Dabei sollte betrachtet werden, welche Richtung die ordnende Potenz Wissenschaft dabei der tatsächlichen Entwicklung vorgeben konnte oder wollte. Während die Klassiker, allen voran *Adam Smith*, noch die These der prinzipiellen Harmonie vertrat, nach der eine Wirtschaftsordnung der natürlichen Freiheit allen Beteiligten zugute kommen konnte, dominierte später die Konfliktthese. Angefangen bei *Ricardo* erreicht sie ihren Höhepunkt bei *Marx*, der im Klassenkampf die treibende Kraft sieht, die die gesellschaftliche Entwicklung bestimmt. Für ihn ist das Verhältnis von Kapitaleignern und Arbeitern das zwischen Herrscher und Beherrschten, zwischen Sklavenhalter und Sklaven. Ansätze zu einer, wenn auch nicht so radikal formulierten, Konfliktthese finden sich auch bei *Keynes*. Somit können die beiden Autoren, deren Anhänger mit dem Marxismus und dem Keynesianismus das 20. Jahrhundert entscheidend prägten, als Vertreter der großen Antagonie zwischen Kapital und Arbeit bezeichnet werden. Liberale Vertreter der Österreichischen Schule sowie der Ordnungs-ökonomie übersehen den Konflikt nicht, halten ihn aber durch geeignete Ordnungsbe-dingungen für lösbar. Sie sehen keine automatische Interessenharmonie, sondern eine von den jeweiligen Ordnungsbedingungen abhängige, realistische Chance der Gleichge-richtetheit, wie es in einer *bedingten* Harmoniethese zum Ausdruck kommt. In breiten Schichten der Bevölkerung hingegen hat sich – zumindest in Deutschland – die Vor-stellung eines Gegensatzes zwischen Arbeitnehmern und Arbeitgebern, Armen und Rei-chen, Arbeit und Kapital fest etabliert.

3.2. Der Staat

Schon aufgrund der Interdependenz der Ordnungen, insbesondere zwischen wirt-schaftlicher und politischer Ordnung, darf die Rolle des Staates im Rahmen dieser Un-tersuchung nicht unbeachtet bleiben. Er ist mit seiner Gesetzgebungskompetenz und seinem Gewaltmonopol von besonderer Bedeutung für die Schaffung und Gestaltung von Ordnungen. Dabei wäre es verfehlt, den Staat als „das großartigste sittliche Institut zur Erziehung des Menschengeschlechts" (*Schmoller* 1890, S. 9) zu bezeichnen. Der Staat kann jedoch versuchen, eine – auch von der Wissenschaft – als empfehlenswert erachtete Ordnung zu verwirklichen (siehe hierzu auch *Eucken* 1952/1990, S. 325 ff.). Sein Einfluss erstreckt sich insbesondere auf gesetzte Ordnungen, die zentral organisiert oder zumindest initiiert werden. Spontane Ordnungen entstehen häufig ohne direkte staatliche Initiative. Dennoch haben staatliche Entscheidungen auch auf spontane Ord-nungen Einfluss. Innerhalb des gesetzten Ordnungsrahmens oder auch parallel zu zent-ral geplanten Institutionen entwickeln sich dezentrale Strukturen. Dabei können die spontanen Ordnungselemente die staatlichen Vorhaben unterstützen oder ihnen auch widersprechen.

In diesem Abschnitt soll darauf eingegangen werden, inwiefern der Staat als Institu-tion und vor allem die ihn prägenden Gruppen Einfluss auf das Verhältnis von Arbeit und Kapital ausüben. Es sollen jedoch weniger inhaltliche Aussagen über das jeweilige konkrete Handeln getroffen werden. Vielmehr sollen Anreizstrukturen und Mechanis-men dargelegt werden, die Einfluss auf mögliche Konflikte zwischen Arbeit und Kapi-tal haben können. Dabei soll der Staat nicht als idealtypische und nach objektiven, streng rationalen Kriterien gestaltete Institution aufgefasst werden. Lange wurde in der Ökonomie der Staat als wohlwollender Diktator betrachtet, der das, was ökonomisch als sinnvoll erkannt wurde, vollständig umsetzt. Der Neuen Politischen Ökonomie folgend soll in dieser Arbeit die Rolle der Gruppen und Personen untersucht werden, die die staatlichen Entscheidungen beeinflussen.

Zu denken ist dabei zunächst an Politiker und Bürokraten, die den Willen der Wähler in die Tat umsetzen sollen. Im Idealfall sorgen sie für eine kostenminimale und präfe-renzengerechte Bereitstellung öffentlicher Güter. Die persönlichen Wünsche der han-delnden Personen sollten dabei keine nennenswerte Rolle spielen. Tatsächlich werden politische Entscheidungen und bürokratische Verfahren jedoch auch von den eigenen Interessen der beteiligten Menschen bestimmt. Diese können beispielsweise in dem

Wunsch nach Machterlangung oder -erhaltung, Prestige und Einkommen liegen. So ist der Versuch, die eigenen Wahl- oder Wiederwahlchancen zu erhöhen, ebenso bedeutsam, wie der Wunsch, aus einer bestehenden Position heraus den eigenen Einflussbereich auszuweiten. Dementsprechend müssen die Anreizstrukturen berücksichtigt werden, die auf die handelnden Menschen wirken. Zu untersuchen ist, ob Mechanismen in Politik und Bürokratie existieren, die die Förderung von Konflikten unterstützen, ob also die jeweiligen Interessenlagen von Politikern und Bürokraten Konflikte vergrößern und perpetuieren können, statt sie zu reduzieren oder zu beenden. Hierauf wird in den folgenden Abschnitten (Kapitel 3.2.1 und Kapitel 3.2.2) einzugehen sein.

Anschließend (Kapitel 3.2.3) sollen Interessenverbände wie Gewerkschaften und Unternehmensverbände beleuchtet werden. Charakteristisch für sie ist, dass sie konzentrierte Interessen vertreten und ‚rent seeking' betreiben. Die jeweils vertretenen Partikularinteressen unterscheiden sich voneinander, so dass Interessenkonflikte existenziell für die Verbände sind. Völlige Interessenkongruenz würde die Existenzgrundlage der Verbände gefährden. Schon allein deshalb könnten die Funktionäre und Mitarbeiter der Verbände daran interessiert sein, Gegensätze deutlich zu machen und ihren ‚Klienten' zu demonstrieren, wofür ihre Dienste benötigt werden. Dies kann insbesondere dann relevant werden, wenn die Forcierung eines Konfliktes die Unterstützung durch die eigenen Anhänger sichern soll.

In jüngerer Zeit sind Nichtregierungsorganisationen (NGOs) in den Mittelpunkt der politischen Debatte geraten, weshalb sie hier (Kapitel 3.2.4) ebenfalls betrachtet werden sollen. NGOs haben sich vor allem in der Diskussion um die Folgen der Globalisierung hervorgetan. Mit teilweise lautstarken Protesten haben sie auf die vermeintlich negativen Auswirkungen der Globalisierung für einzelne Gruppen hingewiesen, beispielsweise für Arbeitnehmer oder die Bevölkerung von Entwicklungsländern. Dabei ist auffallend, dass die NGOs und ihre Protagonisten sich häufig nicht aus den Gruppen rekrutieren, die sie als benachteiligt ansehen. Ein direktes ökonomisches Interesse scheint bei den Globalisierungsgegnern daher nicht zu bestehen. Dennoch dürften auch die Mitglieder der NGOs nicht ohne Eigeninteressen sein. So könnte der Drang nach Einfluss, Aufmerksamkeit und öffentlicher Unterstützung zu einer dramatisierten Darstellung von Konflikten führen und öffentlich den Eindruck erwecken, es gäbe für bestimmte Konflikte eine reale Grundlage.

Um den Einfluss des Staates beziehungsweise der ihn prägenden Akteure auf den Konflikt zwischen Arbeit und Kapital zu untersuchen, soll jeweils ein Überblick über die Konzeptionen der Neuen Politischen Ökonomie gegeben werden. Dabei werden die entsprechenden eigenen Interessen betrachtet, die das staatliche Handeln beeinflussen. Anschließend soll verdeutlicht werden, wie sich diese Interessen auf den zu untersuchenden Konflikt auswirken. Es ist insbesondere zu analysieren, ob und wie die beteiligten Gruppen zur Erlangung eines eigenen Vorteils das Gegeneinander der Interessen unangemessen schüren können. Die NGOs nehmen in dieser Struktur eine Sonderstellung ein. Den Überlegungen zu ihren Interessen soll eine kurze Darstellung der Globalisierung und der Diskussion darüber vorangestellt werden.

3.2.1. Die Politik

Die handelnden Politiker aus Regierung und Opposition dienen als Vermittler der Präferenzen der Bevölkerung und geben die Leitlinien für deren Umsetzung in reales Staatshandeln vor. In dieser Funktion haben sie einen erheblichen Handlungsspielraum. Je nach institutionellen Bedingungen kann dieser nach eigenem Ermessen ausgefüllt werden. Ein absolutistischer Herrscher muss auf die Präferenzen der Bürger wenig Rücksicht nehmen. In einer Demokratie ist der Wille der Wähler, oder zumindest einiger Wählergruppen, von größerer Bedeutung. Im Rahmen dieser Arbeit sollen die Strukturen einer repräsentativen Demokratie näher beleuchtet werden. Im Gegensatz zu einer idealtypischen direkten Demokratie, in der die Bürger ihre Präferenzen unmittelbar äußern können, bildet sich in der realen Welt ein eigener Berufsstand des Politikers. „Wir haben es also mit einer Arbeitsteilung zu tun, die auf der Herausbildung von Experten in Sachen kollektiver Entscheidungsfindung und einem Delegationsverfahren beruht." (*Kirsch* 1983, S. 108). Dabei treten die typischen Probleme einer Entscheidungsdelegation auf. Politiker sind wie alle Wirtschafssubjekte an der Verfolgung eigener Ziele interessiert. Zu denken ist dabei zunächst an Karriere, Einkommen, Einfluss oder auch gesellschaftlichen Status. Alles andere als die grundsätzliche Verfolgung des Eigeninteresses wäre mit den allgemeinen Verhaltensannahmen der Ökonomie nicht zu vereinbaren. *Schumpeter* weist darauf hin, dass die Funktionenteilung, also die Trennung von individuellem Handlungsmotiv und sozialer Funktion, nicht nur in wirtschaftlichen, sondern auch in politischen Tätigkeiten zum Tragen kommt (1950, S. 448). Zu klären ist also, ob auch die soziale Funktion stets erfüllt werden kann. Die ökonomische Theorie muss diese Trennung erkennen, wenn sie ein realistischeres Bild von der Wirklichkeit zeichnen will. Unterstellt man die Orientierung am Eigeninteresse in der ökonomischen Sphäre, nicht jedoch in der politischen, wird es unmöglich, die Interdependenzen der Teilordnungen hinreichend zu berücksichtigen.

Während die traditionelle Ökonomie die Politik außerhalb des mit ökonomischen Mitteln analysierbaren Bereichs ansiedelte[24], versucht die ökonomische Theorie der Politik, eben diesen Bereich zu analysieren und die Grenze der Theorie nach außen zu verschieben. Damit wendet sie sich mit dem ökonomischen Instrumentarium Fragestellungen zu, die gemeinhin das Forschungsgebiet der Politikwissenschaft sind (*Musgrave* u.a. 1978, S. 125). Die ökonomische Theorie der Politik will untersuchen, „ob und unter welchen Voraussetzungen die Wohlfahrtssteigerung der Politiker an die Wohlfahrtssteigerung der Bürger gebunden ist" (*Kirsch* 1983, S. 106). Bezogen auf das Thema dieser Studie ist somit zu untersuchen, ob und unter welchen Umständen Politiker ein Interesse an einem Konflikt zwischen Arbeit und Kapital haben.

---

[24] *Blankart* und *Stoetzer* (1991, S. 164) zählen auch *Eucken* zu dieser ersten Gruppe, obwohl er die Zusammenhänge von politischer Ordnung und Wirtschaftsordnung thematisiert. *Meyer* (1989, S. 44 ff.) hingegen weist diese Kritik zurück und verweist auf die *Euckensche* Analyse politischer Prozesse (siehe hierzu beispielsweise auch *Eucken* 1932/1997).

3.2.1.1. Zur ökonomischen Theorie der Politik

In der üblichen ökonomischen Theorie werden Tauschhandlungen zwischen Wirtschaftssubjekten untersucht. Den persönlichen Präferenzen entsprechend werden Leistung und Gegenleistung getauscht. Eigene Waren oder Dienste werden abgegeben, andere gelangen dafür in den Besitz. Alle Tauschakte basieren ausschließlich auf freiwilligen Vereinbarungen, individueller Nutzen wird mit individuellen Kosten verglichen. Nur wenn dieses Ergebnis für beide Beteiligten positiv ist, kommt das angedachte Geschäft zustande. Im Ideal- und Regelfall der ökonomischen Theorie kommt der gesamte Nutzen einer solchen Handlung den agierenden Personen selbst zugute, ebenso müssen sie die anfallenden Lasten selbst tragen, ohne sie auf andere abwälzen zu können. Externe Effekte werden lediglich als Ausnahme von der Regel betrachtet. Jedermann ist auf den Güter- und Faktormärkten für die eigenen Handlungen verantwortlich und bestimmt damit das eigene Wohlergehen gemäß den individuellen Präferenzen für private Güter.

Hierin liegt ein wichtiger Unterschied zur Politik. Der Wirkungskreis der Politiker geht weit über ihren persönlichen Bereich hinaus. Politische Entscheidungen beschränken sich nicht auf den individuellen Tausch von Gütern zwischen Einzelpersonen oder Unternehmen, sondern umfassen kollektive Handlungen. Es geht um die Umverteilung privater Güter sowie um die Bereitstellung öffentlicher Güter, darunter auch um die Wirtschafts- und Gesellschaftsordnung. Diese umfassenden Entscheidungen betreffen eine große Anzahl von Bürgern, die nicht selbst in den Prozess der Willensbildung eingebunden sind. Selbst bei voller Beteiligung aller Betroffener müssen verschiedenartige Präferenzen berücksichtigt werden. Einstimmigkeit ist dabei kaum zu erwarten, so dass stets mehr oder weniger Menschen mit der getroffenen Entscheidung nicht einverstanden sein werden. Schon bei drei Personen kann es unmöglich sein, drei Alternativen in eine mehrheitlich akzeptierte Reihenfolge zu bringen.[25] Eine politische Entscheidung muss also durch Repräsentanten getroffen werden und kann nie ohne Widersprüche erfolgen.

Staatliches Handeln ist nicht nur mit der Verletzung einzelner Interessen, sondern auch mit der Anwendung von Zwang verbunden. Um dennoch dem Bürgerwillen möglichst weitgehend zu entsprechen, muss zumindest der diskretionäre Einfluss der Entscheider reduziert werden, da sie ihre eigenen Interessen gegen das allgemeine Interesse durchsetzen könnten. Wer diese eigenen Interessen negiert und behauptet, die Politik würde die allgemeine Wohlfahrt im Sinn haben, „gibt sich" in den Augen der Neuen Politischen Ökonomie „der Lächerlichkeit preis" (*Frey* 1991, S. 492). Ein realistisches Bild von Politikern berücksichtigt dies und sieht den Unterschied zu den von *Plato* unterstellten Philosophenkönigen, die das Beste für das Land zweifelsfrei erkennen und konsequent umsetzen (*Plato* o.J./1982). Die Probleme demokratischer Entscheidungen sind „das analoge Gegenstück zu den monopolistischen Gefährdungen in Marktwirtschaften" (*Leipold* 1994, S. 731). Dabei muss die Verfolgung eigener Ziele der Politiker nicht direkt und offensiv den Präferenzen der Bürger widersprechen. Es können auch subtilere Effekte auftreten, die diese negativen Auswirkungen haben. Zu denken ist da-

---

[25] *Arrow* (1951, S. 3) beschreibt dieses Abstimmungsparadoxon.

bei beispielsweise an die politischen Konjunkturzyklen.[26] Hierbei handelt es sich um konjunkturelle Schwankungen, die aus einer expansiven Politik resultieren, die Politiker zur Steigerung ihrer Wahlchancen initiieren.

Das grundlegende Modell der Neuen Politischen Ökonomie zur Erklärung der Wechselwirkung zwischen Politikern und Wählern ist das Medianwählermodell von *Anthony Downs*.[27] Es modelliert in seiner einfachsten Form die Politiker beziehungsweise die relevanten politischen Parteien als rationale Wählerstimmenmaximierer. Ziel der Politiker ist nicht die Erreichung eines für die Wähler optimalen Zustandes, sondern die Gewinnung und Sicherung von Macht. Die Erfüllung der Wählerwünsche spielt dabei nur eine mittelbare Rolle, insofern als sie zur Erlangung der Unterstützung bei demokratischen Wahlen von Bedeutung ist (*Downs* 1974a, S. 124). Diese Sichtweise der Motive handelnder Politiker wird von anderen Autoren als nicht zwingend und damit als realitätsfern oder auch als inhaltsleer kritisiert (siehe beispielsweise *Starbatty* 1974). Dennoch soll sie an dieser Stelle als eine wichtige denkbare und beobachtbare Option aufrechterhalten werden. Politiker, die eine harmonische Kooperation zwischen den Bürgern als Ziel verfolgen, werden keine Interessenkonflikte instrumentalisieren. Politiker, die andere Ziele im Auge haben, können jedoch konfliktverschärfende Strategien verfolgen, die in dieser Untersuchung betrachtet werden.

Jede Partei schlägt als Programm ein Bündel aus zahlreichen mehr oder weniger konkreten Maßnahmen vor. Wähler fragen ein entsprechendes Programm nach und entscheiden sich für die Partei, deren Angebot ihren Vorstellungen am besten entspricht. Dabei wird davon ausgegangen, dass sich die Programme zwischen den Extrempunkten einordnen lassen. Im Allgemeinen wird von einem Links-Rechts-Spektrum gesprochen, also einem Spektrum zwischen sozialistischen oder sozialdemokratischen Ansichten auf der einen und konservativen Positionen auf der anderen Seite. Zwischen diesen beiden divergierenden Polen der grundsätzlichen politischen Konzeptionen werden in der Mitte üblicherweise die liberalen Ansätze eingeordnet.[28]

Das Modell des Medianwählers geht zunächst von einem Zweiparteiensystem mit einer Rechts- und einer Linkspartei aus, die um Wähler konkurrieren. Beide Parteien scharen die Wähler um sich, die sich mit dem jeweiligen Programm am ehesten identifizieren können. Die Wähler am politischen Rand, die sich also weiter links als die Linkspartei oder weitere rechts als die Rechtspartei ansiedeln, werden mangels besserer Alternative die entsprechende Partei wählen, da die andere von den eigenen Positionen noch weiter entfernt ist. Da in einer Demokratie derjenige die Wahl gewinnt und die Macht erlangt, der die Mehrheit der Stimmen auf sich vereinigt, bestimmt der Median-

---

[26] Siehe hierzu beispielsweise *Tuchtfeldt* (o.J.), *Frey* (1991, S. 404) sowie *Berthold* und *Fehn* (1994).

[27] Dieses Modell und seine Erweiterungen sollen im Folgenden anhand der Ausführungen von *Downs* (1968) sowie in Anlehnung an *Kirsch* (1983, S. 106 ff.), *Musgrave* u.a. (1978, S. 138 ff.) und *Zimmermann* und *Henke* (1994, S. 61 ff.) dargestellt werden.

[28] *Puntsch* (1994) weist darauf hin, dass sich die verschiedenen politischen Programme aufgrund ihrer Vielfalt und Komplexität nicht eindimensional sortieren lassen. Auch *Tuchtfeldt* (1979) nennt als weiteren Bezugsrahmen die politischen Ideensysteme des Liberalismus, Sozialismus und Konservatismus.

wähler den Ausgang. Demzufolge konzentrieren die Parteien ihre Bemühungen auf den Medianwähler und somit die politische Mitte. Wer den Medianwähler gewonnen hat, hat auch den Wettstreit um die Macht (auf Zeit) für sich entschieden.

Das Modell berücksichtigt eine eigene Dynamik der politischen Entwicklung. Zu Beginn sind die beiden Parteien in einer bestimmten Entfernung voneinander auf dem Kontinuum angesiedelt – die eine links, die andere rechts. In einer Wahl werden, so zumindest die Annahme, beide Parteien die extremeren Wähler vollständig für sich gewinnen können. Die anderen Wähler wenden sich – Gleichverteilung auf dem politischen Kontinuum vorausgesetzt – zu gleichen Teilen der einen wie der anderen Partei zu. Es wird also die Partei die Wahl gewinnen, die weiter in der politischen Mitte ist und so den Medianwähler an sich binden kann. Spätestens jetzt setzt bei den beteiligten Politikern ein Lernprozess ein. Beide Parteien bewegen sich auf die politische Mitte zu, nähern sich einander und dem Medianwähler von beiden Seiten her an und werden sich immer ähnlicher. Ob sie dann eher sozialdemokratisch oder eher konservativ ausgerichtet sind, hängt von der Verteilung der Wählerpräferenzen und der Position des Medianwählers ab. Auch bei nicht gleichmäßigen, sondern ein- oder auch mehrgipfligen Verteilungen ist die Annäherung an den Medianwähler geradezu zwingend. Eine dritte Partei, die zu Beginn des Prozesses zwischen den beiden anderen positioniert ist, wird im Laufe der Zeit immer mehr Stimmen verlieren. Von beiden Seiten nähern sich die politischen Gegner an und machen ihr bisherige Wähler streitig. Gleichzeitig kann sie keine neuen Stimmen am politischen Rand hinzugewinnen, weil die anderen Parteien immer näher an den extremeren Wählern sind.

Trotz dieser augenscheinlichen Notwendigkeit und der Plausibilität des Medianwählermodells in seiner einfachen Form, kann es die tatsächlich zu beobachtende Wirklichkeit nicht hinreichend realistisch abbilden. Zwar besticht es durch seine Einfachheit, diese ist jedoch gleichzeitig die Schwäche des Modells. Die wirkliche politische Entwicklung kennt zwar viele Beispiele von sich aufeinander zu bewegenden Volksparteien, die sich zunehmend mit der Schwierigkeit konfrontiert sehen, für die Wähler unterscheidbar zu bleiben. Auch kennt die Realität zahlreiche Fälle von kleineren Parteien der politischen Mitte, die um das politische Überleben kämpfen müssen. Aber die in der einfachen Modellansicht unterstellte schnelle und vollständige Angleichung in allen Demokratien hat nicht stattgefunden. Es gibt nicht nur die zentripetalen Kräfte, die auf die politische Mitte hinsteuern. Es gibt gleichzeitig zentrifugale Kräfte, die in die entgegengesetzte Richtung wirken und die Parteien sich voneinander weg aus der Mitte weiter zum politischen Rand hin bewegen lassen.[29]

So müssen die Parteien schon deshalb einen gewissen Abstand zueinander einhalten, weil sie sonst in den Augen der Wähler kaum mehr voneinander zu unterscheiden wären. Die Bürger haben ohnehin nur geringe Anreize für die Teilnahme an einer Wahl. Mit der Stimmabgabe kann der einzelne Bürger nur eine unendlich kleine Veränderung hervorrufen. Der Nutzen für die eigene Wohlfahrt des Wählenden ist zu vernachlässigen. Die Kosten hingegen, die bei ihm anfallen, sind von deutlich größerer Bedeutung. Dies sind nicht nur die Kosten der Stimmabgabe selber, also der Gang zum nächsten

---

[29] Auf diese Kräfte weist insbesondere *Kirsch* (1983, S. 145 ff.) hin.

Wahllokal oder das Anfordern und Ausfüllen der Briefwahlunterlagen. Es sind insbesondere auch die Informationskosten, die entstehen, wenn man das Wahlprogramm identifizieren will, das den eigenen Vorstellungen am besten entspricht. Diese Informationskosten sind umso größer, je weniger sich die Parteien voneinander unterscheiden, was nach dem Medianwählermodell zu erwarten ist. Wenn die Parteien durch die Annäherung zueinander die Informationskosten der Wähler weiter erhöhen, werden diese mit Wahlabstinenz reagieren oder sich der Partei anschließen, der kurz vor dem Wahltag die größeren Siegeschancen zugerechnet werden (*Noelle-Neumann* 1996, S. 13 ff.). Durch den Versuch, Stimmen in der politischen Mitte zu gewinnen, werden also auch gerade diese umworbenen Wähler abgeschreckt, da die für sie relevanten Unterschiede nur mit einem unangemessen hohen Aufwand zu erkennen sind. Die Stimmengewinne gehen also auch mit Stimmenverlusten einher, was den Weg zur Mitte für die Parteien weniger attraktiv erscheinen lässt. Dieser Effekt lässt sich jedoch durch einen Rückgriff auf Meinungsführer vermeiden oder zumindest verringern. Hierbei handelt es sich um Persönlichkeiten, die mit ihren Ansichten die Meinung breiterer Bevölkerungsgruppen prägen (*Noelle-Neumann* 2002a). Entscheidend für die Parteien ist es, diese Meinungsführer für sich zu gewinnen. Da diese besonders an politischen Fragen interessiert sind, erkennen sie auch kleinere Unterschiede zwischen den Parteien und geben ihre Überzeugungen hierzu weiter.

Aber noch von anderer Seite drohen den Parteien Stimmverluste auf dem Weg zur politische Mitte. *Downs* geht in seinem einfachen Medianwählermodell davon aus, dass auch die Wähler an den politischen Rändern unabhängig vom absoluten Abstand eine der beiden großen Parteien wählen, solange es keine politisch näherstehende Alternative gibt. Doch bleiben den Wählern noch zwei weitere Alternativen: Wahlabstinenz und die Gründung einer neuen Partei. Im ersten Fall gehen der Partei Wähler am äußeren Rand verloren, während in der Mitte neue gewonnen werden. Ob dies zu einem Nettogewinn oder Nettoverlust an Stimmen führt, hängt von der Verteilung der Wähler und dem Verhalten der konkurrierenden Partei ab. Bedrohlicher noch kann jedoch die andere Alternative werden. Gründet sich eine Partei weiter am politischen Rand, ergibt sich wieder die Ausgangsposition des Medianwählermodells mit mehreren Parteien: Die Parteien begeben sich auf den Weg ins politische Zentrum; die mittlere Partei, die durch ihren eigenen Versuch, Wähler der Mitte zu gewinnen, die Gründung einer neuen Partei provoziert hat, gerät zwischen die Fronten und erleidet das Schicksal der Partei der Mitte. Diese Bedrohung vor Augen werden die Parteien nicht bedingungslos aufeinander zusteuern, sondern eine gewisse Nähe zu ihrem ursprünglichen ideologisch gebundenen Wählerklientel beibehalten wollen. Diese zentrifugalen Wirkungen wiederum bieten gleichzeitig eine Nische für eine mittlere Partei, die nicht Sorge tragen muss, Wähler am politischen Rand zu verlieren.

Wenn *Downs'* Vorstellungen um eine parteiinterne Anwendung des Medianwählermodells erweitert wird, werden weitere Gründe erkennbar, die für eine gewisse Trägheit der Parteien auf dem Weg aufeinander zu und somit für eine Tendenz zur Abgrenzung voneinander sprechen. In den Parteien sammeln sich politisch interessierte Wähler, die ähnliche inhaltliche Vorstellungen haben. Dem Medianwählermodell entsprechend setzen sich auch innerhalb einer Partei die jeweils mittleren Strömungen und Politiker durch, die dann das Bild der Partei nach außen prägen und die sie vor der Öffentlichkeit profilieren. Die Mitte misst sich hier jedoch nicht am Willen aller Wähler, sondern am Willen der jeweiligen Parteimitglieder. Die mittlere Position einer Linkspartei liegt folglich links von der politischen Mitte, die einer Rechtspartei rechts von ihr. Durch die innerparteiliche demokratische Willensbildung entsteht eine Bremswirkung auf dem Weg zur Mitte des politischen Spektrums und zur Angleichung der Parteien.

Auch die jeweiligen Wählerinteressen führen zu einer Differenzierung zwischen den Parteien. Ein Wähler setzt seinen Aufwand für die Beschaffung und Verarbeitung von Informationen zur Fundierung seiner Wahlentscheidung dort ein, wo eine bestimmte Politik ihm einen besonderen Nutzen bringen kann und wo die Problematik nicht zu komplex und somit der Suchaufwand nicht zu kostenintensiv ist. Von besonderer Bedeutung dürfte die „Sphäre der Einkommenserzielung" (*Daumann* 1999, 137). sein. So stehen Fragen der Wirtschaft im Mittelpunkt des Wählerinteresses (*Noelle-Neumann* 2002b). Dabei spielen neben den allgemeinen Wachstumsaussichten auch Fragen der interpersonellen Umverteilung eine Rolle. Da diese Wünsche spezifischer sind als die Forderung nach guten wirtschaftlichen Rahmenbedingungen, dürften sie sich im Abwägungsprozess der einzelnen Wähler im Zweifel durchsetzen. Parteien neigen dazu, Maßnahmen zu propagieren, von denen die eigene Wählergruppe am meisten profitiert. Sie haben daher ein ureigenes Interesse daran, sich voneinander abzugrenzen. Eine Partei, die zusätzliche Umverteilung zu Gunsten der Bürger mit geringerem Einkommen propagiert, muss von einer Partei mit gegenteiliger Position unterscheidbar sein. Entsprechend unterscheiden sich diese Parteien auch in der Gewichtung verschiedener Ziele, beispielsweise der Preisniveaustabilität und der Vollbeschäftigung (*Behrends* 1999, S. 218 f.). Typische Beispiele für solche Parteien sind die Arbeiterparteien, die von Arbeitnehmern gewählt werden, um deren Interessen durchzusetzen. Andere Parteien sorgen sich um andere Sonderinteressen, beispielsweise der von Landwirten. Da sich im Zuge eines Stimmentauschs[30] Koalitionen bilden können, in denen jede Gruppe die Partikularforderung einer anderen Gruppe unterstützt, bleibt häufig nur eine Minderheit, die wirtschaftliche Freiräume und Entlastungen stärker gewichtet als versprochene Sonderleistungen.

3.2.1.2. Die Wirkung der Politik auf mögliche Konflikte

In den bisherigen Ausführungen wurden bereits einige mögliche Einflüsse der Politik auf die in dieser Studie behandelten Konflikte erwähnt. So deuten die grundsätzlichen Ergebnisse des einfachen Medianwählermodells zunächst einmal auf eine Annäherung der artikulierten politischen Auffassungen hin. Es ließe sich daher spekulieren, dass damit auch Konflikte abgebaut werden. So könnten von politischer Seite sogar Impulse ausgehen, die dem allgemeinen gesellschaftlichen Konsens größere Bedeutung verschaffen und mäßigend auf den Konflikt zwischen Arbeit und Kapital hinwirken können.

---

[30] Zum Problem des ‚logrolling' siehe *Tullock* (1959).

Die Ergebnisse der ökonomischen Theorie der Politik dürfen jedoch nicht als Ende der Konflikte verstanden werden. Einen politischen Konsens zur Förderung einer weniger konfliktträchtigen Entwicklung gibt es nicht. Gerade der Drang der Parteien in die politische Mitte kann zu einer neuen Betonung möglicher Konflikte führen. Um sich den Wählern zu präsentieren, die Anhänger zu mobilisieren und in der Bevölkerung ein Gefühl der Betroffenheit zu erzeugen, versuchen Politiker – vor allem in der wahlnahen Zeit – Konflikte herauszuarbeiten, zu kommunizieren und zu dramatisieren. So wird der Versuch unternommen, die weiter an den politischen Rändern platzierten Wähler auf dem Weg in die politische Mitte nicht zu verlieren. Durch die Dramatisierung sollen zudem Nichtwähler mobilisiert werden. Ihnen wird auf diese Weise verdeutlicht, wie wichtig die anstehende Entscheidung ist und welche großen persönlichen Kosten für sie durch eine – in den Augen der jeweiligen Partei – falsche Entscheidung entstehen. Dabei werden Benachteiligungsgefühle bei Teilen der Bevölkerung erzeugt, auch wenn dies den jeweiligen Lebensumständen nicht entsprechen muss. Einzelne Parteien werben damit, diese vermeintlichen Benachteiligungen abzubauen. Der daraus resultierende Umverteilungswettbewerb verschärft Konflikte, da die Verteilungsmasse nicht wächst (siehe hierzu auch *Weede* 2001).

Gleichzeitig senkt das Kommunikationsmittel der Dramatisierung die Informationskosten der potentiellen Wähler. Sie fühlen sich durch einfache und spontan überzeugende Argumente hinreichend über die zur Wahl stehenden Alternativen informiert. Für sie sinken in der subjektiven Wahrnehmung die Kosten der eigenen Wahlteilnahme, während der persönliche Nutzen zu steigen scheint. So kann die agierende Partei ihren Wählerstimmenanteil erhöhen und die Interessen der Politiker befriedigen, ohne dass damit eine wirkliche Lösung der politischen Aufgaben einhergeht. Genau genommen wird mit der Dramatisierung auch keine zusätzliche Information im Sinne einer Wissensanhäufung geschaffen. Unsicherheiten der wahlberechtigten Bevölkerung über die reale Wirklichkeit oder tatsächliche Entwicklungen, auf die politische Entscheidungen abzielen, werden nur scheinbar reduziert. Politiker können jedoch durch Polarisierung eine engere Bindung der wenig informierten und unentschlossenen Wähler erzielen.[31]

Der menschliche Wunsch nach Harmonie und Konsens begrenzt die Wirksamkeit von Dramatisierungen. Erkennen die Wähler eine übermäßig konfliktverschärfende Wirkung der Politik, werden sie dies durch Stimmentzug bestrafen. Auch diese Konsenssehnsucht wollen Politiker für sich nutzen, indem sie als Vermittler aufzutreten versuchen. Vermittlung und Konsensbildung kann es jedoch ohne einen vorherigen Dissens nicht geben. Ein Politiker, der sich von der Übernahme der Schiedsrichterrolle mehr verspricht als von der einseitigen Vertretung der Interessen bestimmter Gruppen, muss einen Konflikt schlichten. Mit dieser Rolle kann der Politiker seinen Entscheidungsspielraum erweitern, indem er alle anderen Meinungen als parteiisch und interessengeleitet diskreditiert, sich als einzig Objektiven und Neutralen darstellt und einen Konsens sucht. Dabei ist er nicht an einer allzu schnellen Lösung interessiert, weil dies eine geringere Schwierigkeit der übernommenen Aufgabe signalisieren und gleichzeitig

---

[31] Auf die Bedeutung der Ungewissheit für die Entscheidungsfindung der Regierung weist auch *Downs* (1968, S. 80 ff.) hin.

die gewählte Rolle überflüssig machen würde. Dabei besteht die Gefahr, dass sich diese Konflikte verselbstständigen. Dies kann zu einer langsamen und unscheinbaren Erosion eines grundlegenden Vertrauens in die Möglichkeit der Gleichgerichtetheit der Interessen und der darauf aufbauenden Ordnung beitragen.

Von der Politik als ordnende Potenz ist nicht zu erwarten, dass sie generell Harmonie zwischen Arbeit und Kapital stiftet. Auch wenn es eine Tendenz zur gemäßigten Mitte gibt und die Politik eine weit verbreitete Konsenssehnsucht vorfindet und befriedigen will, ist doch nicht mit dem Ausbleiben politischer Konflikte zu rechnen. Dies gilt umso mehr, wenn die Demokratie unbeschränkt ist und demokratisch legitimierte Entscheidungsgremien nach Belieben auf alle Lebensbereiche Einfluss nehmen können. Die Politik will zwar nicht die zerstörende Wirkung massiver Konflikte hervorrufen, doch ohne politischen Streit wären die meisten Politiker ihrer Existenzgrundlage beraubt. Politische Macht kann zum Nutzen der Politiker eingesetzt werden, indem Konflikte zu Lasten der Bürger instrumentalisiert werden.[32] Ohne eine wirksame Kontrolle oder eine verlässliche Selbstbindung und -beschränkung der Politiker[33] und damit auch des demokratischen Staates lässt sich politische Monopolmacht missbrauchen. Die beste Machtkontrolle wäre die Reduktion staatlicher Aufgaben. Aber auch direktdemokratische Elemente können einen Beitrag dazu leisten, die Kontrollmöglichkeiten der Bevölkerung zu erhöhen – direkt durch einzelne Entscheidungsmöglichkeiten wie die Abwahl von Repräsentanten sowie das Einbringen und Ablehnen von Gesetzesvorlagen, indirekt durch die damit verbundene vergrößerte öffentliche Aufmerksamkeit. *Eucken* (1952/1990) wies in seiner Ordnungstheorie auf die grundlegende Notwendigkeit der Beschränkung und Kontrolle von Monopolen und anderen Fällen von Machtkonzentration hin. Dies gilt sowohl für private Monopole als auch für die Machtmonopole des Staates, die sich auf Gebiete ausdehnen, in denen sie strenggenommen nicht nötig sind. Die möglichen konfliktverschärfenden Mechanismen einer indirekten Demokratie mit professionellen Politikern müssen dabei erkannt und bei der Gestaltung der wirtschaftlichen und politischen Ordnung durch institutionelle Vorkehrungen und eine Selbstbeschränkung der staatlichen Einflussbereiche weitgehend reduziert werden. Von der Politik selbst ist die Ausfüllung der Rolle des wohlwollenden Diktators, der quasi automatisch für die Durchsetzung der Harmoniethese sorgt, jedenfalls nicht zu erwarten.

3.2.2. Die Bürokratie

Die Bedeutung der Bürokratie hängt entscheidend von der herrschenden Wirtschafts- und Gesellschaftsordnung ab. In einer Zentralverwaltungswirtschaft oder anderen Wirtschaftsordnungen mit dominantem staatlichen Einfluss spielt sie eine größere Rolle als in einer marktwirtschaftlichen Ordnung. In der Zentralverwaltungswirtschaft fällt eine einheitliche, von einer Staatspartei geleitete Bürokratie alle relevanten ökonomischen Entscheidungen. Der Wille der Wähler beziehungsweise der Wirtschaftssubjekte spielt nur eine untergeordnete Rolle. Im Gegensatz dazu sollten in einer marktwirtschaftlichen

---

[32] Beispiele hierfür finden sich auch in vielen Entwicklungsländern (siehe dazu Kapitel 4.3).

[33] Am Beispiel der Staatsverschuldung verdeutlicht *Wentzel* (1997, S. 31 ff.) entsprechende Möglichkeiten.

und demokratischen Ordnung die individuellen Präferenzen der Menschen maßgebend für staatliches Handeln sein. Dabei ist der Einfluss der Bürokratie zwar nicht so allumfassend wie in einer Zentralverwaltungswirtschaft. Dennoch ist auch in einer dezentralen Ordnung staatliches Handeln dadurch gekennzeichnet, dass die Präferenzen der Wirtschaftssubjekte nicht nur direkt über den Preiszusammenhang, sondern auch indirekt über demokratische und bürokratische Mechanismen berücksichtigt werden.

Zwischen der politischen Entscheidung und der tatsächlichen Ausführung des Wählerwillens steht die Bürokratie. Sie hat in diesem Prozess zwei Aufgaben: Zum einen Umsetzung der Vorgaben der Politiker, zum anderen Information und Entscheidungsvorbereitung für die demokratischen Gremien. Im idealtypischen Denkmodell fällen die Politiker genau die Entscheidung, die die Wähler wünschen, die Bürokraten setzen diese ebenfalls ohne Friktionen in die Tat um. Die Bürokraten selbst haben also sowohl vor als auch nach der eigentlichen Entscheidung eine ausschließlich dienende Funktion, ohne dabei gleichzeitig eigene Interessen zu berücksichtigen. Demokratisch gewählte und damit auf Zeit regierende Politiker sind, selbst wenn sie die Politik als Hauptberuf ausüben, auf die fachliche Zuarbeit der Bürokratie angewiesen.

Neben der Entscheidungsvorbereitung liegt in der Durchsetzung der politischen Vorgaben und in der Abwicklung der staatlichen Budgets die wichtigste Aufgabe der Bürokratie. Der Idealtypus des Bürokraten aus *Max Webers* Bürokratietheorie (*Weber* 1922/1956, S. 124 ff.). sollte diese Aufgaben optimal erfüllen. Dabei spielte die Unpersönlichkeit der Amtsführung eine wichtige Rolle, persönliche Präferenzen der handelnden Bürokraten sollten keinen Einfluss auf die Ergebnisse der Arbeit der Verwaltung haben (siehe hierzu auch *Widmaier* 1992). Mit einer modernen Bürokratie sollten willkürliche Entscheidungen der staatlichen Organe ausgeschlossen und gleichzeitig eine rationale Herrschaft verwirklicht werden. Die Organisationsform der Bürokratie sollte nicht nur ein Mittel staatlicher Gewalt sein, sondern auch in anderen Organisationen wie beispielsweise Unternehmen angewendet werden (*Rath* 1998, S. 26).

In diesem Konzept werden jedoch Prozesse innerhalb der Gruppe der Bürokraten sowie Interessen der Akteure als irrelevant angesehen. Ferner ist mit dem Bürokratiekonzept eine Zentralisierung verbunden, bei der die meisten Regeln an der Spitze aufgestellt und alle unklaren Einzelfallentscheidungen dort getroffen werden müssen. Die Mitarbeiter der Bürokratie werden als ausführende Elemente verstanden, die weder eigene Interessen haben noch ihre Fähigkeiten für eigenständige Entscheidungen einbringen sollen. Dies muss letztlich zu einer Überlastung der Zentralgewalt führen, da sich Informationen nicht beliebig bündeln lassen. Nicht umsonst haben Unternehmen von derartigen bürokratischen Strukturen Abstand genommen. Auch in diesen Organisationen finden sich vielmehr wichtige Elemente spontaner Ordnungen wieder, mit denen Lücken um vorgefertigten formalen Regelwerk geschlossen werden (*Hayek* 1963).

Was für *Weber* noch als Vorbild für Effizienz galt, ist heute zum Symbol für komplizierte, undurchsichtige und zeitraubende Verfahren geworden. Im Gegensatz zu den idealtypischen Vorstellungen *Webers* muss bei Betrachtung der realen Wirklichkeit mit eigenen Interessen der Bürokraten gerechnet werden. Sowohl in der Phase der Informationsbeschaffung und Entscheidungsvorbereitung als auch in der Phase der Entscheidungsumsetzung ist die Bürokratie in der Lage, von den idealtypischen Vorstellungen abzuweichen. In der Lenkung eines Staates kann eine quasi automatische oder mechanische Umsetzung des politischen Willens nicht vorausgesetzt werden. Mit den parlamentarischen Vorgaben können nie alle denkbaren Möglichkeiten im Voraus geplant und erfasst werden. Immer wird es Ermessensspielräume geben, die Bürokraten zum eigenen Vorteil zu nutzen können.

An diesen Handlungsoptionen setzen die Überlegungen der ökonomischen Theorie der Bürokratie an. Sie analysiert die Möglichkeiten der Bürokraten, eigene Ziele zu verfolgen und nicht lediglich die Vorgaben der Politik umzusetzen. Dabei ist zunächst einmal nicht an kriminelle Handlungen wie Korruption gedacht. Spielräume ergeben sich auch schon im legalen und in der Regel schwierig zu kontrollierenden Bereich. So werden die politischen Vorgaben durch die Bürokratie zwar erfüllt, gleichzeitig aber auch eigene Interessen mit verfolgt. Die Gedanken der ökonomischen Theorie der Bürokratie sollen im Folgenden in der gebotenen Kürze vorgestellt werden. Hieran sollen sich Überlegungen anschließen, wie sich diese Spielräume und Interessen auf mögliche Konflikte zwischen Arbeit und Kapital auswirken können.

3.2.2.1. Zur ökonomischen Theorie der Bürokratie

Während auf der Ebene der Politik eine spezifische Form des Wettbewerbs existiert, ist die Umsetzung der politischen Entscheidungen bei der staatlichen Bürokratie weitgehend monopolisiert. Die Bürokraten sind alleine berechtigt und verpflichtet, der Staatsgewalt Geltung zu verschaffen. Im Vorfeld der politischen Entscheidungsfindung hingegen, also auf der Ebene der Information, Konzeption und Meinungsbildung, hat die Bürokratie zwar eine bedeutende Stellung, ist jedoch nicht die einzige relevante Instanz. Auch Interessengruppen, Wissenschafter, Journalisten oder politisch Interessierte tragen zur Meinungsbildung bei. Auch bei der Umsetzung der Entscheidungen kann die Bürokratie nicht völlig unbeschränkt handeln. Neben den Vorgaben der Politik wirkt insbesondere eine Kontrolle durch die Medien. Mit der zumindest teilweise monopolistischen Position der Bürokratie beschäftigt sich die ökonomische Theorie der Bürokratie. Sie analysiert die daraus resultierenden Möglichkeiten der Bürokraten, vorhandene Handlungsspielräume zu nutzen und eigene Interessen zu verfolgen.

Ein wichtiges Element der ökonomischen Theorie der Bürokratie ist die Frage, wodurch die Handlungen der Bürokraten motiviert werden. Konsens herrscht darüber, dass auch Bürokraten – wie alle anderen Menschen – spezifische eigene Interessen haben, die mit den der Bürokratie vorgegebenen Zielen übereinstimmen können, aber nicht müssen. *Downs* nennt als mögliche persönliche Ziele der Bürokraten: „Macht, Einkommen, Prestige, Sicherheit, Bequemlichkeit, Loyalität (einer Idee, einer Institution, einer Nation gegenüber), Stolz auf ausgezeichnete Arbeit und den Wunsch, dem öffentlichen Wohl zu dienen (wie der Amtsinhaber es versteht)." (*Downs* 1974b, S. 201). Hierin zeigt sich, das nicht unbedingt Interessenkongruenz zwischen Bürokraten und Politikern oder Wählern besteht. Während der Stolz auf die geleistete Arbeit mit den Aufgaben des Amtes zusammentrifft, bieten Faktoren wie Prestigedenken oder der Wunsch, einem nach eigenen Vorstellungen definierten öffentlichen Wohl zu dienen, Raum für ein Abweichen der Interessen voneinander. Ob und wie weit es eine Interessenkongruenz gibt, hängt auch von der jeweiligen Situation ab, so beispielsweise von den monetären Anreizstrukturen oder auch davon, ob die eigenen Vorstellungen des Bürokraten vom Gemeinwohl mit den der Bürokratie vorgegebenen Vorstellungen übereinstimmen. *Niskanen* nennt als Variable der Nutzenfunktion der Bürokraten: „Gehalt, Nebenbezüge, öffentliches Ansehen, Macht, Patronatentum, Einfachheit der Verwaltung des Amtes sowie Einfachheit der Durchführung von Veränderungen." (*Niskanen* 1974, S. 209). Da diese seiner Meinung nach alle positiv mit dem Umfang des Budgetvolumens im entsprechenden Amt korrelieren, strebt ein Bürokrat nach der Maximierung des ihm zur Erfüllung seiner Aufgaben zur Verfügung stehenden Budgets. Aus dieser Verhaltensmaßnahme der Budgetmaximierung ergeben sich ganz bestimmte Ergebnisse in dem von *Niskanen* formulierten Modell. Dabei wird die Budgetmaximierungsthese durchaus kritisch betrachtet (siehe zu der Kritik und der Alternative *Roppel* 1979, S. 149 ff.). So wird ausgeführt, dass es für den Bürokraten weniger auf die Gesamtsumme des Budgets ankomme. Von größerer Bedeutung sei vor allem der Teil des Budgets, über den der Bürokrat frei verfügen kann. Dieser Teil entspricht der Differenz zwischen dem tatsächlichen Budget und den minimalen Kosten für die zu erbringenden Leistungen. Wie dieses diskretionäre Budget verwendet wird, liegt in den Händen der Bürokraten. Ein Teil wird durch höhere Kosten der Leistungserbringung aufgezehrt, indem nicht mit dem nötigen Nachdruck nach Einsparpotentialen gesucht wird und indem die hierfür notwendigen unangenehmen Maßnahmen nicht erfolgen. Des Weiteren lässt sich das diskretionäre Budget zur Verfolgung anderer Ziele verwenden, wie zum Beispiel für eine prestigeträchtige Ausstattung oder für die Erweiterung des eigenen Betätigungsfeldes.

Als Referenzmaßstab dient der ökonomischen Theorie der Bürokratie zum einen das Marktmodell der vollständigen Konkurrenz, zum anderen aber auch dem Monopolmodell von *Cournot*.[34] Hieran werden die Ergebnisse der verschiedenen Modelle bürokratischen Handelns gemessen. Der Bürokrat mit den von *Niskanen* unterstellten Eigenschaften möchte sein Budget maximieren und hat auch die entsprechenden Mittel an der Hand, dies zu tun. Als Optionsfixierer kann er seine ‚Kunden', die Politiker, vor die Alternative stellen, ein von der Bürokratie definiertes Leistungsbündel zu einem ebenfalls von der Bürokratie festgesetzten Preis zu kaufen oder dies zu unterlassen. Die Politik hat keine Alternative und kennt die tatsächlichen Kosten der von ihr gewünschten Maßnahmen nicht. Sie wird das Angebot der Bürokratie so lange annehmen, wie die Kosten den Nutzen nicht übersteigen. Infolge dessen wird sich ein Gleichgewicht beim Schnittpunkt von Kosten und Nutzen einstellen. Während der am eigenen Gewinn interessierte Monopolist also ein zu geringes Angebot – gemessen am idealtypischen Polypolfall – bereitstellt, produziert der nach der Maximierung des Umsatzes beziehungsweise des Budgets strebende Bürokrat, der ebenfalls eine Monopolposition innehat, ein deutlich zu großes Angebot. Anders sieht das Ergebnis im Falle der alternativ zu *Niskanans* Vorstellungen vorgeschlagenen These der Residuumsmaximierung, also der These von der Maximierung des diskretionären Budgets, aus. Der Bürokrat ist in einer solchen Situation daran interessiert, die Differenz zwischen dem Preis, der sich im tatsächlich bewilligten Budget niederschlägt, und den notwendigen Kosten zu maximieren.

---

[34] Zu den weiteren Ausführungen siehe *Roppel* (1979, insbesondere S. 132 ff. sowie S. 149 ff.).

Es wird davon ausgegangen, dass die Bürokraten zwar die Outputmenge bereitstellen, die von Ihnen erwartet wird. Dies kommt zustande, da der Gewinn genau dann maximal wird, wenn Grenzkosten- und Grenznutzenkurve sich schneiden. Im Unterschied zum Wettbewerbsmodell wird die Bürokratie jedoch auch die Konsumentenrenten, die sich in dem diskretionären Budget angesammelt haben, abschöpfen und für die eigenen Interessen verwenden. Zwar produziert die Bürokratie unter diesen Annahmen die gewünschte Menge an Leistungen, doch dies geschieht zu einem überhöhten Preis – wenn man diesen am Modell des vollständigen Wettbewerbs misst. Dies ist jedoch in Anbetracht der Tatsache, dass die Bürokratie öffentliche Güter herstellen soll, die von einem Wettbewerbsmarkt nicht spontan angeboten werden, zumindest stark vereinfachend. Dennoch werden sowohl der Fall des reinen Budgetmaximierers als auch der des reinen Residuummaximierers als Spezialfälle betrachtet. Angenommen wird vielmehr, dass Bürokraten sowohl nach einer Steigerung des gesamten Budgets als auch nach einer Vergrößerung des diskretionären Budgets streben. Welches Ziel stärker gewichtet wird, hängt von den Präferenzen der Akteure ab. Das jeweilige Ergebnis wird ein Budget sein, das allokativ ineffizient und größer ist, als es durch den Verlauf von Grenznutzen- und Grenzkostenkurve bestimmt wäre, das aber in der Regel kleiner als das maximal erreichbare Budget sein wird (siehe hierzu *Zimmermann* und *Henke* 1994, S. 73).

3.2.2.2. Die Funktion von Konflikten für die Bürokratie

Ausgehend von den dargestellten Ergebnissen der ökonomischen Theorie der Bürokratie kann davon ausgegangen werden, dass das von der Verwaltung angebotene Bündel öffentlicher Güter zu groß und zu teuer ist, gemessen an den im demokratischen Prozess – mehr oder minder erfolgreich – herausgebildeten Präferenzen der Bürger nach öffentlichen Gütern. Die Dispositionsmasse, die von dem gesamten produzierten Sozialprodukt für privatwirtschaftliche Transaktionen oder auch als Verteilungsmasse im staatliche Budget zur Verfügung steht, wird hierdurch verkleinert. Die verringerte Verteilungsmasse kann mögliche Verteilungskonflikte verschärfen. Der hohe Staatsanteil, der durch die Erhöhung des Budgets resultiert, verringert die Möglichkeiten des privatwirtschaftlichen Handelns und vernichtet somit private und marktgerechte Einkommensmöglichkeiten. Hierdurch entstehen weitere Anforderungen an die Bürokratie, Mängel der privatwirtschaftlichen Leistungserbringung auszugleichen und bei Verteilungsproblemen einzuschreiten. Dass diese Probleme zumindest teilweise erst durch die zu hohen Ausgaben für die Bürokratie entstanden sind, wird dabei leicht vernachlässigt. Die Bürokratie wird wiederum zum Eingreifen animiert, wofür ein höheres Budget benötigt wird. Hierdurch kann es zu einem sich selbst verstärkenden Prozess kommen, der in einem laufend steigenden Staatsanteil münden kann, wie er auch in den letzten Jahrzehnten in weiten Teilen der Welt zu beobachten war und wie es schon im *Wagnerschen* Gesetz der wachsenden Staatstätigkeit aus dem Ende des 19. Jahrhunderts formuliert ist (*Wagner* 1883, S. 63 ff.). Dies gilt jedoch nicht nur für die reinen Wirkungen des Budgets, sondern auch für andere Elemente des bürokratischen Handelns. So ist beispielsweise die Ausdehnung von Genehmigungsverfahren gleichbedeutend mit einer Zunahme des Einflussbereichs der Bürokraten und einer weiteren Belastung für die wirtschaftliche Entwicklung. Ebenso wie ein zu hohes Budget hat eine zu hohe Regelungsdichte wirtschaftliche Nachteile und entsprechend verstärkte Verteilungskonflikte zur

Folge, selbst wenn jede Regelung für sich betrachtet aus sachorientierten Überlegungen heraus eingeführt wurde. Diese Nachteile müssen, ganz im Sinne des Ölflecktheorems, zumindest aus staatlicher Perspektive durch weitere bürokratische Maßnahmen aufgefangen werden.

Während die Bürokratie in dem soeben beschriebenen Ablauf eher passiv zu einer Verstärkung von Konflikten beiträgt und von ihnen profitiert, kann sie auch aktiv tätig werden, um – tatsächlich oder nur scheinbar – vorhandene und verstärkte Konflikte für sich zu nutzen. Dabei kommt den Bürokraten ihre besondere strategische Schlüsselstellung zugute. Eine wettbewerbliche Kontrolle findet nicht oder nur eingeschränkt statt, ein Zwang zur tatsächlichen Bedürfnisbefriedigung der Wirtschaftssubjekte ist nicht sehr ausgeprägt, entsprechend lassen sich eigene Ziele verfolgen. Dem entgegen steht jedoch eine gewisse Kontrolle durch die Öffentlichkeit, vor allem durch die Massenmedien. Investigativer Journalismus kann dazu beitragen, dass Machtmissbrauch publiziert wird und dass die leitenden Personen aus Bürokratie und Politik auf den öffentlichen Druck reagieren müssen.

Auch wenn es eine gewisse externe Kontrolle gibt, die aber aufgrund des Informationsrückstandes nur eingeschränkt sein kann, kann die Bürokratie politischen Handlungsbedarf diagnostizieren und gleichzeitig sich selbst mit der Lösung des Problems betrauen. Die Bürokraten können beim Auftreten eines Konfliktes in die Rolle eines Schiedsrichters schlüpfen. Sie erringen Anerkennung, Prestige und zur Erfüllung der zusätzlichen Aufgaben ein höheres Budget. Für sie besteht ein Anreiz, neue Probleme und Konflikte zu identifizieren und die Notwendigkeit zu kommunizieren, diese zu beheben. So kann der eigene Einflussbereich weiter ausgedehnt werden. Dagegen besteht für die Bürokratie kein sehr ausgeprägtes Interesse an einer abschließenden Lösung eines Problems. Der Wegfall des Problems käme dem Wegfall einer existenzbegründenden Aufgabe der Bürokratie gleich. Eine Problemlösung bedeutet im schlimmsten Fall den Arbeitsplatzverlust der handelnden Bürokraten. So wäre beispielsweise der vollständige Abbau der herrschenden Arbeitslosigkeit zwar im Interesse der Betroffenen und der Steuer- und Abgabenzahler, möglicherweise auch noch im Interesse der Politiker, die sich vor der nächsten Wahl mit dem Erreichen dieses symbolträchtigen Zieles schmücken könnten.[35] Für die Arbeitsverwaltung hingegen wäre ein vollständiger Abbau der Arbeitslosigkeit fast gleichbedeutend mit Wegfall der eigenen Funktion und somit des eigenen Geltungsbereiches und Arbeitsplatzes.

In einer Marktwirtschaft bestimmen individuelle Interessen Handlungen, die jedoch auch eine soziale Funktion erfüllen. Für Bürokraten kann aber ein Konflikt funktional für die Erreichung eigener Ziele sein, während die eigentliche Funktion der Bürokratie in der Lösung von Konflikten zu sehen wäre. Ein wettbewerbliches Regulativ fehlt weitestgehend. Externe Kontrolle fällt schon aufgrund des Informationsvorsprungs der Bürokratie außerordentlich schwer, konkurrierende Anbieter gibt es nicht und kann es aufgrund des Charakters des Angebots öffentlicher Güter auch kaum geben. Ein Beibehalten oder gar Verschärfen von Konflikten wird jedoch dadurch begrenzt, dass sich

---

[35] Politiker können aber mit aktiver Arbeitsmarktpolitik auch tatkräftiges Handeln demonstrieren, selbst wenn diese letztlich die eigentlichen Probleme nicht lösen kann (*Bardt* 2002).

kein Bürokrat dem Vorwurf des Versagens aussetzen möchte. Schon mit Blick auf die eigenen Aufstiegschancen innerhalb der Behörde werden Bürokraten nach einer Lösung suchen, die zwar die Vorteile des vorhandenen und existenzsichernden Problems nicht zerstört, gleichzeitig aber auch den Eindruck vermittelt, dass mit diesem Problem bestmöglich umgegangen wird. Eine Lösung im Sinne der Bürokratie ist dabei die These von den strukturellen Konflikten oder strukturellen Problemen. Dabei wird der Begriff strukturell in diesem Zusammenhang mit der Bedeutung verwendet, dass das Problem nicht wirklich lösbar ist und daher weiterhin ‚verwaltet‘ werden muss.

Von der idealtypischen Bürokratie im Sinne *Webers* hat die ökonomische Theorie inzwischen Abstand genommen. Die eigenen Interessen der Bürokraten führen nicht, wie es in einer wettbewerblichen Wirtschaftsordnung die Regel ist, zur Erfüllung einer sozialen Funktion. Auch in der Bürokratie gibt es Mechanismen, die ein Abweichen von den Präferenzen der Wirtschaftssubjekte und Wähler ermöglicht. Konflikte müssen dabei nicht aufgelöst werden, es kann sogar gerade im existenziellen Interesse der Bürokratie sein, bestehende Konflikte beizubehalten oder neue zu entdecken. Als ordnende Potenz im Verhältnis von Arbeit und Kapital ist die Bürokratie zwar nicht die treibende Kraft des Klassenkampfes, sie ist aber auch keine Garantie für die Sicherstellung der Harmonie zwischen den Interessen.

3.2.3. Gewerkschaften und Wirtschaftsverbände

Weitere bedeutende Akteure im politischen Prozess sind private Zusammenschlüsse von Einzelpersonen oder Unternehmensvertretern, vor allem Gewerkschaften und Wirtschaftsverbände. Auch wenn diese in der Regel in demokratischen Verfassungen neben den drei Gewalten, der Legislative, der Exekutive und der Judikative, nicht explizit genannt werden, üben sie doch einen nicht zu unterschätzenden Einfluss auf die Lenkung eines Staatswesens aus. Vor allem in der Tarifpolitik spielen Gewerkschaften und Arbeitgeberverbände auf Grundlage der Verfassung eine entscheidende Rolle. Die Tarifautonomie erlaubt ihnen das Abschließen von Tarifverträgen ohne staatliche Beeinflussung. Der Staat setzt diese Verträge teilweise sogar gegen Unternehmen durch, die andere Vereinbarungen mit ihren Mitarbeitern treffen wollen.

Verbände, worunter im Folgenden auch Gewerkschaften verstanden werden sollen, werden von ihren Mitgliedern getragen, um deren spezifische Interessen gegenüber dem Staat oder auch gegenüber anderen Parteien zu vertreten. Die organisierte Einflussnahme auf den Staat ist der Kritik ausgesetzt, auch weil sich die Lobbyisten nicht auf eine Legitimation durch das gesamte Staatsvolk berufen können. Sie gelten häufig als wenig glaubwürdig oder zumindest moralisch fragwürdig, da sie ihre politischen Forderungen nur an den Wünschen einer mehr oder weniger eng einzugrenzenden Gruppe ausrichten. Dadurch können sich einige Interessen möglicherweise gegen andere, ebenso gerechtfertigte durchsetzen. Dies bringt den Verbänden den Vorwurf ein, ‚das Allgemeinwohl‘ zu verletzen. Ihre Partikularinteressen gingen demzufolge stets zu Lasten Dritter. Dabei darf jedoch nicht übersehen werden, dass der Staat sich auch ohne den Einfluss der Verbände nicht ausschließlich an den Präferenzen der gesamten Bevölkerung orientieren würde.

Aufgrund der ökonomischen wie politischen Bedeutung von Verbänden hat sich auch die Volkswirtschaftslehre kritisch mit ihnen beschäftigt. In letzter Zeit stehen vor allem die Gewerkschaften und die zentralisierten Tarifvereinbarungen im Mittelpunkt der Kritik. Strittig ist aber auch die Einbindung von unternehmerischen Spitzenverbänden und Gewerkschaften in dreiseitige Verhandlungen mit der Regierung. Ein Beispiel hierfür ist das deutsche Bündnis für Arbeit, Ausbildung und Wettbewerbsfähigkeit.[36] Schon *Smith* stand dem Zusammenwirken von Unternehmen in Verbänden skeptisch gegenüber. Einen wirtschaftspolitischen Vorschlag von Kaufleuten oder deren Vertretungen solle man „niemals übernehmen, ohne ihn vorher gründlich und sorgfältig, ja, sogar misstrauisch und argwöhnisch geprüft zu haben, denn er stammt von einer Gruppe von Menschen, deren Interesse niemals dem öffentlichen Wohl genau entspricht, und die in der Regel vielmehr daran interessiert sind, die Allgemeinheit zu täuschen, ja, sogar zu missbrauchen." (*Smith* 1776/1999, S. 213). Insbesondere ist die Kartellbildung für *Smith* kritikwürdig, die er bei einem Zusammenschluss von Kaufleuten vermutet. *Marx* und seine Anhänger gingen noch weiter und betrachteten den Staat als Instrument der herrschenden Klasse, deren Interessen im allgegenwärtigen Klassenkampf er durchsetzen sollte.[37] Doch auch wenn der Staat nicht fest in der Hand einer einzelnen Interessengruppe ist, können die Beeinflussungsversuche der Verbände zu unerwünschten staatlichen Handlungen führen.

Für *Eucken* war die Begrenzung von Macht ein Leitmotiv seiner ordnungsökonomischen Arbeit. Als ersten Grundsatz der Wirtschaftspolitik postulierte er daher zusammenfassend: „Die Politik des Staates sollte darauf gerichtet sein, wirtschaftliche Machtgruppen aufzulösen oder ihre Funktionen zu begrenzen." (*Eucken* 1952/1990, S. 334). Er sah den Staat nicht als Unterdrückungsinstrument der Interessengruppen, sondern hielt im Gegenteil die staatliche Autorität durch den Einfluss der Verbände für gefährdet. Dies geschehe vor allem dadurch, dass die Verbände Elemente der staatlichen Politik bestimmen oder sogar selbst mit der Gestaltung wichtiger Fragen betraut werden. „Abhängig vom Geschiebe von Machtgruppen – das ist das Bild, das der heutige Staat gewährt." (*Eucken* 1952/1990, S. 328). Wie die Ordoliberalen für eine Wettbewerbspolitik eingetreten sind und – analog zu *Smith* – Kartellbestrebungen misstraut haben, so haben sie sich für einen Staat eingesetzt, der seine wohl definierten Aufgaben autonom erfüllen kann, ohne dem ständigen Druck zahlreicher Partikularinteressen nachgeben zu müssen.

3.2.3.1. Zur ökonomischen Theorie der Verbände

Die neoklassisch geprägte ökonomische Theorie betrachtet die Arbeit der Interessenverbände als sogenanntes ‚rent seeking'. Bei diesem „Kampf um Renten" (*Frey* 1991, S. 494). versuchen Personen, Unternehmen oder auch Verbände, das politisch festgelegte Regelwerk derart auszugestalten, dass sie ein zusätzliches Einkommen erlangen. Dieses leistungslose Einkommen wird dabei als Rente bezeichnet, um die sich die be-

---

[36] Siehe hierzu und zur Diskussion über sogenannte dritte Wege beispielsweise *Schüller* (2000b).
[37] Einen Überblick zu diesen Überlegungen findet sich bei *Musgrave* u.a. (1978, S. 150 f.).

teiligten Akteure streiten. Eine solche Rente kann durch verschiedene staatliche Maßnahmen entstehen. Die direkte Zahlung aus dem Haushalt ist dabei nur die einfachste.
Staatlich garantierte Monopolstellungen, Bevorzugungen bei der Auftragsvergabe, Im-
portbeschränkungen oder auch die gewünschte Anpassung bestimmter Marktregeln oder
technischer Standards bieten das Potential für zusätzliche Gewinne, die durch die An-
eignung von Renten entstehen. Oft genug sind die Potentiale zur Rentenerzielung nicht
offensichtlich und die gefundene Regulierung durch andere – vermeintliche – Notwendigkeiten begründet, so dass sich kein Widerstand gegen die Bevorteilung einzelner
Industriezweige, Unternehmen oder Gruppen von Privatpersonen bildet. Aus demselben
Grund muss auch versucht werden, die Belastungen, die bei Dritten durch die Schaffung
der Renten für einzelne Gruppen entstehen, zu verbergen und die gesamte Verteilungs-
wirkung der Maßnahmen zu verschleiern (*Daumann* 1999, S. 181).

Wohlfahrtsökonomisch werden die rentensuchende Aktivitäten in aller Regel negativ
beurteilt. So wird auf die hohen Kosten und damit einhergehende Wohlfahrtsverluste
hingewiesen. Beispielsweise müssen die Mitglieder für die Arbeit der Interessengruppen erhebliche Mittel aufbringen. Wenn mehrere Gruppen sich um die selben Renten
bemühen, also jeder eine Regulierung zum eigenen Vorteil erreichen will, oder wenn
eine Gruppe Ressourcen einsetzt, um das rent seeking anderer zu verhindern, können
die gesamten Kosten der Aktivitäten das Volumen der umstrittenen Renten leicht übersteigen. Gleichzeitig wird lediglich eine Umverteilung von Renten angestrebt, eine erhöhte Wertschöpfung findet nicht statt. Hohen volkswirtschaftlichen Kosten steht also
kein gesamtwirtschaftlicher Nutzen in Form einer erhöhter Produktion gegenüber.

Neben den direkten Kosten sind weitere und teilweise noch höhere indirekte Kosten
des rent seeking zu verzeichnen. Interessengruppen streben nach der Einrichtung wettbewerblicher Ausnahmebereiche, nach selektiven Steuersenkungen oder sonstiger Förderung. „Diese Lobbytätigkeit der Verteilungskoalitionen setzt die übliche komplexe
Regulierungsspirale in Gang. Immer mehr Gruppen versuchen, zu Verteilungskoalitionen zu werden, um an der Umverteilung zu partizipieren, was wiederum zu weiterer
Regulierungen und zunehmendem Einsatz von Regulierern führt." (*Behrends* 1999,
S. 232). Diese Regulierungsspirale einer „rent seeking-society"[38] sowie die damit einhergehende Verteidigung des Status-quo durch die von den Sonderregelungen Bevor-
zugten und ihren Interessenvertretern[39] kann zu einer zunehmenden Lähmung des Staates führen und mit einem entsprechenden Autoritätsverlust einhergehen, den *Eucken*
befürchtet hat. Durch die Betonung der einzelnen Sonderinteressen zu Lasten eines
wohlstandsfördernden marktwirtschaftlichen Ordnungsrahmens wird der Eindruck erweckt, dass üblicherweise die eigenen Interessen zu Lasten der Allgemeinheit durchgesetzt werden müssten. Die Überzeugung vom vermeintlich notwendigen Konflikt tritt
damit an die Stelle der Auffassung, dass in einer Marktwirtschaft ein für alle Beteiligten
besserer Zustand erreicht werden kann. Die Konfliktthese droht durch die hohe Auf-

---

[38] Der Begriff der rent-seeking society stammt von *Krueger* (1974).
[39] Hierauf weist beispielsweise *Weizsäcker* (2001) hin. Gründe für die weit verbreitete Präferenz
für den Status-quo nennt *Heinemann* (2001).

merksamkeit, die einzelnen Konflikten gewidmet wird, die Harmoniethese in den Hintergrund zu drängen.

Nach *Daumann* (1999, S. 118 ff. und S. 158 ff.) verfügen die Interessenverbände über vier Ansatzpunkte, politischen Einfluss zu gewinnen. Hierbei handelt es sich um die Informationsbeschaffung, die Finanzierung sowie um kollektives Handeln der Mitglieder im politischen Bereich und im Marktgeschehen. Da die Beschaffung von Informationen stets mit Kosten verbunden ist, wird jedermann nur die Informationen sammeln, die für seine Lebensbereiche relevant sind. Entsprechend verfügen Verbände in der Regel über breite Kenntnisse der ökonomischen Situation ihrer Mitglieder. Branchenverbände sammeln Wissen, das für die Politik ansonsten nur schwer zu beschaffen wäre. Diesen Informationspool nutzen die Verbände, indem sie ihn an die Politik weitergeben, um damit eine gewünschte Regulierung zu begründen. Während die zusätzlich verfügbare Information der besseren Ressourcenallokation dienen kann, ist die Ausnutzung des Finanzpotentials der Interessenverbände kritischer zu betrachten. Die denkbaren Möglichkeiten reichen von der Finanzierung von Image-Kampagnen zur Beeinflussung der Öffentlichkeit im eigenen Sinne über die finanzielle Förderung bestimmter Parteien bis hin zur direkten Bestechung von Politikern oder Regierungsbeamten. Bei den beiden letzten der vier Möglichkeiten der politischen Einflussnahme gewinnen die Mitglieder von Verbänden an Bedeutung. Diese sind – je nach Größe der Mitgliederzahl – ein nicht zu unterschätzendes Wählerpotential sowie ein wichtiger wirtschaftlicher Faktor auf den Märkten. Verbände können versuchen, ihre Mitglieder zur Wahl einer bestimmten, den eigenen Interessen am nächsten stehenden Partei zu motivieren oder sie zur Ausnutzung ihrer Marktmacht, beispielsweise durch den Boykott eines bestimmten Herstellers oder durch einen Streik, aufzurufen. Sie drohen dann mit der Macht eines Kartells Dritten wirtschaftliche Schäden an oder bieten Politikern Wählerstimmen im Tausch gegen die Gewährung von Renten (siehe auch *Daumann* 1999, S. 123).

Aber nicht nur mit dem isolierten Handeln von Interessengruppen können Wohlstandswirkungen verbunden sein. Auch das Gegeneinander von Verbänden auf beiden Seiten eines möglichen Streits kann eine Rolle spielen und die Wahrscheinlichkeit des Auftretens von Konflikten beeinflussen. So könnten sich Widerstände in Form von gegengerichteten Interessengruppen bilden, wenn die Benachteiligungen, die durch die rent seeking-Aktivitäten eines Verbandes entstehen, zu stark fühlbar werden. Hierdurch werden die handelnden Verbandsvertreter jedoch dazu gezwungen, das Allgemeinwohl bei der Ausrichtung der eigenen Verbandspolitik von vorneherein nicht zu vernachlässigen. Spezifische Forderungen lassen sich besser durchsetzen, wenn sie tatsächlich mit der Aussicht auf eine Verbesserung der allgemeinen Wirtschaftspolitik verbunden sind – zumindest darf der Schaden für andere nicht zu groß und offensichtlich sein (siehe hierzu *Becker* 1985/1996 oder *Becker* 1989/1996). Diese Überlegungen legen ein optimistischeres Bild von der Leistung der Verbände bei der Verbesserung der Wirtschaftspolitik nahe. Auch hier könnte also eine ‚unsichtbaren Hand' zu erkennen sein, wonach die Verbände ihre eigenen Interessen verfolgen, dabei aber als Nebenprodukt positiv auf die gesamtwirtschaftliche Situation wirken. *Musgrave* und andere weisen darauf hin, dass „diese Gruppen [...] doch dazu dienen [können], eine bessere Ressourcenverwendung durch den Hinweis auf die Nutzen verschiedener öffentlicher Leistungen herbeizuführen." (*Musgrave* u.a. 1978, S. 152). Weiterhin können Verbände positiv wirken, wenn sie untereinander Konflikte im Vorfeld des politischen Prozesses lösen, die Wünsche ihrer Mitglieder auf ein realistisches Maß reduzieren und gegebenenfalls Selbstregulationsmechanismen entwickeln und umsetzen, die staatliche Maßnahmen überflüssig machen (*Hartwig* 2000, S. 667 ff.). Gleichzeitig können jedoch starke Verbände auf beiden Seiten Vereinbarungen zu Lasten Dritter schließen, die nicht in Interessengruppen organisiert sind und von denen kein Widerstand zu erwarten ist.

Die Stärke von Verbänden hängt insbesondere von den inneren Bindungskräften der Gruppen als freiwillige Zusammenschlüsse von Wirtschaftssubjekten ab. Diese Zusammenschlüsse haben die primäre Aufgabe, im Interesse der Mitglieder öffentliche Güter bereitzustellen beziehungsweise beim Staat die Bereitstellung öffentlicher Güter, Regulierungen und ähnlichem zu erwirken. Für die Verbände stellt sich somit das Problem, das sich stets aus den spezifischen Eigenschaften der öffentlichen Güter ergibt. Dadurch, dass sich bei dieser Klasse von Gütern das Ausschlussprinzip nicht anwenden lässt, stellt sich das Trittbrettfahrerproblem. Einzelne Wirtschafssubjekte profitieren von dem öffentlichen Gut, auch wenn sie selbst nichts zu dessen Bereitstellung beigetragen und sie keine Kosten durch den Beitritt zu einem entsprechenden Verband übernommen haben. Die Interessenverbände müssen bemüht sein, eine möglichst große Mitgliederzahl zu erhalten, um die gewünschten Leistungen überhaupt anbieten zu können. So steigt die Schlagkraft eines Verbandes mit dem Organisationsgrad, also dem Verhältnis der Mitglieder zu der in der betroffenen Gruppe maximal möglichen Mitgliederzahl (*Daumann* 1999, S. 124). Ist hingegen das Trittbrettfahrerproblem zu groß, kommt keine den Verband tragende Gruppe zustande. *Olson* schlägt drei Strategien vor, mit der große Gruppen das Trittbrettfahrerproblem überwinden können: Zwang, selektive Anreize sowie die Bildung kleinerer Untergruppen.[40] Während Zwang für freiwillige Verbände in der Regel nicht in Frage kommt, wird die Strategie der Schaffung selektiver Anreize häufig verwendet. Die Verbände bieten dabei marktfähige private Güter an, wobei der Erlös die finanziellen Möglichkeiten des Verbandes stärkt. Gleichzeitig müssen in der Regel die Kunden Verbandsmitglieder werden. Die politische Funktion des Verbandes wird so zum Nebenprodukt der privatwirtschaftlichen Leistungserbringung. Die dritte Strategie der Bildung von beispielsweise regional gegliederten Untergruppen baut darauf auf, dass in kleineren und überschaubareren Gruppierungen ein größerer sozialer Druck aufgebaut wird, auch in den entsprechenden Verband einzutreten und nicht zum Trittbrettfahrer zu werden.

Leipold weist in diesem Zusammenhang auf die Schwierigkeiten hin, die sich für Vertreter einer marktwirtschaftlichen Ordnungspolitik ergeben, die sich gegen organisierte Interessen durchsetzen müssen. Er kommt zu einem pessimistischen Fazit hinsichtlich der gesamtwirtschaftlichen Wirkungen des Wettbewerbs der Partikularinteressen: „Bürger, die sich für eine konsequente und marktwirtschaftliche Umgestaltung einsetzen und die damit verbundenen Kosten in Kauf nehmen, müssen damit rechnen, dass die dadurch möglichen gesamtwirtschaftlichen Wohlfahrtseffekte individuell nur be-

---

[40] *Behrends* (1999, S. 189 ff.), siehe auch *Olson* (1991, S. 20 ff.) sowie *Olson* (1968).

scheiden ausfallen und auch Personen oder Gruppen zugute kommen, die nicht zu Opfern bereit sind. Die Durchsetzung einer konsequenten marktwirtschaftlichen Ordnungspolitik dürfte daher überall nur eine mäßige stimmenwirksame Unterstützung in den demokratischen Wahlen finden." (*Leipold* 1994, S. 733). Dem kann jedoch entgegengehalten werden, dass ein besseres Informationsniveau der Wähler durchaus Einfluss auf die Wahlentscheidungen und damit auch auf die Politik haben kann. Hierfür sorgt die Politik jedoch kaum selbst. Die Wissenschaft hingegen nimmt sich neben den Medien zumindest in Teilen dieser Aufgabe an. Des Weiteren steigen die Chancen auf eine wohlstandsfördernde Politik, wenn die Wähler ein größeres direktes Einkommensinteresse daran haben. Hierzu könnte eine größere Verbreitung von Kapitalanlagen beitragen, weil dadurch eine Politik, die nur die Interessen der organisierten Arbeitnehmer berücksichtigt oder durch einen besonderen Schutz für einzelne Branchen Wohlfahrtsverluste verursacht, weniger attraktiv wird.

Auch Verbandsfunktionäre verfolgen eigene Ziele, zu denen neben dem Einkommen auch der Wunsch nach Status, Anerkennung und politischem Einfluss gehören dürfte. An der Verfolgung der Verbandsziele haben die Funktionäre lediglich ein funktionales Interesse, soweit ihnen dies bei der Verwirklichung der eigenen Wünsche behilflich ist (siehe hierzu *Daumann* 1999, 117 f.). Dabei werden sie von den Verbänden mit einem Budget, relevanten Informationen sowie den entsprechenden Kontakten ausgestattet, die für die Lobby-Tätigkeiten notwendig, aber auch für die weiteren Pläne der Funktionäre von Nutzen sind. Ob sich divergierende Interessen der Funktionäre gegen den Willen der Mitglieder durchsetzen können, hängt von verschiedenen Faktoren ab. Wichtig sind dabei die prinzipiell vorhandenen wettbewerblichen Kontrollmöglichkeiten. Mitglieder, die sich von den Mitarbeitern der Verbände nicht vertreten fühlen, haben die Möglichkeit, in den internen Gremien eine Veränderung herbeizuführen oder den Verband zu verlassen und gegebenenfalls einen konkurrierenden Verband zu gründen. Diese Möglichkeit wird jedoch verschlossen, wenn die Interessengruppe mit einem politisch akzeptierten Monopolanspruch auftritt, wie es beispielsweise die deutschen Industriegewerkschaften in ihrer jeweiligen Branche tun. Dort wird die Möglichkeit eingeschränkt, durch Abwanderungsdrohung Einfluss zu nehmen. Der Spielraum für die hauptamtlichen Funktionäre, eigene Ziele zu verfolgen, vergrößert sich damit weiter.

3.2.3.2. Interessenverbände und Interessenkonflikte

An dieser Stelle sollen insbesondere diejenigen Interessenverbände Berücksichtigung finden, die sich explizit mit den Arbeits- und Kapitalmärkten beschäftigen. Zu nennen sind vor allem die Gewerkschaften als Vereinigung der Arbeitnehmer sowie Wirtschaftsverbände, die Arbeitgeber beziehungsweise Unternehmen vertreten. Diese Verbände organisieren die Interessen von Arbeitnehmern und Kapitaleignern beziehungsweise Unternehmensleitungen und sind somit wichtige Protagonisten des Konfliktes.[41]

---

[41] *Hartwig* (1997) beschreibt die Einflüsse der Wirtschaftsverbände auf die soziale Marktwirtschaft in der Bundesrepublik Deutschland, *Teuber* (2001) stellt die Struktur der Verbände auf der Ebene der Europäischen Union vor. *Weber* (1954, S. 37 ff.) skizziert die Entstehungsgeschichte von Gewerkschaften und Arbeitgeberverbänden in Deutschland.

Gleichzeitig ist die Unterschiedlichkeit der Interessen die Existenzberechtigung der Interessensvertretungen. Wären die Interessen stets kongruent, gäbe es keine Aufgaben für Unternehmerverbände und Gewerkschaften. Es soll hier die Frage betrachtet werden, ob die Verbände selbst zu einer zusätzlichen Verschärfung der Differenzen beitragen.

Von großer Bedeutung sind vor allem die organisierten Interessen auf dem Arbeitsmarkt. Dieser ist, zumindest in der deutschen Ausformung der Tarifautonomie, als wettbewerblicher Ausnahmebereich weitgehend durch Gewerkschaften auf der einen und Arbeitgeberverbände auf der anderen Marktseite gestaltet. Der Arbeitsmarkt ist mit seinen zahlreichen strukturellen Beschränkungen, beispielsweise der geringeren Mobilität der Marktteilnehmer, durch oligopolistisch organisierte Gruppeninteressen geprägt. Diese Unvollkommenheiten und institutionellen Besonderheiten tragen dazu bei, dass es beispielsweise in Deutschland nicht gelingt, die zahlreichen Arbeitslosen wieder einzugliedern. Anzumerken ist, dass gerade die Arbeitslosen in den Verhandlungen am Arbeitsmarkt nicht als gleichberechtigte Marktteilnehmer berücksichtigt werden. Die Gewerkschaften vertreten zunächst einmal ihre Mitglieder, die jedoch meistens einen Arbeitsplatz haben. Das am Verhandlungstisch repräsentierte Arbeitsangebot ist somit kleiner als das tatsächliche. Das im Ergebnis verhandelte Gleichgewicht ist dementsprechend zu Gunsten der arbeitsplatzbesitzenden Insider durch einen höheren Lohn und eine geringere Arbeitsmenge charakterisiert, so dass die arbeitslosen Outsider nicht wieder integriert werden.

Das institutionelle Arrangement am Arbeitsmarkt in Deutschland und die daraus resultierende Arbeitslosigkeit ist ein gutes Beispiel dafür, dass die Machtkonzentration auf Angebots- wie auf Nachfrageseite keine Gleichrichtung der Interessen bewirkt. Dies war bis in die sechziger Jahre nicht allzu gravierend, da das starke Wirtschaftswachstum einen hohen Bedarf an Arbeitskräften mit sich brachte. Inzwischen sorgt die Arbeitsmarktordnung jedoch für eine Konfliktverschärfung, die sich in hoher Arbeitslosigkeit manifestiert. Statt mit marktwirtschaftlichen Instrumenten eine Gleichrichtung der Interessen von Arbeitnehmern beziehungsweise Arbeitslosen und Arbeitgebern anzustreben und einen Arbeitsmarktausgleich zu erzielen, bleibt das Problem ungelöst. Die Tarifpartner sind nicht primär an einer marktgerechten und beschäftigungsorientierten Lohnpolitik interessiert. Es liegt vor allem im Interesse der Gewerkschaften, Renten für sich und ihre Mitglieder zu sichern, indem Produktivitätsgewinne in Lohnerhöhungen umgesetzt werden. Dies wird durch gesetzliche Regelungen wie Kündigungsschutz, Mindestlöhne, aktive Arbeitsmarktpolitik und anderes abgesichert (*Berthold* 2000, S. 235 ff.). Protektionistische Maßnahmen für den Arbeitsmarkt werden von Gewerkschaften seit langem eingefordert (*Cassel* 1929, S. 132 ff.).[42]

Schon diese institutionellen Defekte führen zu einer unausgeglichenen Situation auf dem Arbeitsmarkt und können weitere Spannungen, auch im Verhältnis zu Kapitaleignern, mit sich bringen. Erschwerend kommen noch die spezifischen Interessen der Funktionäre hinzu. In Tarifkonflikten mit den eigenen Mitarbeitern füllen führende Personen der Gewerkschaften durchaus auch eine typische Arbeitgeberrolle aus (*o.V.*

---

[42] Hierbei finden sie Unterstützung auch aus der Wissenschaft und den Kirchen (Kapitel 3.1 und Kapitel 3.3 dieser Untersuchung).

2001a). Dies deutet darauf hin, dass auch diese Funktionäre die Position der Arbeitnehmer in der Auseinandersetzung mit anderen Unternehmen weniger aus innerer Überzeugung vertreten, sondern vielmehr, weil sie dadurch ihre eigenen Karriereziele besser verfolgen können. Auch für sie haben regelmäßigen Konfliktsituationen folglich einen instrumentellen Charakter. So müssen Interessenvertreter ihren Mitgliedern eigene Erfolge vorweisen. Hierfür ist es hilfreich, wenn die Konfliktsituation dramatisch genug dargestellt wird, damit die späteren Verhandlungsergebnisse demonstrieren, wie gut die eigenen Repräsentanten agiert haben und was alles zu Gunsten der eigenen Klientel erreicht werden konnte. Auch im internen Machtkampf zwischen den Funktionären kann das Aufstellen hoher Forderungen und die Profilierung zu Lasten der Marktgegenseite als karrierefördernd betrachtet und betrieben werden.[43] Doch birgt die ständige Wiederholung von dramatisierenden Konfliktritualen die Gefahr, dass ein Klima des Konflikts erzeugt und der Eindruck erweckt wird, unvereinbare Interessengegensätze seien tatsächlich alltägliche Realität.[44]

Insgesamt hat die Spannung zwischen Arbeitgebern und Arbeitnehmervertretern in den letzten gut einhundert Jahren jedoch eher abgenommen.[45] Nicht zuletzt verschwimmen die traditionellen Grenzen mit einer breiteren Beteiligung von Arbeitnehmern am Kapital. Auch einige Vertreter der Gewerkschaften haben inzwischen erkannt, dass ihre Mitglieder durch Kapitalbeteiligungen an zukünftigen Wohlstandsmehrungen besser teilhaben können[46], als auf dem Weg der klassischen Tarifkonflikte. *Miegel* fordert daher: „Dieses Denken in Fronten ist überholt. Die Bevölkerung muss zusehen, dass sie auf beiden Seiten des Tisches zu sitzen kommt." (*Miegel* 2000, S. 164).

Da die Bevölkerung den Problemen des Arbeitsmarktes recht viel Aufmerksamkeit schenkt, nutzen Politiker und Bürokraten dieses Politikfeld häufig, um sich vor den Wählern zu profilieren. Die bei dieser Gelegenheit entstehenden weiteren Eingriffe führen allerdings häufig zu einer erneuten Schwächung der Marktkräfte. Damit wird auch der relative Preis des Faktors Arbeit weiter verteuert und der des Faktors Kapital verbilligt. Dies führt zu einer Kapitalintensivierung der Produktion, wodurch die Probleme auf dem Arbeitsmarkt noch weiter verschärft werden. Durch den zunehmenden Wettbewerbsdruck auf den Güter- und Kapitalmärkten steigen jedoch die Kosten solcher fehlerhafter Arbeitsmarktinstitutionen, so dass ein stärkerer Anreiz für Reformen entsteht (*Berthold* 2000, S. 250 ff.). Der Wettbewerb auf anderen Märkten sorgt somit auch dafür, dass Konflikte zwischen den Akteuren auf dem Arbeitsmarkt an Bedeutung verlieren.

---

[43] So sahen beispielsweise im Jahr 2000 zwei potentielle Kandidaten um den Vorsitz der IG Metall die Gelegenheit zur Eigenwerbung in der Eröffnung eines neuen Tarifkonfliktes (*Hauschild* 2000a).

[44] Solch ein Eindruck entsteht beispielsweise dann, wenn Gewerkschaftsfunktionäre im Vorfeld von Tarifverhandlungen Arbeitgeber als ‚Gauner' bezeichnen (*o.V.* 2001d).

[45] Siehe hierzu beispielsweise *Weber* (1993), der die Entwicklung der Arbeitsbeziehungen in Deutschland seit dem späten 19. Jahrhundert beschreibt.

[46] So der Vorsitzende der IG Bergbau, Chemie Energie, *Hubertus Schmoldt (o.V.* 2001b).

Doch auch wenn Politiker einen wachsenden Anreiz haben, die Funktionsfähigkeit des Arbeitsmarktes im Sinne einer möglichen Gleichrichtung der Interessen wieder herzustellen, haben sie auch die Möglichkeit, die Interessenkonflikte als gegeben anzuerkennen. Dies gilt insbesondere dann, wenn die Wähler solch eine Politik nicht ausreichend sanktionieren. Eine entsprechende defensive Strategie wäre der Versuch, die unterschiedlichen Interessen gleichgewichtet zu bedienen[47] und den bestehenden Konflikt lediglich zu moderieren. Ein Beispiel für solch eine Strategie sind Einrichtungen wie das deutsche Bündnis für Arbeit.[48] Hier werden die Verbände öffentlichkeitswirksam in die Politik einbezogen. Politiker wie Verbandsfunktionäre können im Schulterschluss Aktivität demonstrieren. Dadurch werden jedoch die rent seeking-Aktivitäten der Verbände noch weiter legitimiert und gefördert. Durch Kooperation der verschiedenen Verbandsvertreter kann die Politik so unter öffentlichen Druck gesetzt werden, dass sie bestimmten Maßnahmen zustimmen muss, die ansonsten dem Wählerwillen nicht entsprechen würden. Statt vermeintlich strukturelle Konflikte zu akzeptieren, sollten diese vielmehr abgebaut oder zumindest nicht weiter verstärkt werden. Eine institutionalisierte Gesprächsrunde zwischen Arbeitgebern, Gewerkschaften und Regierung wäre höchstens dann sinnvoll, wenn man sich darin auf eine gemeinsame Stärkung der Wachstumskräfte im beiderseitigem Interesse verständigen und auf die weitere Forcierung von Verteilungskonflikten verzichten würde.[49] Damit würde jedoch die Existenzberechtigung der Verbände ebenso gefährdet wie die Einkommensgrundlage der Verbandsfunktionäre und ein wichtiges Profilierungsfeld für Politiker. Mit einem entsprechenden Konsens ist daher kaum zu rechnen.

3.2.4. Die Nichtregierungsorganisationen und die Globalisierung

In den letzten Jahren ist verstärkt eine neue Gruppe von Interessenverbänden in Erscheinung getreten. Während die traditionellen Verbände – beispielsweise Gewerkschaften und Unternehmensverbände – fest in das politische Geschehen integriert sind und allgemein als Fürsprecher ihrer Klientel anerkannt werden, sind die sogenannten Nichtregierungsorganisationen aus eher lockeren Zusammenschlüssen einzelner Bürger entstanden, teilweise unterstützt durch bestehende Gewerkschaften. Dabei führt der Begriff der Nichtregierungsorganisation (Nongovernmental Organisation/NGO) in die Irre: Auch Gewerkschaften und Unternehmensverbände in Demokratien sind nicht Bestandteil der Regierung oder abhängig von ihr. Die NGOs sollen in dieser Untersuchung dadurch charakterisiert werden, dass sie mit hohem moralischen Anspruch auftreten, sich als basisorientiert und prinzipiell oppositionell definieren und dass sie sich Ziele setzen, die nicht durch eigene wirtschaftliche Interessen geprägt zu sein scheinen. Insofern, als sie nicht direkt in die bestehenden politischen Entscheidungsstrukturen integriert sind und mit Mitteln des außerparlamentarischen Protestes operieren, tragen sie die Bezeichnung Nichtregierungsorganisation durchaus zu Recht.

---

[47] Hierfür plädiert beispielsweise *Fleischmann* (1974, S. 146).

[48] Zu den Erfahrungen mit dem Vorgänger des Bündnisses für Arbeit, der Konzertierten Aktion, siehe kurz *Behrends* (1999, S. 221 ff.).

[49] Siehe hierzu *Engelhard*, *Fehl* und *Geue* (1998) und *Berthold* (2000, S. 246 ff.).

NGOs sind zumeist durch einzelne Themen, denen sie sich widmen, geprägt. In losen Zusammenschlüssen, häufig in regionalen Gruppen organisiert, finden sich hier religiös motivierte Menschen, Bürgerinitiativen und Umweltschutzgruppen sowie Organisationen zusammen, die sich mit Menschenrechtsfragen oder Problemen der Dritten Welt befassen. Auch soziale Grundrechte stehen auf dem Forderungskatalog einiger NGOs, die damit zu einer Entscheidung in einem unterstellten Konflikt zwischen Arbeitgebern und Arbeitnehmern beitragen wollen. Häufig wird jedoch ein konkretes politisches Anliegen vor Ort zum Anlass der Gründung einer solchen Organisation genommen. Die Einbeziehung der einzelnen Mitglieder und das Erreichen von Aufmerksamkeit in den Medien und damit in der Bevölkerung steht dabei im Mittelpunkt der Arbeit. Nur vereinzelt wandeln sich solche Initiativen zu bundesweit tätigen und an zahlreichen Themen interessierten politischen Parteien. Das gängigste Beispiel hierfür ist die aus der Umweltbewegung hervorgegangene Partei Bündnis 90/Die Grünen. Daneben bestehen jedoch auch hoch professionalisierte, zentralisierte und weltweit tätige Organisationen, die sich geschickt der Massenmedien, vor allem des Fernsehens, bedienen. „In der PR-Abteilung des Naturschutzbundes Nabu oder bei Amnesty International sitzen dreimal so viele Mitarbeiter wie bei den Spitzenverbänden der Wirtschaft." (*Höfer* 2001, S. 65). Dennoch wird das Bild der kleinen Umweltschützer gepflegt, die beispielsweise aus Liebe zur Natur oder sonstigen altruistischen Motiven gegen die große, mächtige und rücksichtslose Industrie auftreten.

In den letzten Jahren wurde die Globalisierung, die von Kritikern für zahlreiche Probleme der Welt verantwortlich gemacht wird (*Micklethwait* und *Wooldridge* 2001), zu einem der bedeutendsten Ziele der Proteste von NGOs. Dabei wurden vor allem Tagungen internationaler Organisationen, wie der Welthandelsorganisation, des World Economic Forum, der Weltbank oder der G7, zum Anlass für breit angelegte Demonstrationen genommen. Auch international tätige Konzerne, allen voran der in den USA beheimatete und für die weltweite Standardisierung seiner Produkte bekannte Fast-Food-Anbieter McDonald's, sind zu Symbolfiguren der globalen Wirtschaft geworden, die in den Mittelpunkt der Proteste gestellt werden.

In der Kritik an der Globalisierung und dem Freihandel findet sich auch die These vom Konflikt zwischen Arbeit und Kapital wieder, der sich durch offene Handelsgrenzen und weltweite Arbeitsteilung weiter verschärfe. Durch die Arbeit der NGOs könnte sich das Bild des Konflikts als scheinbar prägendes Element der Marktwirtschaft erneut verfestigen. Hieraus könnten nicht nur Tendenzen zu einem Wiederaufleben des Protektionismus resultieren, auch die Akzeptanz einer marktwirtschaftlichen Wirtschaftsordnung selbst würde weiter sinken. Dies könnte auch durch Aktivitäten von Interessenverbänden, die von zusätzlicher Protektion profitieren würden, und Politikern, die sich dem internationalen Anpassungsdruck entziehen möchten, unterstützt werden. Auch die Einfluss suchenden NGOs können als ordnende Potenz aufgefasst werden. Sie wollen auf die Regierungen einwirken, die durch die Globalisierung entstehenden potentiellen Gefahren abzuwenden und die Entwicklung einzuschränken. Selbst die Option einer neuen Abschottung besteht für Staaten, die sich nicht in die zusammenwachsende Weltwirtschaft integrieren wollen, weil beispielsweise ein undemokratischer Machtapparats aufrechterhalten werden soll (*Schüller* und *Fey* 2002). Da Staaten schon immer

Möglichkeiten gefunden hätten, sich Veränderungen anzupassen, könne auch von einer Entmachtung des Nationalstaates durch die Globalisierung keine Rede sein (*Frey* 2002, S. 364). Tatsächlich gibt es Versuche, den Wettbewerb zwischen den Ländern beispielsweise durch internationale Steuerharmonisierung zu unterbinden und in einer Art Kartell ständige Anpassungen zu vermeiden.

3.2.4.1. Zur Bedeutung der Globalisierung für Arbeit und Kapital

Die Vorteile des internationalen Freihandels für die beteiligten Volkswirtschaften ist in der heutigen Theorie nahezu unumstritten. Schon *Adam Smith* wies auf den Nutzen der Arbeitsteilung hin. Größere Wirtschaftsräume, die durch bessere oder günstigere Transportmöglichkeiten erschlossen werden, vergrößern die Möglichkeiten der Arbeitsteilung (*Smith* 1776/1999, S. 19 ff.). Damit werden die Optionen für Kombinationen von verschiedenen Produktionsfaktoren vergrößert, wodurch insgesamt ein höheres Wohlstandsniveau erreicht werden kann. Neben den von *Smith* analysierten absoluten Kostenvorteilen einzelner Länder spielen auch die von *Ricardo* ergänzten komparativen Kostenvorteile eine bedeutende Rolle. Obwohl sich diese Theoretiker auf den Handel zwischen Nationen und nicht zwischen Firmen bezogen, gelten die Vorteile prinzipiell auch für letztere (*Giersch* 2000).

Einem reibungslosen und allokationseffizienten internationalen Handel stehen in der Regel zwei Gruppen von Schwierigkeiten entgegen. Zum einen verteuern Transaktionskosten den Markt als Koordinationsmechanismus und lassen Geschäfte unwirtschaftlich erscheinen, die bei isolierter Betrachtung der Produktionskosten lohnenswert wären. Kommunikations- und vor allem Transportkosten sind dabei häufig entscheidende Hindernisse, so dass die beidseitigen Vorteile des freiwilligen Tauschs über große Entfernungen nicht genutzt werden können. Der andere Problembereich ist weniger von äußeren technischen Restriktionen geprägt. Vielmehr handelt es sich hierbei um ordnungsbedingte Probleme beziehungsweise politische Restriktionen. Durch künstliche Grenzen wird der Handel unnötig eingeschränkt. Immer wieder gelingt es Vertretern von Partikularinteressen, neue Handelshemmnisse zu errichten oder sich dem Abbau bestehender erfolgreich zu widersetzen. Dabei sind jedoch nicht nur die traditionellen Ein- und Ausfuhrzölle oder ähnliche Variationen von Abgaben auf internationale Waren-, Dienstleistungs- und Finanzströme sowie Kontingentierungen für die Aus- oder Einfuhr von Bedeutung. Ein großes Hindernis ist neben diesen offen einsehbaren Handelsschranken auch eine Vielzahl von Normen, Regeln oder Verwaltungsentscheidungen. Diese nicht-tarifären Handelshemmnisse sind schwerer zu entdecken und daher auch weniger angreifbar. Solche Regelungen lassen sich häufig mit vermeintlichen nationalen Notwendigkeiten rechtfertigen. Eine Intention, den internationalen Handel zu behindern, wird dabei gerne offiziell verneint, faktisch haben die Regeln jedoch – gewollt oder ungewollt – eine handelshemmende Wirkung. Da diese Schranken häufig versteckt sind und in der Hand einzelner Beamter liegen, werden die Transaktionskosten für Ex- oder Importeure schlechter kalkulierbar und bilden ein bedeutendes Hindernis für eine tiefergehende internationale Arbeitsteilung.

Der Prozess der Globalisierung, durch den die Aufmerksamkeit der ökonomischen Theorie wieder auf räumliche Fragen gelenkt wurde (siehe *Straubhaar* 1996 sowie

Lübbe 1996), setzt an beiden Problembereichen an. Genau genommen resultiert er aus Veränderungen, die einen größeren internationalen Handel zulassen. Sowohl in Bezug auf das ‚Können' als auch auf das ‚Dürfen' des weltweiten Warenaustausches haben sich deutliche Veränderungen ergeben. Mit einer drastischen Senkung der Transaktionskosten sind die Möglichkeiten der internationalen Kommunikation und des Transports von Gütern und Personen gestiegen. Die Reduzierung der Transportkosten hat einen weltweiten Ein- und Verkauf ermöglicht. Handelspartner, die weit außerhalb der näheren Umgebung liegen, können aufgrund der kostengünstigen Liefermöglichkeiten mit in die unternehmerische Kalkulation einbezogen werden. Da die Märkte räumlich – soweit man die Kosten der Raumüberwindung betrachtet – zusammengerückt sind, lassen sich die Möglichkeiten der internationalen Arbeitsteilung und die daraus resultierenden Chancen auf ein höheres Wohlstandsniveau besser nutzen als zuvor. Neben den Transportkosten sind auch die Kommunikationskosten als weiterer wichtiger Bestandteil der Transaktionskosten für die Nutzung der internationale Märkte gesunken. Somit haben sich aus Sicht der Anbieter die Marktnutzungskosten, vor allem die Kosten zur Identifizierung von Partnern, verringert. Reduzierte Gebühren für Telefon und Fax sowie insbesondere das erst seit den späten neunziger Jahren verbreitete Internet haben die Abstimmungskosten vermindert und für eine deutlich gewachsene Transparenz auf den internationalen Märkten gesorgt. Jeder kann von fast jedem Ort auf der Welt einen Geschäftspartner an einem nahezu beliebigen anderen Ort der Welt suchen. Dies gilt sowohl auf Konsumenten- wie auch auf Produzentenebene.

Damit nähert sich die reale Welt auch den Annahmen der neoklassischen Wirtschaftstheorie an, die in ihren Modellen von räumlichen Entfernungen weitestgehend abstrahiert und vollständige kostenlose Information aller Beteiligten voraussetzt. Gleichzeitig sorgt die Reduktion der Transport- und Informationskosten für eine Verschärfung des internationalen Wettbewerbs auf Güter- und Faktormärkten, da die Anzahl der potentiellen Anbieter und Nachfrager steigt. Modelltheoretisch bedeutet dies eine tendenzielle Verschiebung hin zur Marktform der vollständigen Konkurrenz, da auch bisherige Monopolisten und Oligopolisten mit neuen ausländischen Wettbewerbern rechnen müssen.

Die Senkung der Transaktionskosten im bisher behandelten Sinne ist primär auf technische Innovationen, beispielsweise dem Internet als dezentralem weltweiten Datennetz, sowie auf die Liberalisierung nationaler Märkte, insbesondere die Zulassung des Wettbewerbs auf den Telekommunikationsmärkten, zurückzuführen. Auch Aspekte der Außenwirtschaftspolitik spielen im Prozess der Globalisierung eine entscheidende Rolle. So haben seit dem Ende der achtziger Jahre umfassende Liberalisierungen des Welthandels stattgefunden.[50] Vor allem führten die politischen Veränderungen in Mittel- und Osteuropa dazu, dass zahlreiche Staaten ihre Autarkiebestrebungen aufgaben und sich in die Weltmärkte integrierten. Hierbei handelte es sich jedoch weniger um bewusste außenwirtschaftliche Entscheidungen, als vielmehr um die Folgen der Demokratisierung dieser Länder. Aufgrund der Interdependenz von Wirtschafts- und Gesellschaftsordnung ging die demokratische Erneuerung mit einer marktwirtschaftlichen Öffnung einher. Da

---

[50] Zu Globalisierung und Protektionismus siehe *Hasse* (1996).

jedoch der Erfolg der Demokratiebewegung nicht zuletzt auf das wirtschaftliche Versagen der Zentralverwaltungswirtschaften in ihren verschiedenen Ausprägungen zurückzuführen ist, können auch wirtschaftlichen Probleme als ein Auslöser des gesamten Prozesses angesehen werden. Neben den sozialistischen Staaten öffneten sich auch zahlreiche Länder der Dritten Welt, die zuvor unter sozialistischem Einfluss standen, dem Weltmarkt. Selbst in China haben marktwirtschaftliche Prinzipien inzwischen, wenn auch begrenzt, Einzug gehalten. Das gängigste Gegenbeispiel ist Nord-Korea, das diese Entwicklung bisher weitestgehend ignoriert hat. Die andauernden Hungersnöte der neunziger Jahre sind nicht so sehr auf schlechte Wetterbedingungen, sondern vor allem auf die konsequente Abschottung vom Weltmarkt und die Weiterverfolgung planwirtschaftlicher Regelungskonzepte zurückzuführen.

Der zunehmende Freihandel ist jedoch nicht nur durch einseitige Maßnahmen zahlreicher Länder ausgelöst worden, die in der Vergangenheit vom Weltmarkt abgekoppelt waren. Auch in den Vereinbarungen im Rahmen des General Agreement on Tariffs and Trade (GATT/Allgemeines Zoll- und Handelsabkommen) sowie dessen Nachfolgeorganisation, der WTO (World Trade Organization/Welthandelsorganisation), wurden von den beteiligten Staaten umfassende multilaterale Handelserleichterungen beschlossen. Insbesondere Zollsenkungen wurden hierbei erreicht. Des Weiteren konnte die Anwendung des Prinzips der Meistbegünstigung vereinbart werden, nach der ein Land, das mit einem anderen weitergehende Erleichterungen des bilateralen Handels vereinbart, diese Vorteile auch jedem anderen Mitgliedsstaat zugestehen muss. Zusätzliche regionale Freihandelsabkommen haben zwischen den beteiligten Staaten zwar den Freihandel ermöglicht, diesen jedoch nach außen teilweise weiterhin unterbunden. Am weitesten fortgeschritten ist dabei die Europäische Union mit dem gemeinsamen Binnenmarkt und der weitgehenden Gültigkeit des Ursprungslandprinzips, das auch gegen einige nichttarifäre Handelshemmnisse wirksam ist. Durch die entstandenen Sonderstellungen der Mitgliedsländer kommt es zwar zu einer Forcierung des Handels im Inneren, jedoch auch zu einer Umleitung des Außenhandels, der sonst mit Ländern außerhalb der gemeinsamen Freihandelszone abgewickelt worden wäre. Insofern können diese regionalen Präferenzzonen, die eine Ausnahme des Prinzips der unbedingten Meistbegünstigung der Welthandelsorganisation darstellen, durchaus zwiespältig betrachtet werden.

Die Entwicklungen, die gesetzliche Hindernisse des internationalen Freihandels beseitigt haben, sowie technische Neuerungen, die eine deutliche Senkung der Transaktionskosten zur Folge hatten, förderten den internationalen Wettbewerb, die Arbeitsteilung und somit die Globalisierung des späten 20. Jahrhunderts. Die Globalisierung führt zu einer rasanten Zunahme des internationalen Handels. Vor allem Finanztransaktionen haben sich vervielfacht. Der Wettbewerb hat sich verschärft. Zahlreiche Unternehmen mussten sich auf die neue Konkurrenz aus dem Ausland einstellen und entsprechende Produktivitätsfortschritte oder Innovationen erzielen. Auf der anderen Seite haben sich aber auch neue Absatzmöglichkeiten ergeben. Das internationale Engagement der meisten deutschen Unternehmen ist auf Argumente zurückzuführen, die eine Sicherung von weiteren Verkaufsmöglichkeiten auf ausländischen Märkten im Mittelpunkt haben.[51]

Auch die Faktormärkte sind von der Globalisierung betroffen. Devisenbewirtschaftung ist vielerorts aufgehoben, wenn auch einige Transformationsländer noch Begrenzungen aufrechterhalten. Die meisten wichtigen Währungen können ohne größere Probleme gegen andere getauscht werden. Kapitalverkehrsbeschränkungen wurden abgebaut. Die Kapitalmärkte sind weitgehend integriert. Gerade hier ist durch die neuen Möglichkeiten der Telekommunikation eine große Markttransparenz entstanden, die eine bessere weltweite Allokation von Kapital verschiedener Fristigkeiten und verschiedener Risiken herbeigeführt hat. Binnen kürzester Zeit lassen sich Entscheidungen über den Kapitaleinsatz treffen und anhand neuer Informationen revidieren. Auch in einzelnen Segmenten der Arbeitsmärkte ist ein weltweites Zusammenwachsen zu beobachten. Dabei ist die internationale Mobilität des Kapitals größer als die des Faktors Arbeit. Dennoch ist auch die Bewegung von Arbeitskräften über Landesgrenzen hinweg keine Seltenheit. So sind in Deutschland und anderen Industrieländern vor allem im Bereich gering qualifizierter Arbeit zahlreiche Arbeitsplätze mit Ausländern besetzt. Gleichzeitig ist im oberen Segment des Arbeitsmarktes ein starker internationaler Wettbewerb festzustellen. Führungskräfte müssen heute international mobil sein und sich der Kontrolle der Kapitalmärkte stellen. Auffallend in der öffentliche Diskussion ist auch der Wettbewerb um Fachkräfte. Mit der im Jahr 2000 eingeführten Greencard-Regelung wollte die deutsche Bundesregierung einen Mangel an Fachkräften in der Informationstechnologie reduzieren. Doch stehen inländische Arbeitgeber hier mit Mitbewerbern aus der ganzen Welt, allen voran den USA, im Wettbewerb um die Fachkräfte aus Indien oder Osteuropa. Eine weitere Liberalisierung der internationalen Mobilität des Faktors Arbeit könnte gerade für Entwicklungsländer wohlstandssteigernd sein, wenn die im Ausland Beschäftigten einen Teil ihres Gehalts in die Heimatländer transferieren (siehe hierzu *Langhammer* 2002). Arbeitskräfte sind in Entwicklungsländern reichlich verfügbar, komplementäre Faktoren jedoch häufig knapp, so dass ein Export von Arbeit sowie von arbeitsintensiven Produkten komparative Vorteile ausnützen würde.

Die durch die Globalisierung verstärkte Konkurrenz auf den Gütermärkten wirkt sich auch auf die Faktormärkte aus und betrifft ebenso die starren Arbeitsmärkte.[52] Der Anpassungs- und Innovationsdruck zwingt dazu, mit entsprechender Flexibilität und Dynamik zu reagieren. Wenn sich die Nachfrage von einen Anbieter zum anderen verschiebt, was aufgrund der gesunkenen Transaktionskosten schon bei kleineren neu aufgetretenen Unterschieden im Angebot geschehen kann, entstehen Anpassungskosten auf den Faktormärkten. Vor allem auf Seiten des Arbeitsmarktes sind dabei größere Schwierigkeiten zu erwarten, weil die notwenige Beweglichkeit und häufig auch die

---

[51] So kurz *Institut der deutschen Wirtschaft Köln* (2000b) oder ausführlicher *Beyfuß* und *Eggert* (2000); *Henneberger* u.a. (2000) zeigen mit einem empirischen Fokus auf dem Dienstleistungssektor die Bedeutung verschiedener Motive für die aus Direktinvestitionen resultierenden Arbeitsplatzeffekte auf; für einen Überblick über die theoretischen Modelle siehe *Cogneau* u.a. (2000).

[52] Zu den Auswirkungen der Globalisierung auf Güter- und Faktormärkte sowie zu den Konsequenzen für die Wirtschaftspolitik siehe *Sievert* (1996).

passenden Qualifikationen für neue Aufgaben fehlen. Einige Gewerkschaften befürchten zudem eine Reduzierung der Verhandlungsmacht der Arbeitnehmer und unterstützen daher globalisierungskritische Protestbewegungen (*Rodrik* 2000, S. 35 ff.).

Im Zuge der Globalisierung ist auch die jeweilige Ordnung, vor allem die vom Gesetzgeber vorgesehenen Rahmenbedingungen, notwenigen Veränderungen unterworfen. Der Wettbewerb der verschiedenen weltweiten Standorte um die mobilen Produktionsfaktoren fordert die Gesetzgebung heraus, jeweils angemessene Ordnungsbedingungen zu schaffen. Gerade die Rahmenbedingungen für den optimalen Einsatz der Produktionsfaktoren sind entscheidend im Wettbewerb der Standorte. Somit sehen sich auch die Akteure auf den Arbeitsmärkten gezwungen, den bisherigen Flexibilitätsrückstand den Kapitalmärkten gegenüber zu beseitigen. Dabei ist es nicht die Globalisierung, die diese Schritte notwendig macht. Sie und der Standortwettbewerb wirken lediglich als Katalysator und bauen einen entsprechenden ökonomischen Druck auf die Regierungen aus, ordnungspolitische Reformen durchzuführen, die auch ohne die Globalisierung notwendig geworden wären (*Berthold* 2000, S. 53 oder auch zu den sozialpolitischen Fragestellungen *Berthold* 2001).

Trotz der fortgeschrittenen Globalisierung, die kaum einen Lebensbereich unbeeinflusst zu lassen scheint, bestehen weiterhin Grenzen, vor allem zwischen den Staaten, markiert durch unterschiedliche Ordnungen und Einzelregelungen, Handelsbräuche, Traditionen und Sprachen. Diese Grenzen lassen sich auch mit der Globalisierung und möglichen konvergierenden Effekten des Standortwettbewerbs nicht negieren. Der perfekte globale Binnenmarkt bleibt trotz aller Entwicklungen ein Modell mit Annahmen, die sich nur begrenzt herstellen lassen. Die Landesgrenzen reduzieren allein durch ihre Existenz den maximal möglichen Handel deutlich.[53] Die Globalisierung findet ihre Schranken schon in den Kommunikationsbarrieren durch die unterschiedlichen Sprachen, auch wenn die große Verbreitung der englischen Sprache dazu beiträgt, diese Barrieren zu überwinden.

Um das Bild von der Globalisierung als besonderes Ereignis etwas zu relativieren, muss darauf hingewiesen werden, dass diese Entwicklung in historischer Betrachtung nicht einmalig ist. Schon zu Beginn des 20. Jahrhunderts war die internationale Arbeitsteilung und der internationale Handel so ausgeprägt, wie erst wieder gegen Ende des Jahrhunderts.[54] Die damalige Globalisierung fand erst mit dem Ersten Weltkrieg und der davon ausgehenden desintegrierenden Entwicklung ein Ende. Auch der Protektionismus hatte in den vergangenen Jahrhunderten eine stets wechselnde Bedeutung.[55] Die Globalisierung dürfte vor allem hinsichtlich der Durchsetzung des internationalen Freihandels nicht unumkehrbar sein (*Borchardt* 2001). Die Wiederkehr von Protektionismus und Autarkieüberlegungen ist auch heute nicht auszuschließen. In Anbetracht der

---

[53] Zur handelshemmenden Wirkung von Grenzen siehe *Frankel* (2000).

[54] Für einen kurzen Überblick zur historischen Entwicklung siehe zum Beispiel *Schumann* (1999), *O'Rourke* und *Williamson* (2000) oder *Hertner* (2002).

[55] Eine kurze Schilderung der wichtigsten geschichtlichen Entwicklungen findet sich beispielsweise bei *Freytag* und *Sally* (2001) oder *Borchardt* (1987), der die immer wiederkehrenden verschiedenen Einflüsse von Wissenschaft, Politik und Interessenverbänden auf den Freihandel darlegt.

teils gewalttätigen Proteste gegen Konferenzen von internationalen Institutionen und gegen die Globalisierung sind Rückschritte hin zur erneuten Zunahme des Protektionismus zu befürchten (*Hofmann* 2000).

3.2.4.2. Die Diskussion über die Globalisierung

Häufig wendet sich die Kritik an der Globalisierung direkt gegen die Welthandelsorganisation, die sich institutionell mit der Verwirklichung von Freihandel auf allen Gebieten beschäftigt. Seit den neunziger Jahren sammeln sich verschiedene anti-marktwirtschaftliche Strömungen im Protest gegen die Globalisierung und die WTO, die für zahlreiche Übel verantwortlich gemacht wird.[56] Sogar als „Terror der Ökonomie" (*Forrester* 1997), durch die die Menschen beherrscht und ausgebeutet werden, werden die Wirkungen marktwirtschaftlicher Ordnungen und des internationalen Wettbewerbs in auflagenstarken Büchern bezeichnet.[57] Als heimlicher Lenker werden die USA ausgemacht, die angeblich alleine die Regeln der internationalen Integration bestimmen können (*Martin* und *Schumann* 1996, S. 296 ff.), und die den europäischen Wohlfahrtsstaat infrage stellen.[58] In der Tat ist im Zuge der Globalisierung der Wettbewerb um internationale Akteure erweitert worden, die bisher keine entscheidende Rolle gespielt haben. Daher hat sich der Anpassungsdruck auf die jeweiligen Konkurrenten erhöht, die von sich aus nicht hinreichend anpassungsfähig sein wollen oder können. Da jedoch unklar ist, wer im Einzelnen zu den Verlierern gehören könnte, entsteht eine gewissen Unsicherheit und daraus eine Ablehnung des Wandels, den die Globalisierung hervorruft. „Selbst die krudesten und jeder Logik hohnsprechenden Argumente der Globalisierungsgegner entfalten in einem Umfeld allgemeiner Verunsicherung hohe Wirkungskraft." (*Issing* 2001). Aus diesen möglichen – zumindest relativen – Verlierern des Strukturwandels können Protestgruppen unterstützende Kräfte rekrutieren. Dabei ist es wie immer im marktwirtschaftlichen Wettbewerb: Die immobilen Anbieter konzentrieren sich auf Möglichkeiten, dem Anpassungsdruck zu weichen. Immobile politische und wirtschaftliche Unternehmer behindern somit die innovativen Unternehmer. Unterstützt wird die Protestbewegung von Politikern, die sich von der Förderung immobiler Marktteilnehmer Vorteile im politischen Wettbewerb versprechen und sich des wachsenden Drucks entledigen sowie ihre Handlungsspielräume erhalten möchten.[59]

Hinter der Ablehnung der Globalisierung steckt oft die erneut vertretene These von einem unabänderlichen und sich immer wieder neu zuspitzenden Konflikt zwischen Arbeit und Kapital (siehe hierfür beispielhaft *Coates* 2000, S. 251 ff.). Statt direkt auf

---

[56] Einen kurzen Überblick über die Kritik an der WTO und deren Verteidigung gibt *Zimmermann* (2000).

[57] Aber auch ähnlich populär aufgemachte Bücher, die die Globalisierung positiv betrachten, sind erschienen, beispielsweise *Larsson* (2001), *Maxeiner* und *Miersch* (2001), *Norberg* (2001), *Rodenstock* (2001) oder *O'Rourke* (2002).

[58] Eine Darstellung und Kritik solcher „Mythen" findet sich bei *Seliger* (2001).

[59] Insofern verwundert es kaum, dass die *Enquete-Kommission „Globalisierung der Weltwirtschaft – Herausforderungen und Antworten"* (2002), der neben Abgeordneten des Deutschen Bundestags auch von der Politik bestimmte weitere Teilnehmer angehören, zahlreiche Kritikpunkte an der Globalisierung aufgreift.

die klassische Konfliktthese einzugehen, werden in der heutigen Kritik mehrere Bereiche mit stark divergierenden Interessen gesichtet, die sich jedoch regelmäßig auf das Gegensatzpaar Arbeit und Kapital zurückführen lassen. Am konkretesten ist dies noch, wenn einzelne Unternehmen oder multinationale Konzerne als solche ins Kreuzfeuer der Kritik genommen worden. Dabei zielt der Vorwurf hauptsächlich auf ihre ausländische Produktions- oder Beschaffungsaktivitäten. So wird eine Produktion im Ausland mit dem Abbau von Arbeitsplätzen und der Gefährdung des Wohlstandes im Inland gleichgesetzt. Auch wenn im Einzelfall eine direkte Verlagerung der Produktion zu beobachten ist, wird hierbei eine falsche Alternative betrachtet. Die Wahl besteht dabei zumeist nicht zwischen der Produktion im Inland oder im Ausland, sondern häufig eher zwischen der Produktion im Ausland und anderen Einsparungen. Das Beobachtete wird mit dem Gewünschten verglichen, statt gleichartig mögliche Alternativen zu betrachten und die bessere auszuwählen. Auch widerlegt sich die Kritik an der Produktionsverlagerung durch die Arbeitsplätze, die ausländische Unternehmen im Inland schaffen. Die internationale Arbeitsteilung lebt von der Offenheit des Wettbewerbs für das beidseitige internationale Engagement von Unternehmen.

Neben der Produktionsverlagerung an sich wird auch kritisiert, dass damit unzumutbare Arbeitsbedingungen für die im Ausland Beschäftigten verbunden sind. Auch hier ist der verwendete Maßstab von Bedeutung. Kritiker argumentieren häufig, indem sie inländische Standards auf die Arbeits- und Lebensbedingungen in Drittländern anwenden. In welchem Rahmen dies legitim erscheint, soll an dieser Stelle nicht diskutiert werden. Tatsächlich wird die Gültigkeit universeller Grundrechte für alle Länder anerkannt, so dass eine Missachtung dieser Rechte durch die Zulieferer inländischer Unternehmen oder durch multinationale Konzerne selbst durchaus kritikwürdig wäre. Die konkrete Ausgestaltung von Arbeitsstandards ist jedoch eine Frage, die, angemessene Entscheidungsstrukturen vorausgesetzt, besser vor Ort beurteilt werden kann. Auch hier ist die Alternative nämlich selten, ob die Produktion zu besseren oder zu schlechteren Bedingungen geschehen soll. Hier findet vielmehr eine Abwägung zwischen dem Verzicht auf zusätzliche Wertschöpfung auf der einen und unangenehmen Arbeitsumständen auf der anderen Seite statt. Dabei muss man es als ausländischer Beobachter akzeptieren, wenn diese Entscheidung innerhalb bestimmter Grenzen auch gegen eine Verbesserung der Arbeitsstandards und für neue Arbeitsplätze fallen kann. Die pauschale Verurteilung schlechter Arbeitsbedingungen im Ausland lässt vielmehr den Schluss zu, dass es den Kritikern weniger um die Situation der Menschen im Ausland geht, als vielmehr darum, Argumente im Dienst von inländischen Sonderinteressen zu finden, die eine Produktionsverlagerung verhindern sollen.

In der Globalisierungskritik wird weiterhin ein grundsätzlicher Konflikt zwischen der industrialisierten und der Dritten Welt behauptet (siehe hierzu auch Kapitel 4.3). Während letztere primär als von den Produktionsfaktoren Arbeit und Boden abhängig betrachtet wird, wird für die erste Welt eine Dominanz des Produktionsfaktors Kapital unterstellt. Die Analogie zur *Marxschen* Ausbeutungsthese ist unübersehbar: Die industrialisierte erste Welt beute die unterentwickelte Dritte Welt und die dortigen Arbeiter aus. Dies entspricht auch der *Prebisch-Singer*-These. In dieser wurde behauptet, dass sich die Terms-of-Trade der Entwicklungsländer quasi naturgesetzlich laufend verschlechtern, weshalb in vielen Ländern die Entwicklungsstrategie der Importsubstitution verfolgt wurde.[60] Dabei werden jedoch die problematischen Ordnungsbedingungen in den meisten Staaten der Dritten Welt[61], die für die Unterentwicklung entscheidend verantwortlich sein dürften, ebenso wenig berücksichtigt wie die Fortschritte, die beispielsweise die ostasiatischen sogenannten Tiger-Staaten (siehe hierzu kurz *Institut der deutschen Wirtschaft Köln* 2000c) oder auch einzelne Länder Südamerikas im Zuge der Globalisierung machen konnten. Auch Vertreter der Länder, für deren Interessen sich die Globalisierungsgegner nach eigenem Bekunden stark machen, kritisieren diese ungebetene Hilfe, wie zum Beispiel der ehemalige Präsident Mexikos, *Zedillo:* „Leute der extremen Linken, der extremen Rechten, aus dem Lager der Umweltschützer und aus den (westlichen) Gewerkschaften haben sich in einer merkwürdigen Allianz versammelt. Sie will die Menschen der Entwicklungsländer schützen – vor der Entwicklung." (*Zedillo* 2000, Übersetzung: *Joffe* 2000). Tatsächlich konnten auch die Entwicklungsländer vom Zusammenwachsen der Finanzmärkte profitieren (*Eggerstedt* 1997) und die eigenen Wachstumschancen verbessern. Dadurch werden die Möglichkeiten vergrößert, die mit dem vorhandenen Entwicklungsrückstand verbundenen sozialen Probleme zu lösen.[62]

Zentrales Objekt der Kritiker ist der Produktionsfaktor Kapital. Vom größeren Mobilitätsspielraum des Kapitals gegenüber den Produktionsfaktoren Boden und Arbeit befürchten die Kritiker eine Absenkung von Sozial- und Umweltstandards, niedrigere Arbeitseinkommen und den Verlust von Arbeitsplätzen. Davon, so wird angenommen, sind westliche Arbeitnehmer wie auch die Menschen in Entwicklungsländer gleichsam betroffen. Auch abnehmende Erträge aus der Kapitalbesteuerung werden von der Abwanderung des Kapitals in Länder mit der niedrigsten Steuerlast erwartet. Für einen solchen Steuerwettlauf nach unten („race to the bottom') gibt es jedoch empirisch keinen Nachweis.[63] Auch Kapitaleigner sind bei der Wahl ihrer Investitionsobjekte und Standorte an einer guten Infrastruktur, komplementären Produktionsfaktoren und anderen Rahmenbedingungen interessiert. Ein einseitiger Blick auf die Steuersätze unter Vernachlässigung der sonstigen Bedingungen wäre kurzsichtig und weder im Interesse der Kapitaleigner noch der Arbeitnehmer. Obwohl der Produktionsfaktor Kapital mobiler und flexibler als der Produktionsfaktor Arbeit ist, resultiert hieraus keineswegs ein un-

---

[60] Die Ursprünge der These finden sich bei *Singer* (1950) und *Prebisch* (1959). Siehe hierzu auch *Lang* (1985), *Schüller* (1988c, 4), *Heidhues* (2000, 1 f.).

[61] Siehe hierzu beispielsweise *Langhammer* (2001). Auch *Siebert* (2002) betont die Notwendigkeit der Integration in die internationale Arbeitsteilung und warnt vor Abschottungsstrategien. *Sachs* (1996) weist darauf hin, dass bis in die achtziger Jahre von 90 untersuchten Entwicklungsländern lediglich bis zu 20 eine Strategie des internationalen Handels verfolgt hatten, während die anderen in der einen oder anderen Form protektionistisch beziehungsweise zentralgelenkt ausgerichtet waren.

[62] So ermöglicht die Entwicklung eines leistungsfähigen Kapitalmarkts, Kredite auf zukünftiges Humanvermögen aufzunehmen, somit Bildungschancen für Kinder in Entwicklungsländern zu eröffnen und Kinderarbeit zu verdrängen (*o.V.* 2000a).

[63] So weist der Anteil der Gewinnsteuern von Kapitalgesellschaften am gesamten Steueraufkommen in der OECD in den neunziger Jahren nach oben. (*Institut der deutschen Wirtschaft Köln* 2002a, S. 46).

abdingbarer Interessengegensatz oder eine Dominanz der Kapitalinteressen. Dies gilt umso mehr, wenn die Ordnungsbedingungen den Faktor Arbeit fesseln und an einem flexiblen Einsatz hindern. Verminderte Spielräume für einen produktiven Einsatz von Kapital würden das gesamte zu verteilende Sozialprodukt künstlich verknappen und somit auch Arbeitnehmer schlechter stellen und Kapitalmangelarbeitslosigkeit verursachen. Auch die These vom strukturellen und mithin unabänderlichen Fehlen von Beschäftigungsmöglichkeiten, die in immer neuen Varianten wiederholt wird, beruht auf einem Fehlschluss, der die ursächliche Verzerrung der Faktorpreisrelationen als unabänderlich betrachtet. Im übrigen würde dies entweder eine nahezu vollständige Befriedigung sämtlicher Bedürfnisse weltweit oder zumindest die größtmögliche und unproblematische Ersetzung von menschlicher Arbeit durch Kapital voraussetzen. Eine bis an die Grenzen der technischen Möglichkeiten gehende Substitution von Arbeit durch Kapital wäre für alle Investoren viel zu kostspielig. Tatsächlich hat sich „[s]eit 1975 [...] die Zahl der Arbeitsplätze in der OECD um knapp 120 Millionen erhöht." (*Institut der deutschen Wirtschaft Köln* 2000a, S. 6). Auch setzt der mögliche Konsum keine Obergrenze für die maximale Arbeitsnachfrage. „Die Produktionsmenge ist nicht durch das Ausmaß der Konsumtion bestimmt, sondern umgekehrt der Umfang der Konsumtion durch die Produktionsmenge." (*Geue* 1999, S. 225 f.). Dies heißt zwar nicht, dass jederzeit jede Produktionsmenge auch abgesetzt werden könnte, wie das *Saysche* Gesetz häufig interpretiert wird.[64] Dennoch bedeutet die Existenz von Knappheiten nichts anderes, als dass noch Bedürfnisse existieren, die mit Hilfe von zusätzlich erstellten Gütern befriedigt werden können, zu deren Produktion Arbeit und Kapital benötigt werden. Wie wenig von einer vollständigen Bedürfnisbefriedigung gesprochen werden kann, zeigen neben der zunehmenden legalen Produktion auch die boomenden ‚schwarzen' Arbeitsmärkte.

3.2.4.3. NGOs und Interessenkonflikte

Auch bei den verschiedenen Nichtregierungsorganisationen ist die Frage nach den Antriebskräften beziehungsweise der Handlungsmotivation der Aktivisten und somit nach deren eigenen Interessen von Belang. Während bei kleinen lokalen Gruppen angenommen werden kann, dass bei vielen Mitgliedern das von der Gruppe verfolgte Ziel als eigentliche Motivation von besonderer Bedeutung ist, ist bei professionalisierten Organisationen nach weiteren Faktoren zu suchen. In Kleingruppen ist davon auszugehen, dass die dort behandelten Probleme lokaler Natur sind. Es kann sich beispielsweise um Umweltfragen handeln, die die Aktivisten selbst betreffen. So kann der Wert von Grundstücken durch bauliche Maßnahmen sinken oder der Nutzen der Landschaft als Erholungsraum leiden. Hinzu kommt bei vielen eine intrinsische Motivation sowie der Drang nach Geltung innerhalb der Kleingruppe oder in der lokalen Öffentlichkeit. Dies kann eine wechselseitige Steigerung der Provokationsmaßnahmen der Gruppe beziehungsweise ihrer Mitglieder mit sich bringen. Wer sich in der Gruppe hervortun und so Ansehen oder eine herausragende Position einnehmen will, kann dies insbesondere

---

[64] Siehe hierzu *Schreiter* (2000) oder kurz *Schreiter* (2001), der das *Saysche* Gesetz kapitaltheoretisch begründet.

durch öffentlichkeitswirksame Aktionen erreichen. So können aus kleineren Anlässen größere Konflikte entstehen. Das Verhalten größerer NGOs zeichnet sich durch eine höhere Professionalität aus. Im Prinzip sind die Handlungsstrukturen jedoch ähnlich. Auch hier müssen die Funktionäre versuchen, Einfluss zu erlangen. Hierzu sind vor allem Unterstützer und Spenden notwendig. Für beides ist der entscheidende Schlüssel wiederum die öffentliche Aufmerksamkeit, die durch spektakuläre und tendenziell konfliktverschärfende Aktionen erzielt wird. Teilweise suchen die Kritisierten dann tatsächlich das Gespräch mit den Kritikern.[65] Während die Kritisierten ein Interesse am Ende des Konflikts haben, sind die Kritiker in einer Dilemmasituation. Zum einen müssen sie einen Konflikt aufrecht erhalten, um die Position der Protestorganisation und die eigene Stellung innerhalb dieser nicht zu gefährden. Diese Tendenz wird noch dadurch verstärkt, dass die Nichtregierungsorganisationen weder verantwortlich für die Fehler der Politik (*Edwards* 2001, S. 131) noch für die Kosten gemacht werden können, die durch ihre Protestaktivität entstehen. Zum anderen droht ihnen jedoch auch der Verlust an Glaubwürdigkeit und somit an Unterstützung, wenn sie nur den Konflikt um seiner selbst Willen austragen und sich inhaltlichen Gesprächen verweigern würden.

Die großen professionellen Organisationen machen sich einen der Globalisierung zugrundeliegenden Effekt zu Nutze. Unter Zuhilfenahme der modernen Techniken, die die Globalisierung erst ermöglichen, demonstrieren sie gegen die Zulassung der Globalisierung und für zusätzlichen Protektionismus. Erst der Einsatz moderner Kommunikationsmittel wie beispielsweise des Internets ermöglicht die internationale Koordination der Proteste.[66] Der technische Fortschritt ist somit Grundlage der Globalisierung, aber auch Voraussetzung für die protektionistische Globalisierungskritik, die sich insbesondere in einzelnen symbolhaften Veranstaltungen manifestiert. Solche symbolträchtigen Protestziele dienen dazu, die notwendige öffentliche Aufmerksamkeit der internationalen Massenmedien zu erreichen, von der neben der politischen Unterstützung auch das Ansehen der Organisation und ihrer Funktionäre sowie die Zahl der Mitglieder und die Summe der Spenden abhängt. Zum anderen bieten symbolhafte Handlungen auch die Möglichkeit, Organisationsmitglieder zu begeistern, die für die Argumente der intrinsischen Motivation nicht empfänglich sind und selbst nicht von den Problemen betroffen sind. Auch die Tatsache, dass in den protestierenden NGOs häufig verschiedene Interessen aufeinandertreffen, macht gemeinsame, den Zusammenhalt der Beteiligten stärkende Symbole besonders bedeutsam, da auf diesem Wege eine wirkliche Konsensfindung unter den divergierenden Teilgruppen umgangen werden kann. Die Großereignisse gelten als ,Events', an denen teilzunehmen für die Beteiligten die zusätzliche Befriedigung eines Gemeinschaftsgefühls bringt. So wurden die Protestaktionen anlässlich der Verhandlungen über eine panamerikanische Freihandelszone 2001 in Québec als „Karneval gegen den Kapitalismus" (*Wieland* 2001) bezeichnet, was ihren Unterhaltungs-

---

[65] So sucht beispielsweise die WTO das Gespräch mit den verschiedenen globalisierungskritischen NGOs (*Zimmermann* 2001, S. 2).

[66] So weist *Keck* (2000) auf die gesunkenen Flugkosten und die Kommunikationsmittel Telefax, Internet und Email hin, die die aufwändige Organisation der großen Proteste möglich gemacht hat. Zu der Nutzung der modernen Kommunikationsmittel zur Organisation und Durchführung der Proteste siehe *Ostry* (2002).

charakter deutlich macht. Folglich sprechen einige Kritiker auch von einem „Zeitvertreib der Reichen dieser Welt" (*Richter* 2001), bei dem sich Vertreter europäischer und nordamerikanischer NGOs für das einsetzen, was sie für das Interesse der vermeintlich Benachteiligten halten, ohne dass diese jedoch selbst zu Wort gekommen wären. Andere große Symbole waren beispielsweise die Protestaktionen gegen die WTO in Seattle 1999 oder auch die von der Umweltschutzorganisation Greenpeace initiierten Proteste gegen die Versenkung einer Ölplattform durch den Erdölkonzern Shell 1995. Wenn die Symbolkraft wichtiger wird, als die tatsächliche an der Sache orientierte inhaltliche Auseinandersetzung, kann auch mit unwahren Argumenten gearbeitet werden, um die Öffentlichkeit kurzfristig zu mobilisieren. Nach Ende der erfolgreichen Protestaktionen ist die öffentliche Aufmerksamkeit bereits mit einem andern Thema beschäftigt, wenn mögliche Dementis veröffentlicht werden müssen.[67]

3.2.4.4. Die Rolle der elektronischen Massenmedien

Von besonderer Bedeutung für die Arbeit der NGOs sind moderne elektronische Massenmedien, mit denen direkt oder indirekt die Thesen vom antagonistischen Interessengegensatz einem breiten Publikum zugänglich gemacht werden können. Dies hängt zum einen damit zusammen, dass relativ häufig über negative Entwicklungen berichtet wird, während der Normalzustand keinen besonderen Nachrichtenwert hat. Daher werden die Botschaften von Kritikern der Globalisierung, die vor Veränderungen und Gefahren warnen, gerne aufgegriffen. Damit verschiebt sich in einer Gesellschaft, die zum großen Teil durch die Massenmedien informiert wird, der Grundeindruck über die tatsächliche Realität. Negative Ausnahmeerscheinungen werden für zunehmend normal gehalten. Hinzu kommt, dass in den Medien gerne an das menschliche Gerechtigkeitsempfinden appelliert wird, um das Interesse der Zuschauer und die emotionale Bindung an die Sendung und den Sender zu stärken. Vermeintliche Verlierer und ungerecht behandelte Personen können emotional dargestellt werden, ohne dass es in der spezifischen Sendung zu einer kritischen Reflektion über die Ursachen und Hintergründe der geschilderten Situation kommen muss. Der Unterhaltungscharakter, der für die Popularität von Fernsehprogrammen unumgänglich ist, verhindert oftmals ebenfalls eine gründliche Analyse und verleitet zu schnellen Verurteilungen der dargestellten Realität. Ferner sind punktuelle Eingriffe zumeist besser darstellbar als ordnungspolitische Grundsätze (*Kirsch* 2003). Informationssendungen, die eher auf die rationalen Hintergründe statt auf vordergründige Effekte eingehen, finden in der breiten Bevölkerung weniger Beachtung und werden häufig auch eher in den späteren Abendstunden ausgestrahlt. Insgesamt kann daher von einer Tendenz in modernen Massenmedien wie dem Fernsehen ausgegangen werden, eher einer Konfliktthese Vorschub zu leisten als rationale Gründe für einen möglichen Interessenausgleich zu beleuchten.

Gerade der Unterhaltungscharakter vieler Fernsehprogramme ist für die Nichtregierungsorganisationen von besonderem Interesse. Sie nutzen dies, um durch ihre spektakulären und öffentlichkeitswirksamen Aktionen auf sich aufmerksam zu machen. Die

---

[67] Siehe hierzu die Sammlung von Presseausschnitten zu dem Konflikt zwischen Shell und Greenpeace um die Ölplattform Brent Spar (*Deutsche Shell AG* 1995).

Berichterstattung kreist daher oftmals um die Form des Protestes unter Nennung des propagierten Zieles der Aktion, ohne dass hierüber eine kritische Berichterstattung zustande käme. Diese wäre wohl auch bei den typischen, nur wenige Minuten langen Berichte aufgrund der Komplexität der Probleme schwer möglich. Die vermeintlich eindeutigen und einfachen Lösungen, die einen am Einzelfall gut darstellbaren Konflikt unterstellen, erhalten daher eine gewisse Dominanz in der Medienberichterstattung. Dies entspricht auch vorhandenen populistischen Tendenzen unter Politikern, die gerne einfache Lösungen präsentieren statt ausführliche Diskussionen führen zu wollen. Auch wenn es im pluralistischen Fernsehen entsprechende ausführlich analysierende Berichte ebenfalls gibt, dürfte ein großer Teil des Publikums, das eher nach Unterhaltung sucht, dafür nur schwer zugänglich sein. Letztlich hat die Berichterstattung in den elektronischen Massenmedien auch ordnungsformenden Charakter, da es durch das bei der Bevölkerung festgesetzte Bild von unabänderlichen Konfliktsituationen unwahrscheinlicher wird, dass tatsächlich nach marktgerechten Lösungsstrategien eines Interessenausgleichs gesucht wird.

3.2.5. Zusammenfassung

Obwohl der Staat häufig als geeigneter Akteur zur Lösung verschiedener Probleme oder gar als neutraler und wohlwollender Diktator angesehen wird, kann er dieser Sichtweise nicht gerecht werden. Der Staat verhindert Konflikte nicht automatisch. Auch ist er kein autonom und nach objektiv rationalen Kriterien handelndes Konstrukt, sondern ein soziales Gebilde, das von einzelnen Personen und Personengruppen geprägt ist. Diese verfolgen eigene Interessen, die nicht unbedingt mit den vorgegebenen Interessen der Wirtschaftssubjekte und Wähler identisch sein müssen. Sowohl auf der Ebene der Politiker als auch auf der ausführenden Ebene der Bürokratie gibt es Anreize für die Beteiligten, sich anders zu verhalten, als es idealtypisch von ihnen erwartet würde. Hinzu kommen die Aktivitäten der Vertreter von Partikularinteressen, die eine stärkere Gewichtung der eigenen Anliegen im politischen Prozess erreichen wollen und sich somit gegen weniger gut oder auch gar nicht organisierte Interessen durchsetzen, auch wenn dies einer optimalen Allokation der Ressourcen bei der Bereitstellung öffentlicher Güter widerspricht.

Während Politiker und Bürokraten aus der Perspektive der Neuen Politischen Ökonomie den hohen Ansprüchen, die von der Wohlfahrtsökonomie an sie gestellt werden, kaum gerecht werden, wird von den Interessenverbänden ein indifferentes Bild gezeichnet. Auch wenn ihre Betätigungen gemeinhin als negativ im Sinne einer optimalen Allokation angesehen werden, erfüllen sie ebenfalls positive Funktionen, beispielsweise bei der Bereitstellung von entscheidungsrelevanten Informationen für die Politik.

Die staatlichen Aktivitäten und die eigenen Zielsetzungen der beteiligten Akteure bergen ein Konfliktverschärfungspotential. Die Ausweitung des eigenen Handlungsspielraums kann durch die gewollte oder in Kauf genommene Forcierung von Konflikten erzielt werden. Außerdem werden durch die Ausfechtung von Verteilungskämpfen, an denen neben Politikern und Bürokraten auch die Interessengruppen beteiligt sind, produktive Kräfte gebunden, ohne dass eine zusätzliche wirtschaftliche Leistung erbracht würde. Statt das Sozialprodukt zu erhöhen, wird über die Verteilung des Bestehenden gestritten. Auch die Nichtregierungsorganisationen, die sich gegen die Globalisierung mit ihrer wohlfahrtssteigernden Wirkung wenden, verstärken die Konflikte, vor denen sie zu warnen vorgeben. Durch die massive Forcierung der Konfliktthese kann eine nicht marktwirtschaftliche Ordnungspolitik initiiert werden, wodurch geradezu die Tendenz entsteht, die These vom angeblich unvermeidbaren Konflikt zu erfüllen.

Die Dysfunktionalitäten des staatlichen Entscheidungssystems vergrößern die Gefahr, dass es zu tatsächlichen Konflikten und Problemen kommt. Der Staat als ordnende Potenz ist nicht per se in der Lage, durch aktive Gestaltung und detaillierte Eingriffe der Harmoniethese zur Durchsetzung zu verhelfen. Es müsste vielmehr Sorge dafür getragen werden, den autonomen Handlungsspielraum der beteiligten Politiker, Bürokraten und Verbände nicht übermäßig zu vergrößern, sondern diese zu kontrollieren und die zu erfüllenden Staatsaufgaben zu reduzieren. Hier können die Medien oder auch die Wissenschaft wichtige Rollen ausfüllen, indem sie über ungelöste Probleme und Lösungsoptionen aufklären und somit die Öffentlichkeit beraten. Ferner lassen sich aber auch institutionelle Vorkehrungen treffen. So können Verfassungsschranken oder auch eine stärkere öffentliche Kontrolle durch direkt-demokratische Elemente eine unbegrenzte Demokratie verhindern und staatliche Aktivität und damit auch die Möglichkeiten des Machtmissbrauchs beschränken. Auch durch einen stärkeren internationalen Wettbewerb kann das Handeln der den Staat prägenden Personen kanalisiert werden, da die Kosten falscher Entscheidungen beispielsweise durch die zusätzlichen Ausweichmöglichkeiten der Unternehmen ansteigen. Eine weitere Machtbeschränkung liegt in einer größeren Bereitschaft zur unternehmerischen Selbstständigkeit und in einer stärkeren Verbreitung von Kapitalanlagen. Wenn das Arbeitseinkommen nicht mehr als einzige reale Wohlstandsquelle angesehen wird, schrumpfen für Politiker, Bürokraten und Verbände die Möglichkeiten, sich durch Betonung eines Konflikts zwischen Arbeit und Kapital zu profilieren. In Anbetracht der Möglichkeiten und Gefahren des Staates als ordnende Potenz kann die Harmoniethese jedoch nur als *bedingte* Harmoniethese aufgefasst werden. Demnach ist eine Gleichgerichtetheit der Interessen zwar unter den richtigen Rahmenbedingungen möglich, aber nicht quasi naturgesetzlich zwingend.

3.3. Die Kirchen

In Analogie zu *Eucken* (1952/1990, S. 347 ff.) sollen hier die Kirchen als ordnende Potenzen der Wirtschaftsordnung betrachtet werden, soweit ihre Tätigkeit das Verhältnis von Arbeit und Kapital betreffen. Dabei sollen die Aussagen der beiden in Mitteleuropa wichtigsten christlichen Kirchen, also der evangelischen und der katholischen Kirche, berücksichtigt werden. Unterschiede zwischen verschiedenen Religionen und deren Einflüsse auf die jeweilige wirtschaftliche Entwicklung sollen hier unberücksichtigt bleiben, obgleich diese Fragen in jüngster Zeit wieder auf größeres Interesse stoßen.[68] Auch wenn der Einfluss der Kirchen auf das gesellschaftliche Leben in Deutschland in den vergangenen Jahrzehnten zurückgegangen ist, sind sie dennoch wichtige Großorganisationen, die sich mit gesellschaftlichen Grundfragen und insbesondere Werten be-

---

[68] Eine Analyse der wirtschaftlichen Folgen islamisch geprägter institutioneller Arrangements findet sich beispielsweise bei *Leipold* (2001).

schäftigen und ihre Überzeugungen in der Öffentlichkeit vertreten. Neben den theologischen Überlegungen bieten die Kirchen und kirchliche Organisationen konkrete Hilfeleistungen an. Vor allem bei den Sozialdienstleistungen finden sich christlich geprägte Unternehmen, beispielsweise der Malteser Hilfsdienst oder die Johanniter Unfallhilfe, die Dienstleistungen wie Rettungswesen oder Kranken- und Altenpflege anbieten. Des Weiteren gibt es zahlreiche Krankenhäuser, Pflegeeinrichtungen, Kindergärten und Schulen, die von den christlichen Kirchen geleitet werden. Auch in der Entwicklungshilfe treten kirchlichen Organisationen als wichtige Spendensammler und Maßnahmenträger auf. Dies dürfte auch mit der missionarischen Tradition der Kirchen und dem Willen, die jeweilige christliche Glaubenslehre weiter zu verbreiten, zusammenhängen.

An dieser Stelle soll jedoch nicht auf die verschiedenen Tätigkeiten der kirchlichen Organisationen in ihrer ganzen Breite eingegangen werden. Einzelne Aspekte der bisherigen Ausführungen lassen sich auch auf christlich geprägte Gruppierungen anwenden. So finden sich unter Gewerkschaften und Parteien, aber auch unter den globalisierungskritischen Nichtregierungsorganisationen, solche, die christlich orientiert sind. Im weiteren Verlauf sollen einige Dokumente von Funktionsträgern der christlichen Kirchen analysiert werden. Mit der Darstellung der heutigen Positionen der Kirchen zum Konflikt zwischen Arbeit und Kapital soll das Bild der verschiedenen ordnenden Potenzen abgerundet werden.

3.3.1. Der Interessengegensatz von Arbeit und Kapital aus Sicht der Kirchen

Um die Überlegungen der Kirchen zum Verhältnis von Arbeit und Kapital zu untersuchen, soll vor allem auf verschiedene kirchliche Quellen zurückgegriffen werden, sowie auf kommentierende ökonomische Literatur, soweit diese existiert. In seiner Enzyklika „Rerum novarum" von 1891 hat sich *Papst Leo XIII.* im Namen der katholischen Kirche mit der damals diskutierten Arbeiterfrage auseinandergesetzt, in deren Kern die Frage des Wesens und der Zusammengehörigkeit der beiden Faktoren Arbeit und Kapital steht.

Leo XIII. konstatiert einen Konflikt, der durch die Anhäufung des Kapitals in den Händen weniger und der gleichzeitigen Verarmung einer großen Anzahl von Menschen entsteht (1891, Zf. 1). Wucher, Habgier, Gewinnsucht, Herzlosigkeit und die Monopolisierung von Handel und Produktion haben in den Augen des Papstes dazu geführt, dass „wenige übermäßig Reiche einer Masse von Besitzlosen ein nahezu sklavisches Joch auflegen" (1891, Zf. 2) konnten. Gleichzeitig warnt er jedoch auch vor den vermeintlich einfachen Lösungen, die insbesondere die Sozialisten vertreten, die „die Besitzlosen gegen die Reichen aufstacheln" (1891, Zf. 3). Er spricht sich gegen Forderungen aus, das Privateigentum einzuschränken und weitgehend in Gemeineigentum zu überführen, da hierdurch die Situation der Armen noch weiter verschlechtert würde. „Sie [die Sozialisten] entziehen denselben ja mit dem Eigentumsrechte die Vollmacht, ihren erworbenen Lohn nach Gutdünken anzulegen, sie rauben ihnen eben dadurch Aussicht und Fähigkeit, ihr kleines Vermögen zu vergrößern und sich [...] zu einer besseren Stellung emporzubringen." (1891, Zf. 4).

Explizit wehrt sich der Papst dagegen, den entstandenen Konflikt zwischen den Klassen als naturgegeben und unversöhnlich anzusehen (1891, Zf. 15). Er hält es für eine wichtige Aufgabe der Kirche, zur Versöhnung der Konfliktparteien beizutragen und diese dazu zu bewegen, gerechten Maßstäben im Umgang miteinander zu folgen (1891, Zf. 16). Hierzu gehören beispielsweise die menschenwürdige Behandlung der Arbeitnehmer sowie die Zahlung eines gerechten Lohns (1891, Zf. 17), der auch selbst dann nicht unterschritten werden soll, wenn die Arbeitnehmer, aus welchen Gründen auch immer, einem geringeren Lohn zustimmen würden (1891, Zf. 34).

Zur Relativierung des Interessengegensatzes von Arm und Reich weist der Papst auf die christliche Botschaft vom ewigen Leben hin, wonach die weltlichen Güter an Bedeutung verlieren. „Es ergeht also die Mahnung der Kirche an die mit Glücksgütern Gesegneten, dass Reichtum nicht von Mühsal frei mache, und dass er für das ewige Leben nichts nütze, ja demselben eher schädlich sei." (1891, Zf. 18). Somit wird an die Bereitschaft der Reichen zum Teilen appelliert, was zu einer Entschärfung der Gegensätze und somit zu einer Reduktion der Konfliktträchtigkeit beitragen soll. Einen weiteren Beitrag hierzu leistet die praktische christliche Arbeit für Bedürftige gemäß dem Gebot der Nächstenliebe. Doch auch die indirekt anderen zugute kommende Arbeit wird von *Leo XIII.* gewürdigt. „Tragen die übrigen Bürger, zum Beispiel die Gewerbetreibenden, nicht in diesem Maße zum öffentlichen Nutzen bei, so leisten jedoch auch sie offenbar der öffentlichen Wohlfahrt Dienste, wenn auch nur mittelbare." (1891, Zf. 27). Die wohlfahrtsteigernde Wirkung der privatwirtschaftlichen Aktivität wird ebenso anerkannt wie die Notwendigkeit des gesicherten Privateigentums. Aber nicht nur durch moralische Aufrufe oder mildtätige Unterstützung durch die kirchlichen Hilfswerke oder christlich geprägte Arbeitnehmerorganisationen (1891, Zf. 41) sollen Arbeitnehmer unterstützt und geschützt werden, auch weitere staatliche Maßnahmen werden vom Papst eingefordert, so eine Sicherung des materiellen Existenzminimums (1891, Zf. 27) oder verschiedene Arbeitsschutzgesetze (1891, Zf. 29). Auch die Sicherung des Privateigentums solle für ärmere Arbeitnehmer die Möglichkeit eröffnen, den eigenen Wohlstand zu erhöhen und die Unterschiede in der Wohlstandsverteilung abzubauen (1891, Zf. 35).

Die Ausführungen von *Leo XIII.* konstatieren zwar einen bestehenden Interessenkonflikt, nicht jedoch einen unüberbrückbaren Interessengegensatz. Insbesondere werden marktwirtschaftliche Grundprinzipien in seiner Enzyklika anerkannt. In den folgenden hundert Jahren wurde mehrfach auf dieses Werk Bezug genommen, so auch durch *Papst Johannes Paul II.*, aus Anlass des neunzigsten (*Johannes Paul II.* 1981) und einhundertsten (*Johannes Paul II.* 1991) Jubiläums dieser Schrift.

Johannes Paul II. betont in der Enzyklika „Laborem exercens" die besondere Bedeutung der Arbeit für den Menschen, nicht nur aus ökonomischen Gründen, sondern auch, weil sie der Natur des Menschen entspreche (1981, Zf. 4). Dies gebe ihr auch im Verhältnis zum Kapital eine herausgehobene Stellung. Daher verbiete sich eine „ökonomistische" Sichtweise, die „die menschliche Arbeit ausschließlich nach ihrer wirtschaftlichen Zielsetzung betrachtet" (1981, Zf. 13). Insbesondere ist die Arbeit für den Papst nicht als Ware aufzufassen. Dies würde auch dazu führen, dass der „Mensch [...] als bloßes Werkzeug behandelt" (1981, Zf. 7) werde, was der biblischen Auffassung widerspräche. Der Papst bezieht sich dabei warnend auf die Gegebenheiten nach der Industrialisierung, die auch *Leo XIII.* in seiner Enzyklika angesprochen hatte. Dabei prangert *Johannes Paul II.* die ein Jahrhundert zuvor herrschende Gesellschaftsform an: „Diese Zustände waren durch das sozio-politische System des Liberalismus begünstigt, das ja nach seinen ökonomischen Grundsätzen die wirtschaftliche Initiative ausschließlich der Kapitaleigner stärkte und sicherte, sich jedoch nicht genügend um die Rechte des arbeitenden Menschen kümmerte, entsprechend der These, die menschliche Arbeit sei lediglich ein Produktionsmittel, das Kapital hingegen sei die Grundlage, der Maßstab und der Zweck der Produktion." (1981, Zf. 8). Hierin ist eine deutlich kritischere Position von *Johannes Paul II.* gegenüber einer marktwirtschaftlichen Ordnung und der hierin verankerten prinzipiellen Möglichkeit der Gleichgerichtetheit der Interessen von Arbeit und Kapital zu erkennen. In der rückblickenden Analyse stellt der Papst einen noch andauernden Konflikt zwischen Arbeit und Kapital fest, der hin zum Klassenkampf zwischen den Ideologien des Sozialismus und des Liberalismus geführt habe (1981, Zf. 11).

Als Ausweg aus diesem Konflikt fordert der Papst das „Prinzip des Vorranges der Arbeit gegenüber dem Kapital" (1981, Zf. 12) ein, was auch mit der Entstehung der Kapitalgüter durch den Einsatz von Arbeit begründet wird. Der Papst sieht zwar keinen unüberwindbaren Interessengegensatz, macht jedoch gerade die marktwirtschaftlichen Ordnungen für das Ausbrechen dieses Konfliktes verantwortlich, da der Arbeit kein Vorrang vor dem Kapital und damit dem Menschen kein Vorrang gegenüber Dingen eingeräumt werde.

Freilich fasst der Papst den Begriff der Arbeit weiter, als er gewöhnlich verwendet wird, wenn die Benachteiligung des Faktors Arbeit beklagt wird. Auch die Arbeit von Unternehmern ist im Sinne der Enzyklika darunter zu verstehen (*Roos* o.J., S. 24). Gleichzeitig weist *Johannes Paul II.* darauf hin, „dass man das Kapital nicht von der Arbeit trennen und man keineswegs die Arbeit und das Kapital in einen Gegensatz zueinander stellen kann [...]" (1981, Zf. 13). Eine Ordnung müsse also diesen vorhandenen Gegensatz überwinden, wenn sie gerecht sein und den christlichen Prinzipien entsprechen solle. So sei eine Ausbeutung der Arbeiter durch das Kapital nicht hinzunehmen, da hierdurch ein Konflikt entstehe, der auf die mangelnde Durchsetzung eines Primats der Arbeit zurückzuführen sei (1981, Zf. 14). Im Rahmen dieser Überlegungen ist die Frage des gerechten Lohns für *Johannes Paul II.* weiterhin von entscheidender Bedeutung (1981, Zf. 19). Mit der Forderung nach einem objektivierbaren gerechten Lohn wird die Marktform der Konkurrenz für den Arbeitsmarkt abgelehnt und eine monopolistische Angebotsstruktur, zumindest aber eine Art Preiskartell als erstrebenswert angesehen.

Betrachtet man den Tenor der Enzyklika, ist festzustellen: Der Papst verneint die These des prinzipiellen Konflikts von Arbeit und Kapital ebenso wie die gegenteilige These einer prinzipiellen Harmonie zwischen den Interessen der Inhaber beider Produktionsfaktoren. Auch er scheint eine *bedingte* Harmoniethese vor Augen zu haben, nach der bestimmte Ordnungsbedingungen für die Schaffung prinzipiell gleichgerichteter Interessen notwendig sind. Doch sind seine Ausführungen gleichzeitig als Kritik an marktwirtschaftlichen Strukturen zu verstehen. Die Ordnungsüberlegungen, die vorzu-

herrschen scheinen, sind weniger die einer konsequent marktwirtschaftlichen Ordnungspolitik als vielmehr die eines breit organisierten Ausgleichs zwischen den Beteiligten nicht durch marktliche Prozesse, sondern nach theologisch begründeten, wertori-
entierten Konzepten.

Auch in seiner Enzyklika „Centesimus annus" nimmt *Johannes Paul II.* Bezug auf
die Enzyklika „Rerum novarum", die *Leo XIII.* genau einhundert Jahre zuvor herausgegeben hatte. Dabei wird sowohl die Forderung nach Achtung der Würde der Arbeiter
(1991, Zf. 6) sowie nach einem gerechten Lohn (1991, Zf. 8) wieder aufgegriffen,
ebenso aber auch die Kritik an der sozialistischen Lösung der Abschaffung des Privateigentums (1991, Zf. 12 sowie Zf. 30 ff.). Hierbei können die persönlichen Erfahrungen
mit planwirtschaftlichen Ordnungen des aus Polen stammenden Papstes eine nicht un-
erhebliche Rolle gespielt haben. Auch der Gewinn als Steuerungsinstrument oder Indi-
kator für die wirtschaftliche Leistung von Unternehmen wird als berechtigt anerkannt
(1991, Zf. 35), was auf eine größere Akzeptanz marktwirtschaftlicher Ordnungsprinzi-
pien zur Verhinderung eines dauerhaften und grundlegenden Interessenkonfliktes hin-
deutet. „Centesimus annus würdigt auch die Funktion des freien Unternehmertums
grundlegender und zutreffender als alle früheren Dokumente der christlichen Gesell-
schaftslehre." (*Spieker* 1997, S. 762). Nicht nur die sozialistischen Experimente, auch
die Auswüchse des Wohlfahrtstaates (*Dürr* 1997, S. 784) werden abgelehnt. Selbst in
Bezug auf Entwicklungsländer wird vom Papst eine marktwirtschaftliche Orientierung
eingefordert. Damit stellt dieses Dokument eine wichtige Positionsbestimmung der katholischen Kirche und ein Bekenntnis zur marktwirtschaftlichen Ordnung dar, wenn
auch die Vorstellungen von einem objektiv gerechten Lohn weiterhin auf nicht abschließend ausgeräumte ordnungspolitische Missverständnisse hindeuten, die jedoch auch
außerhalb der römisch-katholischen Kirche weit verbreitet sind.[69]

In der nach einem langen Konsultationsprozess veröffentlichten Stellungnahme der
beiden großen christlichen Kirchen in Deutschland kommt ebenfalls ein mehr oder weniger gespaltenes Verhältnis zu marktwirtschaftlichen Grundprinzipien zum Ausdruck.
So zeigt sich im „Gemeinsamen Wort" von EKD (Evangelische Kirche in Deutschland)
und DBK (Deutsche Bischofskonferenz) von 1997[70] ein Nebeneinander von Individual-
orientierung und Kollektivorientierung. Eine Orientierung an kollektiven Größen unter
Vernachlässigung individueller Überlegungen widerspricht aber den Grundlagen
marktwirtschaftlicher Ordnungen. (Darauf weist beispielsweise *Schüller* 1997a hin.)
Dabei wird die Marktwirtschaft im Prinzip anerkannt: „Es ist aber kein Wirtschaftssystem in Sicht, das die komplexe Aufgabe, die Menschen materiell zu versorgen und sie
sozial abzusichern, ebenso effizient organisieren könnte wie die Soziale Marktwirtschaft." (*EKD* und *DBK* 1997, Zf. 145).

Gleichzeitig sollen jedoch beispielsweise am Arbeitsmarkt die Probleme der Arbeitslosigkeit nicht durch marktwirtschaftliche Strukturreformen gelöst werden. Statt

---

[69] Auch im Protestantismus ist keine eindeutige Befürwortung einer liberalen Marktwirtschaft
zu beobachten. Schon *Martin Luther* hatte eine letztlich unklare Position beispielsweise zur
Rechtfertigung des Zinses (*Prien* 1992).

[70] „Für eine Zukunft in Solidarität und Gerechtigkeit" (*EKD* und *DBK* 1997).

dessen werden vor allem Maßnahmen der aktiven Arbeitsmarktpolitik präferiert. Genannt werden beispielsweise Arbeitsbeschaffungsmaßnahmen, da es sinnvoller sei, „Arbeit statt Arbeitslosigkeit zu finanzieren" (*EKD* und *DBK* 1997, Zf. 174). Auch wird ein, wenn auch nicht individuell einklagbares, „Menschenrecht auf Arbeit" eingefordert (*EKD* und *DBK* 1997, Zf. 151 ff.). Im gemeinsamen Positionspapier von evangelischer und katholischer Kirche in Deutschland wird zudem eine Verschärfung des Konflikts zwischen Arbeit und Kapital zu Ungunsten der Arbeit konstatiert. So heißt es, dass sich „das Verhältnis zwischen Kapital und Arbeit auch im Blick auf die Einkommen mehr und mehr zu Lasten der Arbeit verschiebt." (*EKD* und *DBK* 1997, Zf. 218). Hierin wird beispielhaft die kritische Einstellung gegenüber einer marktwirtschaftlichen Ordnung und ihrer Möglichkeit zum Ausdruck gebracht, einen strukturellen Konflikt zwischen den beiden Faktoren zu dämpfen.

3.3.2. Die Kirchen als ordnende Potenz

Die Kirchen nehmen eine wichtige Position als ordnende Potenz im Konfliktfeld zwischen Arbeit und Kapital ein. So wurden zu Zeiten des Kalten Krieges Überlegungen angestellt, welche Aufgaben katholische und evangelische Kirchen im Streit mit kommunistischen Bewegungen übernehmen könnten. (siehe hierzu beispielsweise *Klug* 1966, S. 140 ff.). Aber auch innerhalb demokratischer Gesellschaften üben christliche Konzepte Einfluss aus. Die christliche Lehre ist nicht Lehre des Konfliktes, sondern der Harmonie und der Kooperation. Entsprechend zielen verschiedene Maßnahmen der kirchlichen Organisationen auch in die Richtung der direkten Hilfe für notleidende Menschen. Dabei werden Konfliktpotentiale aufgrund von Geboten der christlicher Nächstenliebe reduziert. Die Kirchen konzentrieren sich auf religiös geprägte Appelle sowie konkrete Hilfe in Einzelfällen. Das Ordnungsprinzip des Wettbewerbs jedoch zählt als Instrument nicht zum ursprünglichen Gedankengut der christlichen Kirchen. Dies zeigen auch verschiedene Bibelstellen, die das Streben nach Reichtum kritisieren. Bekannt ist der Satz: „Es ist leichter, dass ein Kamel durch ein Nadelöhr gehe, als dass ein Reicher ins Reich Gottes komme." (*Markus* 10.25; siehe auch *Matthäus* 19.24 sowie *Lukas* 18.25). Deutlich wird diese Tendenz auch, wenn es heißt: „Niemand kann zwei Herren dienen: entweder er wird den einen hassen und den anderen lieben, oder er wird an dem einen hängen und den anderen verachten. Ihr könnt nicht Gott dienen und dem Mammon." (*Matthäus* 6.24 sowie *Lukas* 16.13). Ferner findet sich ein Zinsverbot[71], worauf sich noch heute einzelne christlich geprägten Gruppen beziehen (siehe hierzu beispielsweise *Bonde* 2001).

Dabei ist das christliche Menschenbild dem liberalen Verständnis vom Menschen im Prinzip sehr ähnlich (*Schüller* 2000a, S. 89). Dennoch finden sich in den Äußerungen der Kirchen verschiedene Ansätze, deren gedankliche Ausgangspunkte Kollektive sind. „Die Wirtschaft, [...], der Faktor Arbeit und der Faktor Kapital [werden] als handelnde

---

[71] „Du sollst von Deinem Bruder nicht Zinsen nehmen, weder für Geld noch für Speise noch für alles, wofür man Zinsen nehmen kann. Von dem Ausländer darfst du Zinsen nehmen, aber nicht von deinem Bruder [...]." (*5. Mose* 23.20-21). Zu den verschiedenen Traditionen des Zinsverbots siehe *Schoppe* (1989).

Einheiten, die Unternehmungen als Wesenseinheiten ‚an sich' betrachtet. [...] Typisch für das vom Kollektivprinzip bestimmte Denken sind Polarisierungen wie ‚die Wirtschaft hat dem Menschen zu dienen, nicht umgekehrt' oder Konfliktpaare wie ‚die Besserverdienenden und die Schwachen'; ‚die Reichen und die Armen'; ‚privater Reichtum und öffentliche Armut'." (*Schüller* 1997a, S. 734). Dieses Kollektivprinzip ist mit einer wettbewerblich orientierten und auf Grundlage individueller Entscheidungen und Präferenzen aufgebauten marktwirtschaftlichen Ordnungspolitik nur schwer zu vereinbaren.

Trotz einer prinzipiellen Akzeptanz einer Marktwirtschaft finden sich immer wieder marktwirtschaftsfremde Elemente in den kirchlichen Veröffentlichungen, wie zum Beispiel ein Recht auf Arbeit oder auch der Gedanke vom objektiv gerechten Lohn, der zu sichern sei. Hierin kommen Vorstellungen einer objektiven Wertlehre zum Vorschein, die in der ökonomischen Theorie vom Konzept der subjektiven Wertlehre abgelöst wurden. Auch wird gerade in der protestantischen Kirche die Neigung festgestellt, „Unterschiede in der persönlichen Lebenslage (insbesondere Armut versus Reichtum) grundsätzlich unter dem Aspekt der Schuld derjenigen, die ‚reicher' oder ‚mächtiger' sind oder als Konsequenz von Gesellschaftsstrukturen anzusehen, die einseitig die ‚Benachteiligten' diskriminieren." (*Barthel* 1989, 104). Damit ist der Schritt nicht weit, mit dem relativer Wohlstand und insbesondere der Besitz von Kapital selbst zur Sünde wird, wie es in den verschiedenen erwähnten Bibelstellen zum Ausdruck kommt.

In theologischen Überlegungen und der seelsorgerischen Arbeit sowie in der konkreten Unterstützung Hilfebedürftiger bemühen sich die Kirchen um den Abbau von Konflikten. Sie vertreten eine Form der *bedingten* Harmoniethese. Marktwirtschaftliche Ordnungselemente werden jedoch nur eingeschränkt als Ansätze zur Lösung eines Konflikts zwischen Arbeit und Kapital angesehen. Dies wird beispielsweise in prinzipieller Kritik an materieller Ungleichheit oder in der Idee einer objektiven Schlichtung von außen im Sinne einer fest definierten Gerechtigkeitsvorstellung deutlich. Trotz des sinkenden Einflusses der Kirchen in breiten Schichten der Gesellschaft bleiben sie ein wichtiges Ordnungselement. Sie prägen gesellschaftlichen Wertgrundlagen und setzen sich generell für den Versuch ein, bestehende Konflikte beizulegen und nach Kooperationsmöglichkeiten zu suchen.

4. Konflikte aus Sicht der Property Rights-Theorie

Interessengegensätze werden nicht nur durch die Handlungen der ordnenden Potenzen, sondern auch durch die gegebene Struktur der Verfügungsrechte beeinflusst. Im zweiten Hauptteil dieser Untersuchung sollen die Konflikte zwischen Arbeit und Kapital aus Sicht der Property Rights-Theorie betrachtet und analysiert werden. Der von *Marx* propagierte antagonistische Interessengegensatz zwischen Arbeitern und Kapitaleignern erscheint dabei als Spezialfall. Ein Gegensatz zwischen reich und arm, stark und schwach oder auch mächtig und unterdrückt wird in weiten Teilen der Bevölkerung in der Regel als Gegeneinander zu Lasten der Arbeiter empfunden. Man könnte also von einer These der fortwährenden Unterdrückung der Arbeiter sprechen. Die verschiedenen Ausprägungen dieser These sollen im Weiteren näher untersucht werden.

Mit der Betrachtung aus der Perspektive der Property Rights sollen die Gründe für einzelne Konflikte herausgearbeitet werden. Damit wird an die *bedingte* Harmoniethese angeknüpft, da in der weiteren Untersuchung behauptet wird, dass bestimmte Konflikte nicht zuletzt durch die Ausgestaltung der Property Rights ausgelöst werden und durch eine Neudefinition der Rechte behoben werden können. Konflikte zwischen den Inhabern von Verfügungsrechten an verschiedenen Produktionsfaktoren können aus dieser Perspektive entstehen, wenn die Rechte an den besonders knappen und damit wertvollen Faktoren einseitig verteilt sind und wenn vor allem eine durch Leistung und Tausch bewirkte Umverteilung kaum möglich ist. Andere Konfliktsituationen lassen sich hingegen weniger durch Mängel der Property Rights-Struktur erklären, sondern sind das Resultat politischen Kalküls oder reinen Umverteilungsinteresses.

Auch eine allgemeine gesellschaftliche Grundannahme über ein friedliches Miteinander ist als Institution zu betrachten, die Verhaltensweisen vorgibt oder andere ausschließt. Die allgemeine Anerkennung eines immanenten Konfliktes muss ebenso als Bestandteil der Wirtschaftsordnung angesehen werden, zu der auch handlungsbestimmende Traditionen und ungeschriebene Regeln gehören. Ein solcher Konflikt würde das gegenseitige Vertrauen der Wirtschaftssubjekte zueinander unterminieren und die Kooperation erschweren. Eine derartige Ideologie wäre ein Ersatz für tatsächlich festgeschriebene Regeln (*Schittek* 1999, S. 29) und gleichzeitig die Verletzung einer Grundvoraussetzung für den Erfolg einer marktwirtschaftlichen Ordnung (*Herrmann-Pillath* 1994, S. 293 ff.), die zumindest eine prinzipielle Bereitschaft zur Kooperation benötigt. Dieses Element einer Wirtschaftsordnung – angenommener Konflikt oder Vertrauen in die Kooperationsfähigkeit und -willigkeit der Menschen – wird auch durch die Ausgestaltung der Verfügungsrechte beeinflusst. Daher sollen im weiteren Verlauf zunächst einmal die verschiedenen Stränge der Property Rights-Theorie in ihren Grundzügen dargestellt werden (Kapitel 4.1), um damit den Blickwinkel der sich daran anschließenden Betrachtungen zu klären. Im darauffolgenden Abschnitt (Kapitel 4.2) soll dann die Property Rights-Theorie auf das in dieser Untersuchung thematisierte Konfliktpotential bezogen werden. Dabei soll vor allem darauf eingegangen werden, welche Folgen die Ausgestaltung von Verfügungsrechten auf Existenz und Ausmaß von Interessengegensätzen sowie auf die Rolle von Konflikten im Wandel der Institutionen hat. Nach diesen allgemeinen theoretischen Überlegungen sollen einige Konfliktsituationen aus Vergangenheit und Gegenwart unter der zuvor beschriebenen Perspektive betrachtet werden.

Der Faktor Arbeit steht in den ausgewählten Beispielen jeweils mit verschiedenen anderen Produktionsfaktoren in einem Spannungsverhältnis, wobei die Situationen in den gewählten Beispielen unterschiedlich sind. So werden zunächst die Spannungen mit dem in einigen Volkswirtschaften, insbesondere in Entwicklungsländern, immer noch besonders wichtigen Faktor Boden analysiert (Kapitel 4.3). Dabei ist jedoch festzustellen, dass die realen Konflikte teilweise durch andere Faktoren begründet sind und kaum auf eine Behebung des tatsächlich bestehenden Problems der mangelnden Spezifikation des Produktionsfaktors Boden abzielen. Weiterhin soll auf den ‚klassischen‘ Konflikt zwischen Arbeit und Kapital eingegangen werden (Kapitel 4.4). Dieser erweist sich bei näherer Betrachtung teilweise – im Fall der Maschinenstürmer – als Übergangsproblem der Industrialisierung. Andere Beispiele können als Reaktion auf eine Scheu vor stärkerem Wettbewerb interpretiert werden. Auch Fehler in der praktischen Umsetzung theoretischer Konzepte können Konflikte hervorrufen, so bei der Diskussion um die Shareholder-Value-Orientierung. Die anschließenden Ausführungen über die internationalen Finanzmärkte gehen auf einen Spezialfall des Spannungsfeldes zwischen Arbeit und Kapital ein. Aufgrund der herausragenden Bedeutung dieser Märkte sowie der besonderen Kritik, die diese in der Diskussion um die Globalisierung erfahren, soll dieses Themengebiet ausführlich behandelt werden (Kapitel 4.5). Der Kern des Konflikts dürfte in der scheinbaren Auflösung bekannter Property Rights-Strukturen und der daher befürchteten Bedrohung eigener Besitzstände liegen. Im letzen Abschnitt dieses zweiten Hauptteils sollen Entwicklungen von möglichen Konflikten in der sogenannten New Economy oder der Informationsgesellschaft angesprochen werden (Kapitel 4.6). Dabei stehen insbesondere die gewachsene Bedeutung des Humanvermögens und die gestiegenen Chancen einer ökonomischen Selbstständigkeit, also der eigenen unmittelbaren Verwertung des Produktionsfaktors Arbeit, im Zentrum der Überlegungen.

4.1. Grundgedanken der Property Rights-Theorie

Bei der Property Rights-Theorie handelt es sich um eine in den sechziger Jahren des 20. Jahrhunderts entstandene[72] Weiterentwicklung der klassischen beziehungsweise neoklassischen ökonomischen Theorie. Dabei gibt es kein einheitliches geschlossenes Theoriegebäude, sondern eine Vielzahl verschiedener Ansätze, die jedoch alle die Ausgestaltung von Rechten in den Mittelpunkt ökonomischer Betrachtungen rücken. Insbesondere wurde damit der vielfach geäußerten Kritik an der Ignoranz der Neoklassik gegenüber realen Institutionen Rechnung getragen (siehe für einen kurzen Überblick *Fischer* 1994) und eine der Hauptfunktionen eines Staatswesens, die Sicherung von Eigentumsrechten (*Leisner* 2001), berücksichtigt.

Als Reaktion auf die Unzulänglichkeiten der traditionellen Ansätze wird mit der Property Rights Theorie die Perspektive der Verfügungsrechte eingenommen, die auch als Handlungsrechte oder Eigentumsrechte bezeichnet werden. „Als Beispiel dafür

---

[72] *Meyer* (1983) weist auch auf eine ältere deutschsprachige Tradition hin, an die die Property Rights-Theorie anknüpft.

könnten Miet- und Pachtrechte aller Art, solche Rechte wie Forderungen, Patente, Wege-, Berg-, Wasser-, Bebauungs- und Autorenrechte, Aktien oder andere Wertpapiere, Privateigentum an produktivem Kapital oder an natürlichen Ressourcen und vieles andere angeführt werden." (*Krause* und *Sonntag* 1991, S. 33). Bei dieser Vielfalt werden vor allem vier Rechte an einem Gut unterschieden: die Rechte, (1.) ein Gut zu nutzen, (2.) sich den Ertrag aus der Nutzung anzueignen, (3.) die Form des Gutes zu verändern und (4.) das Gut an Dritte zu veräußern (*Fischer* 1994, S. 316). Nur wenn alle vier Rechte uneingeschränkt in einer Hand liegen, besteht eine vollständige Verfügungsgewalt über das entsprechende Gut. Andernfalls spricht man auch von einer Verdünnung der Property Rights. Diese Rechte können durch bestimmte institutionelle Arrangements ausgestaltet, verteilt und eingeschränkt sein. So sind beispielsweise in verschiedenen Ländern Regelungen zu beobachten, die den Erwerb von Unternehmen erlauben, einen Transfer der Gewinne in das Heimatland des Erwerbers jedoch ausschließen. Ein anderes Beispiel für verdünnte Property Rights wäre das Verbot, ein Gut in einer bestimmten Art und Weise zu nutzen. Das Rechtebündel, welches das entsprechende Gut auszeichnet, wäre dann nicht mehr vollständig in der Hand des Eigentümers.

Im Gegensatz zur institutionslosen Neoklassik wird von der Property Rights-Theorie den rechtlichen und anderen institutionellen Strukturen verhaltensbestimmende Wirkung unterstellt (*Pritzl* 1995, S. 267). Die Ausgestaltung der Rechte kann Anreize setzen oder zerstören und Handlungen mehr oder weniger lohnenswert erscheinen lassen. „Je exklusiver Eigentumsrechte ausgestattet sind und je freizügiger über sie verfügt werden kann, desto größer ist der Anreiz, mehr Wissen über gewinntragende Möglichkeiten des Eigentumserwerbs und der Eigentumsnutzung zu erlangen und auf dieser Grundlage das in die Produktion, Nutzung und Kontrolle von knappen Gütern zu investieren, was die besten Aussichten hat, sich als ‚richtig‘ zu erweisen." (*Schüller* 1979, S. 326 f.). Dabei ist die Frage der externen Effekte und einer möglichen Internalisierung dieser von besonderer Bedeutung (*Schüller* 1988a). Sind die Nutzungsrechte an einem Gut beispielsweise nicht eindeutig zugeordnet, profitieren auch andere als der eigentliche Eigentümer von diesem Gut. Der Eigentümer dürfte daher nicht in ausreichendem Maße in die Erhaltung und Entwicklung des Gutes investieren, da er die anfallenden Kosten vollständig zu tragen hat, während nur ein Teil des Nutzens bei ihm anfällt. Dieses Problem wurde in Zentralverwaltungswirtschaften besonders augenfällig, da sich praktisch niemand für das kollektive Eigentum verantwortlich fühlen konnte, weshalb in großem Umfang Ressourcen verschwendet und Chancen der Wohlstandssteigerung nicht genutzt wurden.

„Das Hauptanliegen des Property Rights-Ansatzes besteht darin, den Einfluss von sozial anerkannten, auf Konvention, Tradition, gesetztem Recht oder auf Verträgen beruhenden institutionellen Handlungsbeschränkungen (Property Rights) auf wirtschaftliche Phänomene zu erklären." (*Schüller* 1983b, S. VIII). Die Analyse geht also über die Betrachtung der bloßen formalen Verfügungsrechte hinaus (*Ambrosius* 2001, S. 43) und umfasst auch die realen Nutzungsmöglichkeiten. Ebenso darf die effektive staatliche Durchsetzung dieser Rechte nicht einfach vorausgesetzt werden (*Opper* 2001, S. 604). Die Effizienz einer Wirtschaftsordnung sinkt, wenn stets damit gerechnet werden muss, dass die Regierung die Verfügungsrechte nach eigenem Kalkül verändern kann (*North* und *Weingast* 1989, S. 803).

Property Rights sind Ausdruck verschiedener institutioneller Vorkehrungen. Staatliche Regeln können bestimmte Nutzungen von Gütern beispielsweise mit der Begründung verbieten, externe Effekte vermeiden zu wollen. Auch moralische Regeln oder traditionelle Maßgaben können bestimmte Verhaltensweisen untersagen oder andere vorschreiben (*Feldmann* 1999, S. 56). Insoweit können sich Handlungsbeschränkungen „aus dem Geist entwickeln, in dem die Menschen leben und in dem sie sich an bestimmte Spielregeln halten." (*Schüller* 1983a, S. 147). Property Rights können hierarchisch strukturiert sein; so kann zwischen inneren und äußeren Institutionen unterschieden werden, die das Handeln auf verschiedenen Ebenen beeinflussen (siehe hierzu *Schüller* 1983b, S. XVI und insbesondere *Lachmann* 1963, S. 67). Äußere Institutionen können festgelegt werden, während sich die inneren Strukturen in dem vorgegebenen Rahmen spontan aus der Interaktion der Menschen heraus entwickeln. Äußere Institutionen dienen insbesondere zur Verhinderung von Gewalt und Betrug, zum Schutz des Eigentums, zur Sicherung der Vertragsfreiheit, zur Erzwingung von Verträgen sowie zur Herrschaft des Gesetzes (*Schüller* 2002b, 195 ff.). Bei inneren Institutionen handelt es sich unter anderem um verschiedene Vertragstypen, Wertpapiere, Märkte oder Unternehmen (*Schüller* 2002b, S. 173 f.). Die Property Rights-Theorie betrachtet die Verfügungsrechte als Handlungsbeschränkungen, die je nach Ausgestaltung positive oder negative Wirkungen haben können. Folglich sind aus dieser Sicht auch nicht alle Einschränkungen der Property Rights negativ zu beurteilen, insbesondere dann nicht, wenn sie die Verfügungsrechte erst eindeutig definieren und gegenüber anderen nach außen absichern. Als kritisch sind jedoch Regelungen bezüglich der Property Rights dann zu sehen, wenn sie bestimmte Handlungsmuster hervorrufen, die zu unlösbaren Konflikten zwischen verschiedenen Rechteinhabern führen. So können monopolisierte Handlungsstrukturen Leistungsanreize zerstören und Verteilungskonflikte hervorrufen, die Anlass für mehr oder weniger unproduktive Anstrengungen sein können.

Die Ausgestaltung der institutionellen Arrangements, mit denen Property Rights definiert werden, impliziert bestimmte Handlungsweisen der Rechteinhaber, da „das Muster der ‚incentives' stets durch die dominierende Property Rights-Struktur beeinflusst wird" (*Krüsselberg* 1983, S. 51). Diese Strukturen werden von der Theorie untersucht, wobei in der Tradition der ökonomischen Theorie vorausgesetzt wird, „dass die Wirtschaftssubjekte danach streben, sich ihrer Handlungsrechte nach Maßgabe ihrer individuellen Fähigkeiten und Präferenzen so zu bedienen, dass sie davon einen größtmöglichen Nutzen haben (Prinzip der Nutzenmaximierung)" (*Schüller* 2002a, S. 116). Das wohl bekannteste Beispiel einer solchen Analyse beschäftigt sich mit der sogenannten Tragödie der Allmende (siehe hierzu beispielsweise *Feldmann* 1999, S. 60 ff.), bei der eine Ressource gemeinsam von allen Mitgliedern einer Gruppe genutzt werden kann, obwohl eine Konkurrenz in der Nutzung besteht. Hier hat keine exklusive Zuordnung der Eigentumsrechte stattgefunden. Da folglich jedes Gruppenmitglied nur die Durchschnittskosten zu tragen hat und eine Koordination über die Grenzkosten und damit den Marktpreismechanismus nicht adäquat stattfinden kann, kommt es zu einer Übernutzung der in Gemeinschaftseigentum befindlichen Ressource. Fischgründe sind hierfür ein gängiges Beispiel, bei denen sich jeder Fischer den Fang aneignen kann und keinerlei Anreize zu einem die Ressourcen langfristig erhaltenden Verhalten bestehen. Andere praktische Probleme, die mit Hilfe von Ansätzen der Property Rights-Theorie erklärt werden sollen, sind beispielsweise die Principal-Agent-Probleme, wie sie zwischen Unternehmensinhabern, angestellten Managern und den Mitarbeitern bestehen, oder auch grundsätzliche Systemvergleiche, die vor allem im Wettbewerb zwischen Zentralverwaltungswirtschaft und Marktwirtschaft von großem Interesse waren.

Die Property Rights-Theorie beschränkt sich jedoch nicht auf eine statische Analyse. So sind verschiedene grundlegende Ansätze zur Erklärung des Wandels von Verfügungsrechten entstanden (siehe für einen Überblick *Feldmann* 1999, S. 67 ff.). Ihnen allen gemein ist die Annahme, dass Individuen die Regeln verändern möchten, von denen sie sich keine langfristigen Vorteile erwarten. Zunächst ist die sogenannte *Demsetz*-Hypothese zu nennen (*Demsetz* 1967). Sie orientiert sich an den Grenznutzenüberlegungen der neoklassischen Wirtschaftstheorie. Wirtschaftssubjekte richten sich auch bei der Definition und Sicherung von Verfügungsrechten nach den damit verbundenen Grenzkosten und dem erzielbaren Grenznutzen dieser Tätigkeiten. Änderungen der Entscheidungsgrundlage, beispielsweise Wissensänderungen oder neue Technologien, können neue institutionelle Regelungen wirtschaftlich sinnvoll machen. Eine bessere Spezifikation und Durchsetzung der Rechte macht jedoch dann keinen Sinn mehr, wenn die entstehenden zusätzlichen Transaktionskosten den zusätzlichen Nutzen übersteigen. Umgekehrt bedeutet diese Hypothese, dass Individuen stets entscheiden müssen, ob sie innerhalb bestehender Verfügungsrechte operieren oder Veränderungen anstreben, beispielsweise durch politische Maßnahmen. Die für solche Entscheidungen über Regeländerungen nötigen kollektiven Meinungsfindungsprozesse klammert *Demsetz* jedoch aus, obgleich über die Einführung bestimmter Eigentumsrechte in der Regel innerhalb einer Gruppe entschieden werden muss. Insbesondere bei der Kostenverteilung wären sonst Trittbrettfahrerprobleme unvermeidlich. Als empirisches Beispiel für seine These führt *Demsetz* (1967, S. 351 f.) die Indianer der Labrador-Halbinsel an, die nach Aufkommen des Pelzhandels exklusive private Eigentumsrechte an den entsprechenden Jagdrevieren entwickelt hatten. Dies führt er auf den durch die potentiellen Erlöse der Pelzjagd gestiegenen Grenznutzen einer besseren Spezifikation der Eigentumsrechte zurück, die eine Änderung der Property Rights lohnenswert erscheinen ließen, um dem Allmende-Dilemma zu entgehen und größere Erträge aus der Jagd zu erwirtschaften.

In den Arbeiten von *North* zum institutionellen Wandel wurde eine Erweiterung des Property Rights-Ansatzes um eine historische Perspektive vorgenommen, nachdem sich die vorherigen Sichtweisen stets auf einzelne Eigentumsrechte beschränkten. So wurden zu den bisherigen Partialanalysen auch totalanalytische Betrachtungen hinzugefügt (*Feldmann* 1999, S. 74). Beispielsweise führt er das Auftreten der Industriellen Revolution auf verbesserte Leistungsanreize zurück, die durch veränderte Property Rights-Strukturen entstanden sind, insbesondere durch die Einführung und Sicherung von Patentrechten, die einen Anreiz zu verstärkten Innovationen schufen (*North* und *Thomas* 1970 sowie *North* und *Thomas* 1973). In seinen Überlegungen stützt sich auch *North* primär auf das schon angesprochene Grenzkostenkalkül, bezieht aber politökonomische Überlegungen mit ein. Die Änderungen von Verfügungsrechten werden durch zwei Ereignisse ausgelöst: durch Economies of Scale sowie durch sinkende Transaktionskosten (*North* und *Thomas* 1970, S. 5) – beides sind auch die entscheidenden Triebkräfte der gegenwärtigen Globalisierung. Das Gerechtigkeitsempfinden ist für *North* ebenfalls ein bestimmender Faktor für die Transaktionskosten und damit für die Ausgestaltung von Institutionen. „Urteilen die Menschen, dass die Regeln des Systems in ihrer Struktur recht und billig sind, so senkt das die Kosten; beurteilen sie das System als ungerecht, so erhöht das die Kosten von Verträgen." (*North* 1992, S. 91).

North erkennt aber auch an, dass es keinen ökonomischen Automatismus hin zu einheitlichen ideal definierten Verfügungsrechten gibt. „Auch nach zehntausend Jahren Zivilisation sind trotz des enormen Rückgangs der Informationskosten und trotz der Unterstellung der neoklassischen Außenhandelmodelle, die ja auf Konvergenz schließen lassen, die Gegensätze zwischen den Wirtschaften enorm." (*North* 1992, S. 109). So erklärt er auch mit Rückgriff auf staatliche Entscheidungsstrukturen die Tatsache, dass sich ineffiziente Property Rights-Strukturen durchsetzen und für einen längeren Zeitraum halten können. „Herrscher schufen Eigentumsrechte in ihrem eigenen Interesse, und Transaktionskosten sorgten dafür, dass typisch ineffiziente Eigentumsrechte überwogen." (*North* 1992, S. 8). Als weiterer wichtiger Erklärungsansatz für die Existenz ineffizienter Institutionen nennt *North* auch das Argument der Pfadabhängigkeit (siehe hierzu *Leipold* 1996, S. 97 ff. oder *Ambrosius* 2001, S. 46 ff.). So führen kleine Effizienzvorteile zur Einrichtung einer bestimmten Institution, die sich im weiteren Zeitverlauf unter Umständen als nicht optimal erweist. Da sich jedoch bereits viele Marktteilnehmer auf diese Institution eingestellt haben, wäre eine Umstellung mit so hohen Transaktionskosten verbunden, dass die bestehende Regelung beibehalten wird.

4.2. Der Einfluss von Property Rights auf Konflikte

Property Rights beeinflussen in ihren Spezifikationen das Verhalten der Menschen und damit auch das mögliche Auftreten von Konflikten zwischen den Eigentümern verschiedener Produktionsfaktoren. So können sie Anlass geben, Regeln grundlegend verändern zu wollen und damit einen Konflikt auszulösen, statt sich innerhalb der bestehenden Regeln kooperativ um ein höheres Wohlstandsniveau zu bemühen. Der Zusammenhang zwischen dem Auftreten von Konflikten und der Ausgestaltung von Verfügungsrechten soll im Folgenden näher untersucht werden. Daran anschließend wird auf einige externe Triebkräfte des Wandels eingegangen, die sich auf Veränderungen der Property Rights-Strukturen und damit auch auf die Relevanz von Konflikten auswirken und die somit auch von Bedeutung für den Wandel des Verhältnisses von Arbeit und Kapital sind.

4.2.1. Wechselwirkungen von Property Rights und Konflikten

Die verschiedenen Konflikte, die mit Hilfe der Property Rights-Analyse untersucht werden sollen, sind unterschiedliche Ausformungen der These einer fortwährenden Unterdrückung und Ausbeutung der Arbeiter durch die Besitzer anderer Produktionsfaktoren. Der mögliche Konflikt zeichnet sich dadurch aus, dass die Arbeiter als Vertreter des vermeintlich benachteiligten Faktors versuchen, die angebliche Bevorzugung des anderen Faktors beziehungsweise dessen Eigentümers zu beenden. Der Konflikt hat also eine Ursache, zumindest in der Wahrnehmung der aktiv Beteiligten, und ein Ziel, nämlich die Ursache zu beheben und zu einer präferierten Neuordnung der Verhältnisse zu kommen. Ob jedoch mit einem Konflikt die Property Rights-Spezifikationen wirklich so umgestaltet werden, dass damit beklagte Wirkungen beseitigt werden können, erscheint zweifelhaft, soweit nur auf Verteilungswirkungen und weniger auf Effizienzgesichtspunkte geachtet wird (siehe hierzu ausführlich *Knight* 1997 oder zusammenfassend *Löchel* 1999).

In Bezug auf die Rolle von Institutionen und insbesondere von Property Rights können die hier behandelten Konfliktsituationen in drei verschiedene Typen eingeteilt werden: Ein Konflikt kann *erstens* antagonistischer Natur sein, wie es der oben beschriebenen Konfliktthese entspricht. Er wäre dann quasi naturgegeben und durch keine andere Maßnahme zu vermeiden, als durch die Abschaffung einer der beiden Konfliktparteien. Eben dies haben die Marxisten vorgeschlagen, als sie die Abschaffung des Privateigentums forderten, um die angebliche Unterdrückung der Arbeiter durch die Kapitaleigner zu stoppen. Außer mit einer solchen rein definitorischen Lösung sind derartige Konflikte nicht zu beenden, auch nicht durch neue Spezifizierungen von bestehenden Verfügungsrechten. Im Gegensatz dazu ist der *zweite* Typ von Konflikten durch ineffiziente Institutionen oder schlecht definierte Property Rights verursacht. Eine Lösung der Konflikte ist also prinzipiell möglich, wie es die *bedingte* Harmoniethese unterstellt. In diesen Fällen können die Ursachen der Probleme durch institutionelle Veränderungen behoben werden, die ein höheres gesamtwirtschaftliches Wohlstandsniveau erreichen lassen. Eine Neugestaltung des Regelwerkes ist dann ökonomisch sinnvoller als eine weitere wirtschaftliche Tätigkeit in den alten Strukturen. Hinter diesen Überlegungen zu Konflikten des zweiten Typs stehen die auch von *Demsetz* und *North* beschriebenen Grenznutzenkalkulationen der Wirtschaftssubjekte. Der *dritte* Typ von Konflikten ist weder quasi naturgesetzlich gegeben noch auf ineffiziente Property Rights-Strukturen zurückzuführen. Eine institutionelle Veränderung, mit der der Konflikt beendet und die Gesamtwohlfahrt erhöht wird, ist daher nicht möglich. Die Ursachen liegen möglicherweise in einer persönlichen Unzufriedenheit über eigene Erfolglosigkeit oder sind in anderen (beispielsweise politischen) Gründen zu suchen. Dieser Typ der Konflikte korrespondiert am ehesten mit der *naiven* Harmoniethese, die die bloße Existenz von einzelnen Streitfällen nicht leugnet, wohl aber deren Berechtigung oder gar ökonomische Grundlage negiert.

Die hier vertretene These vom möglichen Zusammenhang zwischen der Ausgestaltung bestimmter Property Rights und den erörterten Konflikten beschreibt eine wechselseitige Abhängigkeit. Die Property Rights sind in ihrer jeweiligen Spezifikation unter Umständen der Grund für das Auftreten bestimmter Konflikte, während diese wiederum eine Veränderung der Property Rights bewirken können. Konflikte treten als Reaktion auf die Unzufriedenheit mit bestimmten Institutionen auf. Einzelne Personen oder Gruppen können eine Veränderung der Institutionen anstreben, um beispielsweise einen Wandel der Property Rights-Spezifikationen zu erwirken, der von zentraler staatlicher Stelle organisiert werden soll. Konflikte wären demnach ein kanalisierter Drang nach einem institutionellen Wandel, der auch gegen Widerstände durchgesetzt werden soll. Dabei ist die Frage, ob beziehungsweise warum es zu einem Konflikt kommt, prinzipiell zu trennen von der Frage der ökonomischen Legitimation dieses Bestrebens. Wenn der Konflikt tatsächlich zu einer effizienteren Organisation der Verfügungsrechte führt, kann er auch unter volkswirtschaftlichen Gesichtspunkten als sinnvolles und wertstiftendes Element des institutionellen Wandels verstanden werden. Dies gilt jedoch nicht für solche Konflikte, die als Ersatz für eigene produktive Leistungserbringung und als Versuche der Befriedigung reiner Umverteilungswünsche verstanden werden müssen oder die auf falschen Vorstellungen über die Effizienz bestimmter volkswirtschaftlicher Ordnungsmerkmale beruhen. Mit derartigen Konflikten wird das Ordnungsgefüge nicht leistungsfähiger, es verliert eher noch an Effizienz. Insofern ist bei der Erklärung der einzelnen Konflikte die Motivlage der Beteiligten von größerem Interesse, bei der Beurteilung der Konflikte sind es jedoch die Ergebnisse, also die Auswirkungen der Konflikte und die möglichen Folgen der erhobenen Forderungen auf die volkswirtschaftliche Effizienz. Im Idealfall eines gesamtwirtschaftlich wünschenswerten institutionellen Wandels trifft der individuelle Wunsch nach Veränderungen mit deren effizienzsteigernder Wirkung zusammen. Die Tatsache, dass es in solchen Fällen überhaupt zu Konflikten kommt, lässt sich dann am ehesten mit den Widerständen derjenigen erklären, die Renten aus den bisherigen Strukturen erzielen. Eine Analogie hierfür zeigt das Beispiel eines Angebotsmonopols: Aus Sicht der Konsumenten und aus gesamtwirtschaftlicher Perspektive wäre in der Regel eine Auflösung des Monopols wünschenswert, der bisherige Monopolist würde jedoch seine Monopolrenten verteidigen und sie nicht ohne Widerspruch aufgeben. Es darf jedoch nicht übersehen werden, dass das Mittel des Konflikts eine außerordentlich teure Variante des institutionellen Wandels ist. Reformen innerhalb eines demokratischen Prozesses wären mit deutlich weniger Transaktionskosten verbunden als ein gesellschaftliches Gegeneinander, das unter Umständen mit zerstörerischen Mitteln ausgetragen wird und mehr Grundlagen einer ökonomisch effizienten Wirtschaftsordnung schädigen kann, als es fördernde Reformen bewirkt.

Die Machtkonzentration in einzelnen Bereichen der Wirtschaft ist eine mögliche Ursache für verschiedene Konflikte. Hier spielt die Spezifikation der Property Rights eine wichtige Rolle, durch die der Wettbewerb erheblich eingeschränkt werden kann, was letztlich auch der gesamtwirtschaftlichen Wohlfahrt Schaden zufügt. Nicht ohne Grund stellt deshalb *Eucken* die Wettbewerbspolitik in den Mittelpunkt seiner Ordnungstheorie. So führt er beispielsweise die schlechte Lage der Arbeiter zur Zeit der Industrialisierung auf die Monopolmacht der Unternehmer am Arbeitsmarkt zurück (*Eucken* 1952/1990, S. 45, siehe hierzu Kapitel 4.4.1 dieser Untersuchung). Einzelne Konflikte lassen sich auf die Auswirkungen monopolartiger Arrangements zurückführen, wenn der jeweils wirtschaftlich bedeutendste Produktionsfaktor dem Wettbewerb entzogen ist. Konzentration von Macht äußert sich auch darin, dass die hiervon betroffenen Menschen Fairness im Umgang mit ihnen und Reziprozität im wirtschaftlichen Austausch vermissen. Da die Handlungsmotivation nicht nur auf absolute Vor- oder Nachteile aus einem Tausch sondern auch auf Fairness-Überlegungen basiert, werden derartige Situationen als ungerecht und veränderungsbedürftig empfunden. Verschiedene Formen intrinsischer Motivation, durch die sich beispielsweise die Leistungen von Mitarbeitern in Unternehmen zum beiderseitigen Vorteil vergrößern lässt, werden von neueren Forschungsansätzen aufgegriffen (*Osterloh, Frey* und *Frost* 2000).[73] Da für die Menschen auch soziale Bindungen bedeutsam sind, können Marktlösungen mit ausschließlich extrinsischen Anreizen unter bestimmten Umständen ebenso wie staatliche Handlungsvorgaben vorhandene intrinsische Motivation verdrängen, sofern die Vorgaben und Anreize als unfair betrachtet werden (siehe hierzu ausführlich *Frey* 1997 oder kurz *Frey* 2000). Die Berücksichtigung von zusätzlichen Quellen der Motivation wie Fairness oder Reziprozität (siehe hierzu *Ockenfels* 1999) legt im Allgemeinen den Abbau konfliktreicher Situationen nahe, da Menschen in der Regel eher an einer harmonischen und produktiven Zusammenarbeit interessiert sind, von der beide Seiten in angemessener Weise profitieren können. Konfliktarme Abläufe, in die sich jedermann einbringen kann[74], können zu einer größeren Motivation unter den Beteiligten führen und damit zur Erzielung eines höheren Wohlstandsniveaus beitragen. Monopolsituationen erschweren jedoch die Herstellung von Reziprozität, da dem Partner, der einem Monopolisten gegenübersteht, wichtige Ausweichmöglichkeiten versperrt sind.

Neben der vollständigen Bündelung sämtlicher Property Rights eines Produktionsfaktors in sehr wenigen Händen sind auch Beschränkungen von Verfügungsrechten relevant für die Erklärung von Konflikten. Wenn beispielsweise der Erwerb von Land oder Kapitalgütern in einer Gesellschaft ausgeschlossen ist, so greift dies auch in die Verfügungsrechte am Faktor Arbeit ein. Arbeitnehmer können die Früchte ihrer Arbeit nicht mehr nach eigenen Kriterien uneingeschränkt nutzen und beispielsweise in Form von Kapitalanlagen investieren, um somit auch aus den Profiten des Faktors Kapital Nutzen zu ziehen. Es ist also eine Verdünnung der Property Rights an Arbeit festzustellen, da das Recht, die Erträge des Gutes nach eigenen Vorstellungen zu nutzen, eingeschränkt wird. Ähnliches gilt auch, wenn sich Dritte über externe Effekte maßgebliche Anteile der Erträge aneignen können. Dies ist vor allem dann problematisch, wenn keine Ausweichmöglichkeiten in alternative wirtschaftliche Betätigungen mit weniger externen Effekten bestehen. Die Spezifikation der Verfügungsrechte schafft in solchen Fällen falsche Anreize. Der Nutzen aus einer optimierten Verwendung der Arbeit wird geschmälert, ein Ausgleich der Renditen von Arbeit und Kapital wird unterbunden. Damit werden Anreize gesetzt, sich nicht weiter um den Tausch von Rechten zu bemühen, der innerhalb freierer Institutionen und bei Verfügungsrechten mit weitgehend internalisierten Kosten und Nutzenbestandteilen möglich wäre, sondern vielmehr eine Änderung der Institutionen anzustreben. Ein Konflikt wäre in einem solchen Falle Mittel zum Zweck, um die eigene wirtschaftliche Lage zu verbessern. Dennoch könnte er gesamtwirtschaftlich auch zu wohlstandssteigernden institutionellen Reformen führen. Reine Umverteilungswünsche können jedoch nicht als Resultat von Schwächen der bestehenden Verteilung von Property Rights angesehen werden. Entscheidend ist weniger

---

[73] Eine ausführliche Darstellung verschiedener Erklärungsansätze für Fairness und Reziprozität findet sich bei *Fehr* und *Schmidt* (2000). Dabei darf jedoch nicht übersehen werden, dass auch schon *Adam Smith* (1789/1949) in seinem weniger bekannten Hauptwerk „Die Theorie der ethischen Gefühle" auch eine innere Motivation der Menschen analysierte.

[74] Allein schon die Möglichkeit, sich in einen Prozess einzubringen, kann mit persönlich empfundenem Nutzen verbunden sein (*Frey* und *Stutzer* 2001). Dies würde durch eine Situation der Interessenharmonie erleichtert und könnte damit den Wunsch nach einem Regelwerk steigern, in dem Interessen in Einklang miteinander gebracht werden können.

die Frage, wer in einem bestimmten Augenblick über welche Güter verfügt. Wichtiger sind die negativen Anreize, die entstehen, wenn keine Chance besteht, durch Leistung zu erhöhtem Wohlstand zu gelangen und somit durch freiwilligen Leistungsaustausch andere Verfügungsrechte über Güter zu erhalten. „Ungleichheiten sind erträglich, wenn und solange sie nicht die Gewinner in die Lage versetzen, andere an der vollen Teilnahme zu hindern [...].“ (*Dahrendorf* 2002). Eine breite Vermögensbildung wird als wichtiges politisches Ziel angesehen (*Krüsselberg* 1997, S. 137), um einen Großteil der Bevölkerung an den Erträgen verschiedener Produktionsfaktoren teilhaben zu lassen.[75] Damit wären die Chancen, wirtschaftlichen Wohlstand zu erlangen, breit gestreut und kurzfristige Verteilungskonflikte zwischen den Inhabern verschiedener Produktionsfaktoren zumindest gemildert.

Eine positive Wirkung von Konflikten erscheint lediglich dann möglich, wenn dadurch tatsächlich auf die effizienzmindernden institutionellen Ursachen aufmerksam gemacht wird. Doch selbst dann können die Kosten eines Konfliktes den Nutzen deutlich übersteigen. Jeder Konflikt bindet Kräfte, die zunächst einer eigentlichen produktiven Verwendung entzogen werden. Dies könnte nur durch den zusätzlich entstehenden zukünftigen Nutzen durch verbesserte Ordnungsstrukturen gerechtfertigt werden. Die möglichen Kosten steigen jedoch insbesondere dann, wenn das Ausmaß der Konflikte aufgrund einer inneren Dynamik immer weiter zunimmt und der Bezug zur tatsächlichen Ursache verloren geht. Besonders problematisch ist in diesem Kontext, dass Konflikte immer eine Zerstörung von Vertrauensgrundlagen mit sich bringen. Wenn in einem großen Gegeneinander die Basis für Vertrauen und Kooperation zerstört wird, werden damit auch die Fundamente einer marktwirtschaftlichen Wirtschaftsordnung angegriffen. Wenn ein Konflikt keinen positiven oder sogar negativen Nutzen bringt, weil die Realisierung der erhobenen Forderungen selbst wohlstandsvernichtende Wirkungen hätte, ist eine schnelle Beendigung der Auseinandersetzung auf jeden Fall erstrebenswert. Ein auftretender Konflikt ist aus gesamtwirtschaftlicher Perspektive stets ein Warnsignal. Die hohen Kosten sollten Anreiz genug sein, eine Strategie der Konfliktvermeidung zu propagieren und erkannte institutionelle Fehlsteuerungen zu beheben.

4.2.2. Externe Triebkräfte des Wandels

In der bisherigen Darstellung wurde erläutert, wie Effizienzüberlegungen zu bestimmten Konflikten führen können, wenn von den gegebenen Property Rights-Strukturen entsprechende Handlungsanreize ausgehen. Diese Anreize, die die Individuen bei der Verfolgung ihres Vorteils beeinflussen, werden jedoch nicht nur von der Spezifikation der Verfügungsrechte bestimmt, sondern auch durch weitere externe Triebkräfte, die die Bedeutung der entsprechenden Property Rights festlegen. Durch diese Kräfte werden einzelne Produktionsfaktoren auf- oder abgewertet. Aus einer gegebenen Spezifizierung der bedeutender gewordenen Verfügungsrechte können neue Konfliktpotentiale entstehen. Auf der anderen Seite können bestimmte Property Rights auch vollständig irrelevant und die mit ihnen verbundenen Konflikte gegenstandslos werden.

---

[75] „[...] aus dem Wirtschaftsuntertan wird ein ‚Wirtschaftsbürger‘.“ (*Weber* 1954, S. 322). *Willgerodt* (1980, S. 181) weist auch auf die Unabhängigkeitsfunktion des Eigentums hin.

Die möglicherweise wichtigste externe Triebkraft ist der andauernde wirtschaftliche Strukturwandel, durch den die Verfügungsrechte an alternden Wirtschaftszweigen und den jeweils bedeutsamen Produktionsfaktoren entwertet werden. Dadurch entstehen neue Verteilungskonflikte zwischen schrumpfenden und wachsenden Sektoren. Ein langfristiger Trend des Strukturwandels ist die sogenannte Drei-Sektoren-Hypothese, also der Weg von der Agrargesellschaft über die Industriegesellschaft bis hin zur Dienstleistungs- und Informationsgesellschaft. Darin zeigt sich auch der Bedeutungswandel der einzelnen Produktionsfaktoren. Eine weitere Triebkraft ist die technische Innovation. Auch hierdurch kann sich der Wert einzelner Produktionsfaktoren deutlich verändern, was das Verhältnis der Faktoren zueinander ebenfalls beeinflusst. Eine dritte externe Triebkraft ist die Ausdehnung der Märkte und damit der bestehenden Handelsmöglichkeiten. Die Entscheidung zahlreicher Länder, sich in die internationale Arbeitsteilung zu integrieren und die Märkte zu öffnen, führt zu einer Verschiebung der Knappheiten der Produktionsfaktoren. Auch dies bewirkt einer Änderung der relativen Preise. Die damit verbundene neue Bedeutung der Produktionsfaktoren kann neue Konflikte auslösen. Gleichzeitig können durch die Markterweiterung aber auch bestehende Monopolstellungen abgebaut werden, was wiederum eine Reduzierung bestehender Konfliktpotentiale zur Folge hat.

4.3. Der Faktor Boden in Entwicklungsländern

So wie vor der Industriellen Revolution in den inzwischen entwickelten Ländern ist auch heute noch in den meisten unterentwickelten Staaten Boden neben Arbeit der bedeutendste Produktionsfaktor. Der Faktor Boden, sei es in Form von landwirtschaftlich nutzbarer Fläche, sei es in Form von Bodenschätzen, ist häufig die wichtigste Quelle für Wohlstand. Kapital ist in der Regel als Sachkapital und als Finanzierungsgrundlage vergleichsweise knapp. Einfache menschliche Arbeit ist im Überfluss verfügbar, aber mangels komplementärer Ressourcen und geeigneter Ordnungsbedingungen oft wenig wertstiftend verwendet. In den meisten Entwicklungsländern ist der Anteil der landwirtschaftlichen Produktion am Bruttoinlandsprodukt vergleichsweise hoch. Ein Großteil der Bevölkerung lebt von der Landwirtschaft, zumal wenn die ausgedehnte landwirtschaftliche Schattenwirtschaft hinzugerechnet wird. Selbstversorgungswirtschaft ist weit verbreitet; einzelne Personen und Familien bearbeiten kleine Landparzellen oder hüten einige Stück Vieh. Dem Landbesitz oder zumindest dem Zugang zu landwirtschaftlich nutzbarer Fläche kommt eine existenzsichernde Funktion zu, wenn breite Schichten der Bevölkerung ihr Existenzminimum nicht durch den marktorientierten Einsatz der eigenen Arbeit sichern können, weil es für eine Produktion am komplementären Kapital mangelt. Die katastrophalen Folgen zeigen sich spätestens bei eintretender Nahrungsmittelknappheit und Hungersnot, von der Landbesitzer dank der eigenen Lebensmittelproduktion weniger betroffen sind als Menschen ohne Landbesitz.

Nicht nur individuelle und akut lebensbedrohende Armut kann mit Hilfe des Zugangs zum Produktionsfaktor Boden tendenziell abgewendet werden. Der Besitz von Boden ist in zahlreichen Entwicklungsländern eine Quelle für außerordentlich großen Wohlstand – und dies nicht nur relativ zur Armut in den Ländern, sondern häufig auch nach westlichen Maßstäben. Großgrundbesitzer gehören in zahlreichen Entwicklungsländern zu den wohlhabendsten Personengruppen. Dies ist immer wieder ein Auslöser für Konflikte. Noch deutlich größere Einkommensunterschiede bestehen jedoch, wenn einzelne Personen oder Familien durch den exklusiven Zugriff auf Bodenschätze wie Öl, Edelmetalle oder Mineralien große Vermögen aufbauen können. Diese Personen haben in der Regel auch enge Kontakte zur jeweiligen Regierung, mit deren Hilfe sie ihre wirtschaftliche Machtposition und die damit verbundenen Privilegien sichern und weiter ausbauen können.

An den strukturellen Besonderheiten, die die Bedeutung des Produktionsfaktors Boden in den Entwicklungsländern ausmachen, können sich zwei Arten von Konflikten entzünden, auf die im Folgenden näher eingegangen werden soll. Zum einen handelt es sich dabei um den noch auf die Zeiten der Kolonialisierung zurückgehenden Konflikt zwischen Industrie- und Entwicklungsländern, der auch von Globalisierungsgegnern immer wieder aufgegriffen wird. Diese sehen die entwickelten Staaten als vom Produktionsfaktor Kapital bestimmt an und unterstellen, dass die Industriestaaten die auf Boden und Arbeit angewiesenen Entwicklungsländer dominieren. Der zweite Konflikt ist ein innergesellschaftlicher zwischen denjenigen, die aufgrund des Zugriffs auf Land Wohlstand erzielen konnten, und der großen Mehrheit, die nur ihre Arbeit anbieten kann und in vergleichsweise ärmlichen Verhältnissen lebt. Zu untersuchen ist jeweils, ob und inwiefern in bestimmten Spezifikationen von Property Rights Ursachen für die mangelnde Entwicklung der sogenannten Dritten Welt und damit für das Auftreten solcher Konflikte zu suchen sind.[76] Zu denken ist hier insbesondere an Zugangsbeschränkungen zu dominanten wohlstandsproduzierenden Produktionsfaktoren, wodurch Anreize zu einer unter Umständen auch gewaltsamen Veränderung der vorhandenen Eigentumsverhältnisse entstehen können.

4.3.1. Entwicklungsländer als Opfer der Industrieländer?

In der politischen Diskussion werden die Entwicklungsländer beispielsweise von Globalisierungskritikern häufig als Opfer der bestehenden Ordnung angesehen, die angeblich von der industrialisierten Welt bestimmt wird. Der wirtschaftliche Rückstand der Dritten Welt wird mit dem größeren Wohlstandsniveau der entwickelten Länder begründet. So wird beispielsweise die These vertreten, dass sich der Wohlstand der reicheren Länder auf die Bodenschätze und vor allem auf die billigen Arbeitskräfte der Entwicklungsländer stütze, während die Dritte Welt selbst nicht von den Früchten dieser Arbeit oder den reichlich vorkommenden natürlichen Ressourcen profitieren könne. Als ein historisches Beispiel gilt die Sklaverei, durch die den Kolonialmächten billige Arbeitskräfte zur Verfügung standen. Auch die niedrigen Löhne oder die Verteilung der Erlöse aus Bodenschätzen werden als Beleg für die angebliche Ausbeutung der Entwicklungsländer angeführt. So wird kritisiert, dass der Anteil unangemessen hoch sei, den die internationalen und zumeist westlichen Konzerne behalten, die die Bodenschätze fördern. Dabei kann sogar gerade das Vorkommen von großen Mengen natürlicher Ressourcen verheerende Konsequenzen für das wirtschaftliche Fortkommen eines

---

[76] Zurecht wird die Ausgestaltung der Verfügungsrechte als besonders wichtiges Element für eine erfolgreiche wirtschaftliche Entwicklung gesehen (*Röpke* 1983).

Entwicklungslandes haben, wenn dieser ohne Aufwand erzielte Reichtum dazu führt, dass andere wirtschaftliche Anstrengungen unterbleiben und die Wirtschaftspolitik nicht die Voraussetzungen für eine breitere Entwicklung schafft.[77]

Hinter den dargestellten Überlegungen steht die These von der Ausbeutung der Entwicklungsländer durch die Industriestaaten. In ihr wird die Fortsetzung einer Tradition gesehen, die vor Jahrhunderten mit der Kolonialisierung begann. So wird von einigen Kritikern auch die Globalisierung als neue Form der Kolonialisierung gedeutet, die von den Industrieländern betrieben werde, um weiterhin den eigenen Wohlstand zu Lasten der Länder der Dritten Welt zu steigern. Diese Vorstellung vom Konflikt zwischen den kapitalstarken Industrieländern und den von menschlicher Arbeit und eventuell Bodenschätzen abhängigen Entwicklungsländern stützt sich jedoch auf die Annahme, dass es sich bei der weltwirtschaftlichen Entwicklung insgesamt um einen Prozess handelt, der einigen der am internationalen Güteraustausch beteiligten Ländern nicht nützt oder sogar Schaden zufügt. Der Dualismus-These zu Folge werden lediglich gut ausgebildete Minderheiten und Ballungszentren in den Entwicklungsländern vom internationalen Handel begünstigt. Die These von der strukturellen Heterogenität behauptet ferner, dass diese weiter entwickelten Enklaven keine wirtschaftlich positiven Effekte auf die benachbarten Regionen ausstrahlen könnten, weil sie sich vollständig an den Interessen der Industrieländer orientierten. *Myrdal* hat sich als wichtiger Vertreter dieser Behauptungen hervorgetan und größere Verteilungsgerechtigkeit sowie massive staatliche Eingriffe zur Forcierung einer wirtschaftlichen Entwicklung eingefordert. Dem gegenüber weist *Bauer* auf die Probleme solcher Strategien hin und betont die Notwendigkeit eines offenen Preissystems, einer freiheitlichen Ordnung und eingeübter Gewohnheiten im Umgang mit einer Marktwirtschaft (siehe *Schüller* 1989).

Die These der einseitigen Benachteiligung der Entwicklungsländer durch Freihandel ist jedoch aus ökonomischer Sicht in dieser einfachen Form nicht haltbar. Beim internationalen Handel und bei der dadurch ermöglichten internationalen Arbeitsteilung handelt es sich um ein Positivsummenspiel, von dem alle Beteiligten profitieren können, soweit eine marktwirtschaftliche Ordnung allokative und dynamische Effizienz sicherstellen kann. Spätestens seit *Ricardos* Theorem der komparativen Kostenvorteile ist es ein wichtiger Bestandteil der ökonomischen Theorie, dass selbst dasjenige Land vom freien internationalen Austausch profitiert, das auf allen wirtschaftlichen Gebieten Nachteile hat. *Ricardo* nimmt den Methuen-Vertrag von 1703 zwischen Portugal und England zum Anlass für seine Untersuchungen. Darin hatten sich beide Länder zu Handelsliberalisierungen verpflichtet. Hiervon konnte England jedoch deutlich stärker profitieren, da die englischen Tuch-Exporte mehr unter den dann aufgehobenen Handelsbeschränkungen gelitten hatten als die portugiesischen Wein-Exporte.[78] Auch wenn der freie Welthandel für alle Handelspartner nützlich ist, können die Wohlfahrtsgewinne einer Liberalisierung unterschiedlich verteilt sein, wenn die bestehenden Handelshürden

---

[77] Einen Überblick über die Formen der ‚Dutch Disease' und ähnlicher Effekte gibt *Gylfason* (2001).

[78] *Schüller* (o.J.) spricht im Hinblick auf die Übervorteilung Portugals von einem Leoniden-Vertrag und bezieht sich damit auf die Fabel, in der ein Löwe mit einem Schaf einen Vertrag abschließt und es hinterher dennoch frisst.

asymmetrisch waren. Trotz der daraus entstehenden relativen Vor- oder Nachteile einer Handelsliberalisierung sind mit der Globalisierung unter marktwirtschaftlichen Bedingungen für alle offenen Volkswirtschaften wohlstandssteigernde Wirkungen verbunden. Auch die Menschen in Entwicklungsländern können von ihr profitieren. *Myrdal* (1959) setzt sich zwar für die Schaffung materiell gleicher Lebensbedingungen in den Entwicklungsländern ein, um dadurch wirtschaftliche Dynamik zu erzeugen, verkennt in seiner Argumentation jedoch die Anreize, die entstehen, wenn man durch eigene Leistung auf Märkten Einkommen erlangen kann. Durch Umverteilungsmaßnahmen hergestellte Gleichheit ist nicht Voraussetzung für Wohlstandssteigerungen, sondern hierfür sogar hinderlich. Letztlich ist eine tiefere Integration in den internationalen Handel die beste, wenn nicht die einzige, Chance für diese Länder, sich wirtschaftlich zu entwickeln und ein angestrebtes Wohlstandsniveau für breite Teile der Bevölkerung zu erreichen.[79] Gleichzeitig müssen in den betroffenen Ländern, die aufgrund ihrer Unterschiede nicht als homogener Block angesehen werden können (*Bauer* und *Yamey* 1957), Institutionen geschaffen werden, auf denen eine Marktwirtschaft basieren kann. Die traditionelle Entwicklungshilfe, also Geldzahlungen an die Entwicklungsländer, wirkt häufig sogar kontraproduktiv, weil dadurch beispielsweise bestehende Herrschaftsstrukturen im Inneren der Länder gestützt werden und die Notwendigkeit, Exporterfolge zu erzielen, gemindert wird (*Bauer* 1980 und 1982).

Auch wenn grundsätzliche ökonomische Erwägungen wie das Theorem der komparativen Kostenvorteile nicht auf einen prinzipiellen Interessenkonflikt zwischen den einzelnen Staatengruppen schließen lassen, können reale Ordnungsbedingungen dennoch zu einem solchen Widerspruch zwischen den verschiedenen Interessen und somit zu einem entsprechenden Konflikt zwischen Kapital und Arbeit auf internationaler Ebene führen. Ein Problem für die kurzfristige Verbesserung der wirtschaftlichen Situation der Entwicklungsländer könnte beispielsweise in Schwierigkeiten beim Zugang zu den internationalen Kapitalmärkten zu sehen sein. Für eine wirtschaftliche Entwicklung ist auch in der Dritten Welt die Nutzung der verschiedenen komplementären Produktionsfaktoren notwendig. Das Fehlen eines dieser Faktoren wäre für das Erreichen eines höheren Wohlstandsniveaus ein kaum überwindliches Hindernis. Für Entwicklungsländer ist es tatsächlich schwierig, Kapital zu attrahieren. Direktinvestitionen bevorzugen im Vergleich andere Regionen, Anleihen können nur mit einem Risikozuschlag ausgegeben werden und die staatlichen Stellen sind häufig überschuldet. Die Frage eines weit reichenden Schuldenerlasses ist deshalb nicht nur immer wieder ein Thema für internationale Verhandlungen, sondern auch eine häufige Forderung der ‚Dritte Welt-Bewegung', um Entwicklungsländern einen besseren Zugang zum Produktionsfaktor Kapital zu ermöglichen.

Hinter den Schwierigkeiten, Kapital zu attrahieren, stehen in aller Regel jedoch interne Probleme der Entwicklungsländer.[80] Investoren meiden Regionen, in denen sie instabile politische Verhältnisse und Rechtsunsicherheit vorfinden oder in denen

---

[79] Zu dieser Einschätzung kommt auch die Weltbank (*World Bank* 2001).

[80] *Schüller* (1988b) weist darauf hin, dass die Verschuldungskrisen der Entwicklungsländer in der Regel durch inflatorische Politik und andere Ordnungsmängel ausgelöst wurden.

grundlegende Bildungs- und Infrastruktureinrichtungen nicht verfügbar sind. Die Risikozuschläge, die an den internationalen Finanzmärkten bei der Beschaffung von Kapital zu zahlen sind, sind ebenfalls keine willkürlichen Benachteiligungen einzelner Länder, sondern der ökonomische Ausgleich für das existierende Ausfallrisiko. Auch in der Debatte um einen Schuldenerlass ist das oberflächlich für die Entwicklungsländer wünschenswerte Ergebnis eines weitgehenden Forderungsverzichts der Industrieländer längerfristig keine optimale Lösung. Zunächst ermöglicht ein Schuldenerlass zwar den Einsatz vorhandenen Kapitals für die Forcierung der wirtschaftlichen Entwicklung, er birgt jedoch auch die Gefahr weiterer Bereicherung korrupter Politiker oder anderer Formen staatlicher Misswirtschaft. Längerfristig kann ein solcher Schuldenerlass, also der Ausfall eines Kredits, zudem den Zugang zu neuem Kapital erschweren und damit möglicherweise die Entwicklung stärker behindern, als ein kurzfristiger Vorteil sie fördern kann. Ähnliches wird auch für die Optionen eines institutionellen Konkursverfahrens für Nationalstaaten befürchtet (*Eggerstedt* 1997, S. 75).

Entgegen den Ergebnissen der Lehrbuchökonomie zeigen die real zu beobachtenden Ordnungsstrukturen durchaus Fälle, in denen die Entwicklungsländer durch die Industrienationen an der Erlangung eines höheren Wohlstandsniveaus gehindert werden. Zu denken ist hierbei insbesondere an protektionistische Tendenzen, die trotz der Fortschritte, die in den letzten Jahrzehnten in multinationalen Verhandlungen erzielt wurden, nach wie vor bestehen. Vor allem der Schutz der Agrar- und Textilmärkte in den Industriestaaten ist für die Entwicklungsländer bedrohend, da letztere aufgrund ihrer Ausstattung mit Produktionsfaktoren insbesondere landwirtschaftliche oder arbeitsintensive Güter exportieren könnten. Durch den Einfuhrschutz und die Exportsubventionen der Industrieländer wird den Staaten der Dritten Welt eine wichtige Möglichkeit genommen, ein höheres Wohlstandsniveau zu erzielen. Aber auch für die Industrieländer selbst ist diese protektionistische Politik aufgrund der vergebenen Chancen einer intensiveren internationalen Arbeitsteilung mit einem Wohlstandsverlust verbunden. Die Gründe, warum diese Politik dennoch verfolgt wird, sind im politökonomischen Bereich zu suchen.

Auch in der Diskussion um die Einführung und Durchsetzung internationaler Sozial- und Umweltstandards sind protektionistische Elemente aus den Industrieländern zu Lasten der Dritten Welt auszumachen. Beispielsweise würde durch neue Sozialstandards der Produktionsfaktor Arbeit verteuert. Dadurch würden Entwicklungsländer an Wettbewerbsfähigkeit an den Stellen einbüßen, an denen sie Vorteile gegenüber den Industriestaaten haben und durch die sie am ehesten Fortschritte in der weiteren Entwicklung erzielen könnten.

Obgleich es einzelne Gegenbeispiele gibt, kann man insgesamt nicht von einer grundsätzlichen Tendenz zur Ausbeutung der Entwicklungsländer durch die Industriestaaten sprechen oder derartige prinzipielle Konflikte ausmachen. Einzelne Konflikte, die durch die Verweigerung der Nutzung der eigenen Property Rights durch die Abschottung von Absatzmärkten entstehen, können dennoch auf bestehende Probleme hinweisen. Dieses Signal kann aufgegriffen werden und somit zu einer positiven institutionellen Entwicklung, etwa einer weiteren Handelsliberalisierung, beitragen.

4.3.2. Probleme des Faktors Boden in Entwicklungsländern

Von größerer Relevanz als im internationalen Kontext ist der Produktionsfaktor Boden für innere Probleme der Entwicklungsländer, mit denen auch immer wieder schwere Konflikte innerhalb der Bevölkerung verbunden sind. Zu klären ist, inwiefern diese Konfliktsituationen durch eine ungleiche Vermögens- und Einkommensverteilung entstehen, ob sie aufgrund anderer Ziele der Beteiligten initiiert werden oder ob es tatsächlich in den betroffenen Ländern Fehler in der Spezifikation der Verfügungsrechte an den Produktionsfaktoren gibt. Eindeutig definierte, frei transferierbare und rechtlich abgesicherte Property Rights ermöglichen langfristige Investitionen und eröffnen den Zugang zu Kapitalmärkten (*Alston* u.a. 1995, S. 91). Sind Property Rights hingegen nicht eindeutig zugeordnet, abgesichert und transferierbar, hätte dies zur Konsequenz, dass eine effiziente Kombination der verschiedenen komplementären Produktionsfaktoren nicht vorgenommen werden könnte und dass die mobileren Faktoren, insbesondere mobiles Finanzvermögen, zu den nächstproduktiven Verwendungen ausweichen würden. Eine solche Entwicklung würde die Einkommenschancen einseitig bei den Kapitaleignern ansiedeln, wohingegen alle vom größtenteils immobilen Produktionsfaktor Arbeit abhängigen Menschen in ihren individuellen Entwicklungschancen eingeschränkt wären. Sie könnten folglich an der Änderung der bestehenden Ordnung interessiert sein und hierfür Konflikte in Kauf nehmen.

Der traditionelle Konflikt in Entwicklungsländern ist derjenige zwischen Grundbesitzern und Menschen ohne Landbesitz. Hierbei handelt es sich in der Regel nicht nur um klassische Verteilungskonflikte zwischen Arm und Reich, häufig sind sie zusätzlich mit anderen Konfliktlinien verwoben. Dies liegt beispielsweise daran, dass die Verteilung des bewirtschafteten Landes in einigen Fällen auf den Strukturen aus Kolonialzeiten beruht, nachdem zuvor teilweise die Institution des privaten Landbesitzes unbekannt war. So sind auch heute noch in afrikanischen Ländern viele Besitzer großer landwirtschaftlichen Güter weißer Hautfarbe, während der weitaus größte Teil der schwarzen Bevölkerung arm und landlos ist oder lediglich Zugang zu nicht verbrieftem traditionellen Gemeineigentum hat (*Pritzl* 1995, S. 273). Hier kann die belastete Vergangenheit sowie eine aktuelle Rassenproblematik zur Verschärfung des möglichen Gegeneinander beitragen.

Gerade das Beispiel der Entwicklungsländer zeigt jedoch, wie politökonomische Mechanismen einen Konflikt zum Eskalieren bringen können. Die politischen Strukturen sind in der Regel oligarchisch geprägt. Selbst demokratisch legitimierte Staatsoberhäupter Afrikas vereinen zumeist mehr Macht auf sich, als dies in gefestigten westlichen Demokratien üblich ist. Das offenbar wichtigste Ziel eines Politikers ist dabei weniger das öffentliche Ansehen oder die Durchsetzung bestimmter bleibender Reformen als vielmehr die Sicherung wirtschaftlicher Privilegien und materieller Vorteile für sich selbst sowie enge Familienmitglieder oder andere Verbündete. Die Regierungsgewalt und das formal vorhandene, aber materiell schwach ausgebildete Recht werden dabei als Instrument zur Erlangung persönlicher wirtschaftlicher Vorteile und somit als Waffe gegen Konkurrenten missbraucht. Während Politiker in westlichen Demokratien nach ihrer Abwahl in der Regel nicht mit großen individuellen Wohlstandseinbußen zu rechnen haben und sie sich auch weiterhin in einer gehobenen gesellschaftlichen Situation befinden, verlieren die Staatschefs von Entwicklungsländern mit der Macht auch ihre enormen Privilegien und werden für ihre Verbündeten nutzlos. Sie versuchen also, die Möglichkeiten der schwachen Demokratie auszuschöpfen und für sich so viele finanzielle Mittel zu sichern, dass sie auch nach ihrem Rückzug ein auskömmliches Vermögen haben. Gleichzeitig sind sie jedoch auch weniger bereit, sich einer drohenden Abwahl zu fügen; schließlich müssen sie damit rechnen, dass ihre Nachfolger die vergebenen Privilegien zurücknehmen und die Vorgänger zur Rechenschaft ziehen.

In einer so aggressiven und instabilen Form der Demokratie ist die Wahrscheinlichkeit groß, dass die politischen Akteure bestehende Konflikte zur Erlangung persönlicher Vorteile nutzen oder gar neue provozieren. Ein treffendes Beispiel hierfür ist die Landbesetzung in Simbabwe 2002[81], wo die Farmen weißer Landbesitzer (die das Land größtenteils erst nach der Unabhängigkeit 1980 kauften [o.V. 2002a]) von angeblichen Kriegsveteranen besetzt und die Besitzer vertrieben oder gar getötet wurden. Dies war letztlich darauf zurückzuführen, dass der amtierende Staatspräsident die aufstrebende Opposition durch die Schaffung einer Atmosphäre der Gewalt einschüchtern und damit seine Macht weiterhin sichern wollte. Die Partei des Präsidenten ist währenddessen an allen wichtigen Unternehmen des Landes beteiligt und scheint den Staatsapparat als Instrument der persönlichen Bereicherung zu verstehen (*Bitala* 2002a).[82] Nutznießer der Landbesetzungen sind dementsprechend auch Politiker, deren Ehefrauen, Polizisten und Militärangehörige (*Bitala* 2002b, *Perras* 2002). Die Folgen sind auch für die wirtschaftliche Entwicklung verheerend. Wenn Eigentumsrechte nicht mehr von den staatlichen Instanzen respektiert und dauerhaft gesichert werden, betätigt sich niemand mehr unternehmerisch und bemüht sich nicht um eine weitere ökonomische Nutzung der Ressourcen, hier der landwirtschaftlich nutzbaren Flächen (siehe hierzu beispielsweise *Cassel* 1929, S. 35 sowie S. 72). Gerade die in der Landwirtschaft beschäftigten Arbeiter und ihre Familien sind hiervon direkt betroffen. Allein in Simbabwe handelt es sich dabei um insgesamt rund 900.000 Menschen (*o.V.* 2002b). Unter den Ernteausfällen leidet jedoch ein noch größerer Teil der Bevölkerung. Hier zeigen sich sehr deutlich die schädlichen Folgen einer mangelnden Kontrolle regierender Politiker, denen es so ermöglicht wird, die eigenen Interessen ohne ernsthafte Beschränkung zu verfolgen. Die Politik als ordnende Potenz versagt an dieser Stelle, wenn man sich von ihr die Entschärfung von Konflikten zwischen Arbeitnehmern und Kapitaleignern beziehungsweise Grundeigentümern verspricht.

Ein wesentliches Problem zahlreicher Entwicklungsländer ist die mangelnde Spezifizierung von Property Rights am Produktionsfaktor Boden (für detaillierte Untersuchungen hierzu siehe *Soto* 1992 und *Soto* 2001). Davon ist zum einen die landwirtschaftlich genutzte oder nutzbare Fläche betroffen, zum anderen aber auch das mit Wohnhäusern bebaute Land in den wachsenden Großstädten. In die Metropolen mit mehreren Millionen Einwohnern sind in den letzten Jahrzehnten immer mehr Menschen zugewandert,

---

[81] *Bitala* (2001), *Liebrich* (2002), *o.V.* (2001c).

[82] Ähnliches findet sich auch in Malawi, wo 2001 trotz Hungersnot 160.000 Tonnen Getreide ins Ausland verkauft wurden. Die Erlöse werden zu einem erheblichen Teil bei Regierungsmitgliedern vermutet (*Rüb* 2002).

da ihnen auf dem Land die Zukunftsaussichten fehlen. Diese Menschen leben und arbeiten insbesondere im informellen Sektor. Dies gilt sowohl für die Wirtschaftsunternehmen, die sie aufbauen, als auch für die von ihnen bewohnten Häuser. Insbesondere fehlen praktikable Verfahren, um Genehmigungen für die Führung eines Gewerbebetriebs zu erhalten oder verbriefte Eigentumstitel über das Haus und das bebaute Grundstück ausgestellt zu bekommen.[83] Ohne solche Dokumente besteht jedoch keine Möglichkeit, die bestehenden Property Rights zu veräußern oder zu verpfänden. Es ist somit unmöglich, den Produktionsfaktor Boden in Kapital umzuwandeln und so die Chancen einer Marktwirtschaft für Wohlstandssteigerungen zu nutzen. Tatsächlich ist das real vorhandene Vermögen der Entwicklungsländer und vor allem der armen Bewohner der Metropolen deutlich höher als offiziell ausgewiesen und ökonomisch nutzbar. Diese mangelnde Spezifizierung der Property Rights am Produktionsfaktor Boden sowie am Realkapital, das in Unternehmen gebunden ist, verringert die Effizienz der Volkswirtschaft und zerstört Anreize, sich wirtschaftlich zu betätigen. Die vorhandenen Mittel werden ökonomisch ineffizient eingesetzt (*Soto* 1992, S. 180). Sowohl die daraus resultierende mangelnde wirtschaftliche Dynamik als auch die Fehlanreize, die eigenes Engagement unterbinden, vergrößern das Potential, Änderungen der Regeln erstreiten zu wollen. Auch in den Vereinigten Staaten von Amerika hat es zur Zeit der Besiedlung ähnliche Probleme der mangelnden Spezifikation der Eigentumsrechte gegeben. Dies konnte im Laufe der Jahrzehnte jedoch wohlstandsfördernd korrigiert werden (*Soto* 2001, S. 108 ff.).

4.4. Der Konflikt zwischen Arbeitern und Kapitaleignern

Der Konflikt zwischen Arbeit und Kapital kann auch als ‚klassischer' Interessenkonflikt angesehen werden. *Marx* und *Engels* haben ihn als antagonistisches Gegeneinander betrachtet und damit die Konfliktthese formuliert. Konflikte zwischen den Inhabern der Produktionsfaktoren Arbeit und Kapital gibt es in verschiedenen historischen Situationen. An dieser Stelle sollen zwei dieser spezifischen Konflikte beschrieben und mit Hilfe der Property Rights-Analyse auf ihre wirtschaftliche Grundlage hin untersucht werden. Zum einen soll als historisches Ereignis das Phänomen der Maschinenstürmer während der Industrialisierung betrachtet werden (Kapitel 4.4.1), welches in Deutschland in der ersten Hälfte des 19. Jahrhunderts auftrat. In der Vernichtung von Teilen des Produktionsfaktors Kapital manifestiert sich eine der schärfsten Formen der Kritik an den Kapitaleignern. Die Industrialisierung hatte zu drastischen Wertveränderungen bestimmter Produktionsfaktoren geführt. Diese Entwicklung gilt es daraufhin zu untersuchen, ob Probleme bei der Ausgestaltung der Verfügungsrechte solch eine Reaktion der Arbeiter erklären, und ob die Proteste einen Impuls für einen effizienzsteigernden institutionellen Wandel gegeben haben können. Der andere konkrete Konflikt zwischen Arbeit und Kapital, der hier beispielhaft untersucht werden soll (Kapitel 4.4.2), ist ein aktueller. Er äußert sich weniger in tatsächlicher physischer Gewalt gegen Unternehmen, sondern eher in akademischen oder politischen Diskussionen, die jedoch zuweilen nicht

---

[83] So kann das Verfahren für die Überlassung von staatlichem Brachland zur Bebauung in Peru bis zu sieben Jahre dauern (*Soto* 1992).

weniger emotional geführt werden. Es handelt sich hierbei um den Streit zwischen Shareholder Value- und Stakeholder Value-Ansätzen. Dahinter verbirgt sich die Frage, ob die Interessen der Kapitaleigner alleine die Geschicke des Unternehmens bestimmen sollen oder ob auch andere Interessen, so beispielsweise die der Arbeitnehmer, im Unternehmensziel mit berücksichtigt werden müssen. Es wird zu klären sein, ob hier tatsächlich ein Interessenkonflikt besteht oder ob dies nur oberflächlich so zu sein scheint.

4.4.1. Industrialisierung und Maschinenstürmer

Beim Maschinensturm handelt es sich um eine spezifische Form der Konfliktaustragung, mit der Arbeitnehmer sich gegen bestimmte Aktivitäten der Arbeitgeber wandten. Insbesondere stand die Einführung neuer Formen des Realkapitals, also von neuen arbeitssparenden Maschinen, im Mittelpunkt der Kritik. Dieser Konflikt zwischen Arbeit und der spezifischen Form von Kapital, die einfache menschliche Arbeit zu ersetzen drohte, gipfelte in der physischen Zerstörung der Maschinen. Die Frage, ob technischer Fortschritt letztlich zu einem Abbau von Arbeitsplätzen führen muss, wird selbst heute noch diskutiert.[84] Das Phänomen des Maschinensturms als Protestform trat in Deutschland vor allem in der ersten Hälfte des 19. Jahrhunderts auf, wobei der Höhepunkt während der Paulskirchen-Revolution von 1848 lag. Die eigentlichen Ursachen hierfür sind in dem länger andauernden Prozess der Industrialisierung zu suchen, in dem die „Vorstellung eines friedlichen Miteinanders von ökonomisch-technischem und sozialem Wandel zunehmend infrage gestellt" (*Spehr* 2000, S. 9) wurde.

4.4.1.1. Zur Entwicklung der Industrialisierung

Die Phase der Industrialisierung hat sich über viele Jahrzehnte hingezogen, ohne dass es einen eindeutig bestimmbaren Start- oder Endpunkt gegeben hätte.[85] In der Regel wird der Höhepunkt dieses Prozesses, der von Innovationen getrieben ist, welche vor allem auf veränderte Anreizstrukturen zurückzuführen sind (*North* und *Thomas* 1970, S. 1), auf die erste Hälfte des 19. Jahrhunderts datiert. Synonym zum Begriff der Industrialisierung wird auch von der Industriellen Revolution gesprochen, womit insbesondere auf die grundlegenden Umwälzungen in verschiedenen Lebensbereichen hingewiesen wird (*Mieck* 1993, S. 148). Diese ‚Revolution' wurde von der zeitgenössischen Bevölkerung jedoch weniger als plötzlich auftretendes Ereignis, sondern vielmehr als andauernder und eher langsamer Wandel der gesellschaftlichen und wirtschaftlichen Umweltbedingungen wahrgenommen (*Henning* 1996, S. 344). Die vom Agrarsektor geprägte Gesellschaft wurde zur frühmodernen Industriegesellschaft. So entstand auch erstmals eine neue größere Gruppe von Kapitaleignern, die externe Arbeitskräfte in der nichtlandwirtschaftlichen Produktion beschäftigten (*Spehr* 2000, S. 24). „Das neue Wirtschaftssystem wird als ‚Kapitalismus' bezeichnet, weil nun nicht mehr die Verfügbarkeit über den Produktionsfaktor Boden die Struktur der Gesellschaft und ihren Entwicklungspfad bestimmte, sondern die rasch wachsende Verfügbarkeit über den Produktionsfaktor Kapital (produzierte Produktionsmittel) in mannigfacher neuartiger

---

[84] Einen Überblick über die theoretische Debatte hierzu gibt *Melzig-Thiel* (2000, S. 49 ff.).
[85] Ein Überblick über die Industrialisierung findet sich bei *Borchardt* (1972).

Gestalt." (*Erker* 2001, S. 27). Ausgehend von Großbritannien breitete sich die neue Wirtschaftsform auf den europäischen Kontinent und auch auf andere Regionen der Welt aus. Doch während auf die Industrialisierung in Europa, Japan und Nordamerika inzwischen schon wieder die Tertiarisierung folgt, leiden die Entwicklungsländer darunter, dass sie den Weg in die Industriegesellschaft nach wie vor nicht erfolgreich bewältigt haben.

Gemeinhin gilt als wichtigste Ursache der Industrialisierung die Erfindung und umfangreiche Nutzung der *Wattschen* Dampfmaschine. Erst durch ihren Einsatz konnten eine industrielle Produktion verwirklicht und entsprechende Effizienzsteigerungen erzielt werden. Der Einsatz neuer Techniken, die zunehmende Bedeutung von Kohle und Stahl sowie die Einführung des Fabriksystems sind zentrale Merkmale der Industriellen Revolution. Doch die Ursachen der Industrialisierung sind vielfältiger und nicht auf ein einzelnes Ereignis zu reduzieren (siehe hierzu auch *Landes* 1999, S. 230 ff.).[86]

Eng verbunden mit der Geschichte der Industriellen Revolution ist das Phänomen des gleichzeitig auftretenden Pauperismus. Während die moderne Industrie Einzug in die Volkswirtschaften hielt und traditionelle Produktionsformen ablöste, herrschte in weiten Teilen Europas große materielle Not. Hierin wird häufig ein tiefgreifender Konflikt zwischen den besitzenden Kapitaleignern, die von der neuen Technik profitieren konnten, und den verarmenden Arbeitnehmern gesehen. Doch handelte es sich eher um ein zeitliches Zusammentreffen als um einen ursächlichen Zusammenhang. In industrialisierten Regionen war das Elend in der Regel sogar geringer als in nicht industrialisierten Gegenden (*Schildt* 1996, S. 2, *Heuß* 1987, S. 7 f.). Durch den neu an Bedeutung gewinnenden Produktionsfaktor Kapital, der durch Sparanstrengungen vermehrbar war, konnten Verteilungskonflikte abgebaut werden, die zuvor bei dem nicht vermehrbaren Produktionsfaktor Boden entstanden waren. Auch wenn langfristig die Industrie die Grundlage für wachsenden Wohlstand und somit auch für die Überwindung des Pauperismus war, wurde die Industrialisierung für die beklagenswerten Zustände verantwortlich gemacht (*Hayek* 1955, S. 8). In der Folge der Industrialisierung konnte der Lebensstandard der Bevölkerung erstmals erhöht werden. Zuvor wurde jeder Anstieg durch eine erhöhte Geburtenrate ausgeglichen (*Landes* 1999, S. 205). Die Situation, die früher der Stagnation *Ricardos* ähnelte, entsprach zunehmend der von *Smith* dargelegten wirtschaftlichen Dynamik.

In der ersten Hälfte des 19. Jahrhunderts hatte der Pauperismus in Deutschland seinen Höhepunkt erreicht.[87] Seit Beginn des 17. Jahrhunderts wuchs die Bevölkerung, gleichzeitig konnte die Landwirtschaft keine entsprechenden Produktionssteigerungen verzeichnen. Zusätzlich kam es innerhalb weniger Jahrzehnte zu mehreren Missernten. In der Hungerkrise 1845/46 lebten 40 bis 60 Prozent der Bevölkerung unterhalb des

---

[86] *Mieck* (1993, S. 149) nennt beispielsweise als wichtige Ursachen der Industrialisierung eine günstige Faktorausstattung, einer durch das Bevölkerungswachstum ausgelöste Markterweiterung, wachsende Kapitalakkumulation, Innovationen sowie das Vorherrschen des Laisser-faire-Gedankens. *Ott* (1994, S. 273) betont vor allem die Rolle des technischen Fortschritts in Verbindung mit der Akzeptanz des wirtschaftlichen Liberalismus.

[87] *Kaufhold* (1993), *Schildt* (1996), *Ziegler* (2000).

physischen Existenzminimums. Auch die Bauernbefreiung Ende des 18. und Anfang des 19. Jahrhunderts hatte nicht nur positive Auswirkungen. Zwar wurde die Leibeigenschaft aufgehoben, die Verfügungsrechte über das eigene Land wurden gestärkt. Hierfür mussten jedoch Entschädigungen an die ehemaligen Gutsherren geleistet werden, die entweder in Geldzahlungen oder Landabtretungen erfolgten. Gleichzeitig wurden Allmenden in Privateigentum überführt, so dass der gerade von Kleinbauern genutzte kostenlose Zugang wegfiel. Dies bedeutete teilweise eine erhebliche Verschlechterung der wirtschaftlichen Lage, was häufig in erheblicher Schuldaufnahme mit daraus resultierenden dauerhaften, existenzbedrohenden Belastungen mündete. Viele Bauern waren von der plötzlichen wirtschaftlichen Selbstständigkeit überfordert und durch die Ablösungsleistungen übermäßig belastet (*Lütge* 1979, S. 433 ff.).

Besonders verbreitet war das Elend zur Zeit der Industrialisierung in Regionen mit umfangreichem Heimgewerbe sowie in den großen und schnell wachsenden Städten. Zwar ist nicht eindeutig festzustellen, ob die erfassten Einkommen wirklich nicht zum Leben ausreichten, da die rekonstruierbaren Löhne nur einen Teil der Gesamteinkommen ausmachten. Dennoch muss festgehalten werden, dass für viele Jahrzehnte die „Möglichkeit des Verhungerns [...]" für einen großen Teil der Gesellschaft eine reale Gefahr" (*Schildt* 1996, S. 71) war. Zahlreiche Menschen verloren durch die wirtschaftlichen Umwälzungen ihr bisheriges Einkommen, wurden also individuell schlechter gestellt oder sogar notleidend.[88] Die industrielle Produktion ermöglichte es, diese Schwierigkeiten durch Produktivitätssteigerungen längerfristig zu überwinden (*Erker* 2001, S. 49). Zunächst konnte die junge Industrie jedoch die hohe Zahl von Arbeitern noch nicht aufnehmen. Dies gelang erst nach 1848. Auch sozialreformerische Bestrebungen zur Linderung der Armut kamen erst gegen 1844 auf. Die Ordnung befand sind in einer Übergangsphase, in der „Kinderkrankheiten" (*Castel* 2000, S. 194) der neuen Zeit auftraten.

Auch wenn zwei Jahrhunderte später die Erfolge der Industrialisierung, die den steigenden Wohlstand erst ermöglichte und das Problem des Hungers in den Industrieländern beseitigte, kaum mehr bestritten werden, wird immer noch Kritik geäußert. Neben den Umweltschäden, die vor allem durch die Verbrennung von Kohle und Öl sowie durch die Entwicklung der chemischen Industrie verursacht wurden, werden auch Lebens- und Arbeitsbedingungen jener Zeit kritisiert. Ob die Industrialisierung auch mit verminderten Kosten möglich gewesen wäre, soll jedoch an dieser Stelle nicht weiter untersucht werden, auch wenn dies für die weitere Entwicklung der sogenannten Dritten Welt und die Industrialisierungsstrategien, insbesondere für die Frage von sozialen und umweltpolitischen Standards, von großer Bedeutung ist.

4.4.1.2. Das Auftreten der Maschinenstürmer

Ein Strukturwandel wie die Industrialisierung führt stets zu einer Veränderungen der Einkommens- und Vermögenssituationen der einzelnen Bevölkerungsgruppen. Die Vor-

---

[88] Auch die Gewinne der Pionierunternehmer führten dazu, dass sich die sozialen Unterschiede während der Industrialisierung zunächst vergrößerten (*Kaelble* 1983). Siehe weiter *Frerich* und *Frey* (1996), *Ziegler* (2000), *Reulecke* (1990).

reiter der Industrialisierung konnten Innovationsgewinne erzielen. Gleichzeitig war existenzbedrohende Armut in weiten Teilen der Bevölkerung vorherrschend. Das Nebeneinander von großem und schnell wachsendem Wohlstand auf der einen und ebenso großer Armut ohne Aufstiegsmöglichkeiten auf der anderen Seite ist eine Quelle für Unzufriedenheit und Auseinandersetzungen. Daher stand im frühen 19. Jahrhundert vor allem das herausragende Symbol der neuen Zeit, die Maschine, im Mittelpunkt der Kritik, die neben verbalen oder schriftlichen Äußerungen in einer Reihe von Fällen bis zur materiellen Zerstörung der technischen Anlagen führte.

In der Landwirtschaft kam es schon vor dem Aufkommen der Industrie zu Auseinandersetzungen zwischen den Arbeitern und den Gutsherren. Die Häufigkeit der Bauernaufstände ging jedoch in der ersten Hälfte des 19. Jahrhunderts in ganz Europa deutlich zurück (*Mieck* 1993, S. 232) und wurde von frühindustriellen Konflikten abgelöst. In den Protesten der Landarbeiter lag eine Keimzelle für den später auftretenden Maschinensturm. Vor allem unter den Tagelöhnern war eine Missachtung fremden Eigentums weit verbreitet. So konnte beispielsweise der nahezu alltägliche Felddiebstahl von den eingesetzten Feldhütern nicht verhindert werden. Nach den herrschenden Moralvorstellungen galt diese Form des Diebstahls vom Grund des Landbesitzers nicht als unehrenhaft (*Schildt* 1996, S. 6). Neben solchen Eigentumsverletzungen, die wahrscheinlich primär auf die existenzbedrohende Not der Menschen zurückzuführen sind, fanden aber auch Gewalttaten wie die Zerstörung der Ernte oder das Abbrennen von Scheunen statt. Die darin zum Ausdruck kommenden Hassgefühle gegenüber Obrigkeiten und Arbeitgeber brachten die Landarbeiter später mit in die Arbeiterschichten ein (*Schildt* 1996, S. 13).

Aber auch im Handwerk und der neu entstehenden Industrie gab es immer wieder Auseinandersetzungen. So kam es beispielsweise um die Wende vom 18. zum 19. Jahrhundert zu Gesellenaufständen, bei denen die Handwerksmeister von Gesellen zum Beispiel wegen angeblicher Ehrverletzungen boykottiert wurden. Auch den ausgebildeten Lehrlingen wurde die Aufnahme als Geselle verweigert, so dass die betroffenen Handwerksmeister teilweise mehrere Jahre lang mit schweren wirtschaftlichen Schäden wegen fehlender Arbeitskräfte zu kämpfen hatten (*Schildt* 1996, S. 7). Da die Industrialisierung ohnehin auch als Krise des Handwerks angesehen wurde (*Ziegler* 2000, S. 221), dürfte die Unzufriedenheit unter den Handwerkern besonders groß gewesen sein. Die spektakulärste Variante der industriellen Arbeitskämpfer waren die sogenannten Maschinenstürmer. Wie die Landarbeiter, die Scheunen oder Ernten vernichteten, griffen sie das Eigentum der Arbeitgeber an. Maschinenstürmer traten zuerst in England auf und wurden dort als ‚Luddites' bezeichnet, benannt nach dem Textilarbeiter „Ned Ludd, der am Ende des 18. Jahrhunderts durch die Zerstörung von Strumpfstrickmaschinen bekannt geworden war" (*Schwanitz* 1995, S. 78).

Der Maschinensturm richtete sich gegen die Einführung neuer arbeitssparender Maschinen, die einfache Arbeitsgänge in hoher Geschwindigkeit erledigen konnten. Zahlreiche Arbeiter sahen damit ihre Existenzgrundlage bedroht. Dabei wurde allerdings übersehen, dass für die Herstellung arbeitssparender Maschinen vermehrt Arbeit nachgefragt wurden. Eine weit verbreitete Technikfeindlichkeit kann unter anderem mit der mangelnden Einsicht in diesen Substitutionsvorgang und dem einseitigen Blick auf die direkt negativ betroffenen Menschen erklärt werden. Dabei war die Ablehnung moderner Erfindungen keine Neuerung der Industriellen Revolution. So war beispielsweise in der Thorner Zunfturkunde von 1523 angeordnet: „Niemand soll etwas Neues erdenken oder erfinden oder gebrauchen, sondern soll aus bürgerlicher oder brüderlicher Liebe seinem Nächsten folgen" (*Ott* 1994, S. 275). Von Elisabeth I. von England oder auch von Friedrich dem Großen wird ebenfalls berichtet, dass sie sich einer Maschinisierung mit Rücksicht auf die dadurch gefährdeten Arbeitsplätze widersetzt haben (*Ott* 1994, S. 275) – eine Reaktion, die sich im politischen Prozess der Demokratie in besonderer Weise auszahlen kann.[89]

Freilich sollte nicht von Technikfeindlichkeit per se ausgegangen werden, sondern eher von der Sorge vor einer drohenden Verschlechterung der eigenen gesellschaftlichen und vor allem wirtschaftlichen Situation. Die Maschine diente lediglich als Symbol für die andauernden Veränderungen und insbesondere wegen ihrer spezifisch arbeitssparenden Wirkungen im Bereich der bildungsschwachen Arbeitnehmer auch für die verbreitete Arbeitslosigkeit (*Spehr* 2000, S. 12). Tatsächlich wurden durch die Einführung von Maschinen jedoch nur punktuell Arbeitskräfte freigesetzt. Die Arbeitslosigkeit war hingegen weitgehend durch das schnelle Bevölkerungswachstum verursacht worden, während die Beschäftigtenzahlen nur langsamer anstiegen und das gesamte Arbeitsangebot offenbar recht unelastisch war. Die geringe Elastizität kann auf mehrere Ursachen zurückgeführt werden. Insbesondere gab für weite Teile der Bevölkerung keine Alternativen zur Erwerbsarbeit, so dass es zu anormalen Angebotsreaktionen mit steigendem Arbeitsangebot bei sinkenden Löhnen kam. Eine staatliche Absicherung des Existenzminimums war nicht vorgesehen. Auch auf Vermögenseinkommen, durch die die Angebotskurve normalisiert worden wäre (*Willgerodt* 1967, S. 292 f.), konnten die in der Regel schlechter ausgebildeten Bevölkerungsschichten nicht zurückgreifen. Gerade in der mangelhaften Ausbildung ist daher eine wichtige Ursache für die Arbeitslosigkeit und damit auch für die Kritik an der Maschinisierung zu sehen. Ein breites Wissen, das den Einsatz in verschiedenen neuen Funktionen ermöglicht hätte, gab es nicht. Die Lehre im Handwerk war ein wichtiges Element der beruflichen Ausbildung, sie qualifizierte aber auch nur sehr begrenzt für die technischen Anforderungen des Maschinenwesens.

Der Maschinensturm war insofern keine völlig irrationale Handlung, sondern mit individuellen Interessen begründbar. Gegen die Spontanität der Proteste spricht auch die Tatsache, dass gewaltsames Vorgehen eher selten war (*Schildt* 1996, S. 6). Von den knapp 200 Maschinenprotesten, die sich zwischen 1815 und der Revolution 1848/49 in Deutschland ereigneten, bestanden rund drei Viertel aus Petitionen an die jeweiligen Regierungen, nur knapp ein Fünftel waren tatsächliche Maschinenstürme. Ihren Höhepunkt erreichten solche Geschehnisse im Revolutionsjahr 1848, mit etwa zwei Dritteln der manifesten Ereignisse und sogar rund vier Fünfteln aller Petitionen. Im darauf folgenden Jahr 1849 ging die Zahl der Maschinenproteste aller Art schon wieder deutlich auf ein Niveau zurück, welches nicht wesentlich über dem Durchschnitt der Jahre vor

---

[89] Die Konsequenzen hiervon sind beispielsweise Rationalisierungsschutzabkommen, gewerkschaftliche Mitbestimmung sowie die immer wieder auftauchende Idee einer Maschinensteuer.

der Revolution lag (*Spehr* 2000, S. 33 ff.). Die Maschinenproteste waren also in der Regel durchdacht und geplant, sonst hätte es keine so große Zahl schriftlicher Petitionen, sondern einen größeren Anteil gewalttätiger Ereignisse gegeben. Auch wurden die Zeiten eines politischen Umbruchs genutzt, um stärker als zuvor für die jeweiligen Ziele einzutreten. Ob die rationalen Gründe für Maschinenproteste auch aus ordnungsökonomischer Sicht gerechtfertigt waren, soll im weiteren Verlauf untersucht werden.

4.4.1.3. Maschinensturm aus Sicht der Property Rights-Analyse

Mit der Industriellen Revolution wurden nicht nur die wirtschaftlichen Grundlagen der Gesellschaft vollkommen infrage gestellt, sondern auch die sozialen Ordnungsgefüge neu gestaltet. Der Begriff der Revolution ist daher nicht zu unrecht gewählt, obwohl er fälschlicherweise immer auch eine gewissen Gewalttätigkeit suggeriert. Auch wenn dieser Prozess mehrere Jahrzehnte lang andauerte, wodurch teilweise eine Anpassung an die Veränderungen ermöglicht wurde, bedeutete er doch auch eine weitgehende Neubewertung der bestehenden Property Rights. Die Ständeordnung, die zuvor über Jahrhunderte prägend für das ökonomische und gesellschaftliche Leben war, verlor seit dem 18. Jahrhundert und vor allem in der Mitte des 19. Jahrhunderts an Bedeutung (*Kaufhold* 1993, S. 536 f.). Die bis dahin weitgehend vorgezeichneten Lebenswege vieler Menschen waren nicht mehr zuverlässig berechenbar, es kam zu Brüchen in den Lebensläufen als Folge der Industrialisierung (*Henning* 1996, S. 361). Die bestehende Sicherheit und voraussehbare ökonomischen Aufstiegschancen innerhalb eines vorgegebenen Standes gingen verloren. Die Privilegien der alten Zeit, beispielsweise der Schutz vor sozial geächteter Konkurrenz (*Erker* 2001, S. 28 f.), wurden entwertet. Die technischen Innovationen schufen große wirtschaftliche Chancen, brachten aber ebenfalls Risiken für diejenigen mit sich, deren Arbeitskraft nicht mehr benötigt wurde. Qualifizierte wurde gegenüber weniger qualifizierter Arbeit höher bewertet. Den Neuerungen mit Misstrauen begegnet, da die Situation eines Gewinns für alle Beteiligten, der durch das wirtschaftliche Wachstum ermöglicht wurde, bis dahin nahezu unbekannt war, weil zuvor individueller Wohlstandsgewinn zumeist mit Wohlfahrtseinbußen anderer einherging (*Erker* 2001, S. 77). Neben einer Umverteilung von Verfügungsrechten fand also eine grundlegende Neubewertung statt. Einzelne Rechte wurden entwertet, andere brachten den Inhabern enorme und zuvor unerwartete Einkommensmöglichkeiten.

Durch diese Veränderungen in der Sozialstruktur entstand bei den (zumindest relativen) materiellen Verlierern eine Unzufriedenheit und damit Konfliktpotential. Von Zeitgenossen wurden die Zustände in den neuen Wirtschaftsformen, den Fabriken, als katastrophal geschildert (beispielsweise *Engels* 1845/1923, *Weerth* 1843-1848/1957). Schon in diesen Darstellungen finden sich romantische Bilder von der vorindustriellen Vergangenheit, die so nicht zutreffend waren (*Spehr* 2000, S. 10). Teilweise, vor allem im Fall von *Engels'* „Die Lage der arbeitenden Klasse in England", sind die Berichte sogar einseitig verzerrend und verfälschend, mehr politische Propaganda als wissenschaftliche Faktensammlung (*Chaloner* und *Henderson* 1974).

Selbst wenn einige Darstellungen der Zeit übertrieben waren, regte sich gegen Veränderungen der Industrialisierung Widerstand – und nicht nur unter den Arbeitern. So wollten beispielsweise viele deutsche Unternehmer, Händler und Handwerker an den Leitbildern der alten von den Zünften geprägten Ordnung festhalten (*Spehr* 2000, S. 22 f.). Die Angst vor dem Verlust von Arbeitsplätzen verminderte die Akzeptanz des technischen Fortschritts, verzögerte die Industrialisierung und war letztlich mit verantwortlich für das herrschende Elend. „Gerade der Mangel an Industrie und damit an zusätzlichen Einkommensquellen hat die vormärzliche Massenarmut insofern verschärft, als der Bevölkerungs- und Arbeitskräfteüberschuss durch den sekundären Sektor nicht vollständig aufgenommen werden konnte." (*Spehr* 2000, S. 25).

Auch wenn die frühindustriellen Fabrikarbeiter häufig als besonders beklagenswert dargestellt werden, waren sie nicht die tatsächlich am stärksten Not leidenden Gruppe. Die Lohnarbeiter kamen aus unterprivilegierten Schichten und waren zuvor beispielsweise Tagelöhner oder Knechte (zur Situation der Lohnarbeiter siehe *Spehr* 2000, S. 28 f.). Ihre neue Situation war keine wirkliche Verschlechterung gegenüber der vorherigen. Immerhin garantierte die Fabrik ein regelmäßiges Einkommen, welches allerdings durch die Eigenheiten der noch wenig ausgereiften, störungsanfälligen und unfallträchtigen neuen Maschinen hart erarbeitet war. Die gleichzeitig bestehende Hausindustrie bot ähnlich schlechte Arbeitsbedingungen wie die Fabriken. Jedoch waren hier die Einkünfte unsicherer und die wirtschaftliche Situation insgesamt weniger stabil. Das Verlagswesen der Heimarbeiter zur Situation der Heimarbeiter siehe *Spehr* 2000, S. 31) war durch eine Konzentration des Risikos auf Seiten der Arbeiter gekennzeichnet. So konnten Löhne gekürzt und die Arbeitsmenge verringert werden, wenn die Absatzsituation dies erforderte, was umgehend auf die existenzielle Lebenssituation der Arbeiterfamilien durchschlug. Solche Verschlechterungen wurden häufig auch verdeckt in Form von Reklamationen oder durch Zahlungen in Waren statt in Geld vorgenommen, was einen Zustand des Misstrauens zwischen Verlegern und Heimarbeitern verursachte. Hinzu kam, dass einige Gutsbesitzer auch nach der Bauernbefreiung noch alte Abgaben und Pflichten von den Heimarbeitern verlangten und deren Situation weiter verschärften.

Wäre das Argument zutreffend, dass allein die Eigentumsverteilung das Aufkommen von Konflikten provoziert, müssten es gerade die Ärmsten sein, von denen die teilweise gewalttätigen Proteste ausgehen. Tatsächlich sind jedoch zwei weitere Faktoren zu beachten. Zum einen muss eine gewisse materielle Ausstattung erst einmal vorhanden sein, um so disponieren zu können, dass Spielraum für die Planung und Durchführung von Protestaktionen geschaffen werden kann. Ein gewisser Wohlstand sowie eine bestimmte gesellschaftliche Stellung, vor allem die Einbindung in Netzwerke zur Kommunikation mit möglichen Gleichgesinnten, müssen erreicht sein, bevor in die Veränderung der Institutionen investiert werden kann. Zum andern muss die Möglichkeit des Zugangs zu bestimmten Property Rights stärker in den Mittelpunkt der Betrachtungen gerückt werden. Wer beispielsweise sein durch Arbeitseinsatz verdientes und angespartes Kapital nicht so anlegen kann oder darf, dass sich daraus gesellschaftliche und wirtschaftliche Aufstiegschancen eröffnen, hat ein größeres Interesse an der Veränderung der behindernden Institutionen, was wiederum Ursache für Proteste sein kann. Auch wenn an der Wende von 18. ins 19. Jahrhundert die Möglichkeit des sozialen Aufstiegs

prinzipiell gegeben war, werden doch die faktischen Hindernisse als sehr hoch dargestellt (*Henning* 1991, S. 960).

Es waren nicht immer die Ärmsten, die sich gegen die bestehende Ordnung auflehn-
ten. So war der berühmte „Weberaufstand von 1844 kein Protest der darbenden Lei-
nenweber, sondern eine Revolte auskömmlich verdienender Baumwollweber" (*Spehr*
2000, S. 40).[90] Wirtschaftliche und soziale Schwäche war in der Regel verbunden mit
der Unfähigkeit, sich zur Durchsetzung der gemeinsamen Interessen zu organisieren.
Daher können die Aufstände auch als Zeichen der – zumindest relativen – Stärke und
weniger der Schwäche aufgefasst werden. Während die Heimarbeiter voneinander isoliert waren und deshalb ein gemeinsames Auftreten kaum möglich war, waren beispielsweise die gut bezahlten Kattundrucker, Tuchscherer und Buchdrucker aufgrund
der ständisch-zünftigen Prägung ihrer Berufe hoch organisiert. Die Masse der beobach-
teten Fälle von Maschinenstürmen kam aus solchen ‚starken' Berufsgruppen, die die
praktischen und ökonomischen Voraussetzungen für die Initiierung eines Protestes er-
füllten. Selbst die gewalttätigen Exzesse waren nicht blind gegen die Maschinen gerichtet, sondern gut vorbereitet und häufig auch erst als eskalierendes Mittel nach einer
erfolglos eingereichten Petition eingesetzt (*Spehr* 2000, S. 44). Dabei setzten die Akteure auch und vor allem auf das Argument des befürchteten Arbeitsplatzverlustes für
die zahlreichen einfachen Arbeiter, der durch die Maschinisierung drohte, auch wenn
dies auf im Nachhinein nicht aufrechtzuhaltenden Prognosen basierte. Dass die neuen
Maschinen vor allem auch die eigene herausragende Stellung im Handwerk bedrohten,
wurde hingegen kaum erwähnt (*Spehr* 2000, S. 49). So ging es beispielsweise für die
Tuchscherer in Aachen darum, die Privilegien des Handwerks aus der alten Zunftord-
nung in die neue Zeit zu retten und sich so der neuen Konkurrenz durch das Fabrikwe-
sen zu entledigen (*Spehr* 2000, S. 66). Damit standen sie in der Tradition der Zünfte, die
durch das Streben nach Abschottung und Monopolisierung geprägt waren.[91] Ebenfalls
wollten die Inhaber von Buchdruckereien in Leipzig den Wert ihrer Verfügungsrechte
an den Unternehmern sichern und nicht durch alternative Produktionsmethoden entwerten lassen. Sie gingen dabei sogar soweit, ihre eigenen Druckergesellen gegen die
Maschinen in konkurrierenden Druckereien zu mobilisieren (*Spehr* 2000, S. 78).

Zu der dargestellten Art des Protestes kam es zumeist als Reaktion auf eine drohende
Umverteilung oder Neubewertung bestehender Verfügungsrechte. Einige der Demonst-
ranten wollten ihre Privilegien verteidigen, andere sich gegen den drohenden Arbeitsplatzverlust absichern, indem sie – sofern sie über die entsprechenden Voraussetzungen
dafür verfügten – gegen die Veränderungen protestierten und sogar fremdes Eigentum

---

[90] Letztlich war die schlechte wirtschaftliche Situation der schlesischen Weber, die zu den Auf-
ständen beigetragen hat, weniger auf die Maschinisierung der Produktion zurückzuführen.
Hierzu hatten vielmehr die Sperrung der russischen Grenzen für Importe, Vermögensverluste
der Unternehmer durch einen Kursverfall von Eisenbahnaktien, Absatzeinbussen in Amerika
und die schlechte Qualität der angebotenen Produkte beigetragen. Gleichzeitig bestand zunehmend Konkurrenz durch tschechische Arbeiter, während ein Ausweichen in die Landwirtschaft
für erwerbslose Weber kaum möglich war und Qualifikationen für die maschinisierte Wirtschaft
fehlten (*Meinhardt* 1972).
[91] Ein kurzer Überblick über die Geschichte des Zunftwesens findet sich bei *Abelshauser*
(1990).

zerstörten. Dies kann die Handlungen zwar erklären, eine ordnungsökonomische Rechtfertigung liegt hierin jedoch nicht. Eine effizientere Definition von Property Rights
hatten viele Protestler nicht im Sinn, im Gegenteil wollten sie eben diese Innovationen
verhindern und angestammte Ineffizienzen beibehalten, die ihnen Renten zufließen ließen. Ein institutioneller Wandel hin zu volkswirtschaftlich wertstiftenden Institutionen
war durch diese Protestaktionen nicht zu erwarten.

Die Bewertung solcher Proteste hinsichtlich ihrer Wirkung auf die institutionellen
Bedingungen fällt möglicherweise anders aus, wenn damit auf tatsächliche strukturelle
Fehlsteuerungen hingewiesen wird, zu deren Behebung das Mittel des Protestes beitragen kann. So sind beispielsweise Forderungen nach Anerkennung des Leistungsprin-
zips, wie sie von manchen ehemaligen Handwerksgesellen sowie vom Bürgertum erhoben wurden (*Schildt* 1996, S. 14), durchaus ökonomisch zu begründen. Auch die Forderung nach einer Öffnung der Märkte für bisherige Outsider hat wettbewerbsfördernde
und wohlstandssteigernde Wirkungen. Motiviert ist sie dadurch, dass einige ihre Fähigkeiten nicht einbringen können, solange die entsprechenden Märkte für sie verschlossen
sind. Die vorhandenen Property Rights sind wirtschaftlich entwertet, wenn die Möglichkeit ausgeschlossen wird, die Verfügungsrechte auch zu nutzen. So hat es beispielsweise für eine Reihe von Handwerksgesellen keine weiteren Aufstiegsmöglichkeiten
mehr gegeben. Eine selbstständige bürgerliche Existenz und entsprechende Wohlfahrts-
steigerungen waren ihnen verwehrt (*Schildt* 1996, S. 77 f.).

In einer solchen Situation sind die Leistungsanreize für Anstrengungen innerhalb der
bestehenden Ordnungsstrukturen minimal. Ein sozialer und wirtschaftlicher Aufstieg
war auch bei besten Leistungen kaum möglich. Nicht die relative Armut an sich war in
einigen Fällen Auslöser von Protesten, sondern die Aussichtslosigkeit, an der eigenen
Situation selbst etwas zu verändern. Der fehlende Zugang zu Property Rights und somit
eine falsche Spezifizierung dieser Rechte war dann der Grund für die Proteste, nicht die
als ungerecht empfundene Verteilung. Dieses Argument wird selbst bei den schon ange-
sprochenen Kattundruckern in den Fabriken eine Rolle gespielt haben. Auch wenn sie
deutlich mehr verdienten als andere Handwerksgesellen und sie den Verlust ihrer Privilegien, beispielsweise mehrwöchige Kündigungsfristen, durch neue Maschinen befürchten mussten, gab es auch für sie keine weiteren Aufstiegsmöglichkeiten. „Der Ge-
sellenstatus war nicht vorübergehend, sondern Endpunkt ihrer Karriere." (*Spehr* 2000,
S. 46).

In der Frühphase der Industrialisierung gab es auf Seiten der Arbeiter noch keine institutionellen Formen des gemeinsamen Handelns und der gemeinsamen Interessenver-
tretung (*Spehr* 2000, S. 16). Erste gewerkschaftsähnliche Strukturen bildeten sich nach
1848 (*Ziegler* 2000, S. 272), als der Nationale Buchdrucker-Verein – die erste Gewerk-
schaft in Deutschland – gegründet wurde (*Michael Schneider* 2000, S. 30). Proteste wie
der Maschinensturm waren somit ein Kommunikationskanal, um auf die eigenen Anliegen aufmerksam zu machen. Doch wandten sich diese Proteste in der Regel an die falschen Adressaten. Die Unternehmer waren es schließlich nicht, die für die Schaffung
jener gesamtwirtschaftlichen Institutionen verantwortlich waren, die den sozialen und
wirtschaftlichen Aufstieg verwehrten. Eine Ausnahme mögen Proteste gegen die ge-
sundheitsgefährdenden Zustände in den Fabriken und die daraus folgende Bedrohung

der Verfügungsrechte an der eigenen Arbeitskraft vor Einführung entsprechender
Schutzrechte gewesen sein, die in den Unternehmen selbst hätten verbessert werden
können. Tatsächlichen Arbeiterschutz gibt es in Deutschland erst seit den dreißiger Jahren des 19. Jahrhunderts (*Frerich* und *Frey* 1996, S. 37). Auch wenn gefährliche Arbeitsbedingungen oder der fehlende Zugang zu bestimmten Property Rights, beispielsweise durch die Überreste der handwerklichen Zünfte, kritisierenswert waren, ist doch
das Mittel der Maschinenzerstörung nicht adäquat, die bestehenden Missstände zu beheben.

Die Maschinenproteste waren als Proteste gegen die neue Technik zumeist durch
Angst vor dem Wettbewerb motiviert, der die eigenen Verfügungsrechte zu entwerten
drohte. Beispielsweise verlor auch gering qualifizierte Arbeit an Bedeutung, weil diese
reichlich zur Verfügung stand, in den neuen Industrien aber nicht mehr so umfangreich
nachgefragt wurde wie zuvor. Eine derartige Reaktion auf veränderte Angebots- und
Nachfragestrukturen ist ökonomisch anders zu bewerten als Proteste gegen mangelnde
Aufstiegschancen aufgrund eines unangemessenen staatlichen Ordnungsrahmens. Hier
war die Maschine höchstens ein Symbol und in der Regel der letzte Angriffspunkt,
nachdem die vorgetragenen Petitionen nicht die gewünschte Aufmerksamkeit erlangt
hatten. Die Konflikte, die letztlich im Maschinensturm gipfelten, waren jedoch nicht un-
überbrückbar im Sinne der Konfliktthese, sondern in Teilen reine kurzfristig orientierte
Verteilungskonflikte, in denen der Wettbewerb nicht als wohlstandssteigerndes Instrument begriffen wurde. Teilweise handelte es sich aber auch um durch institutionelle
Fehler verursachte Konflikte im Sinne einer bedingten Harmoniethese. Die Proteste der
ersten Art waren häufig durch Angst vor dem Wettbewerb und folglich durch monopolistische Bestrebungen verursacht und zielten somit nicht auf einen effizienzsteigernden
institutionellen Wandel. Die zuletzt genannten Konflikte machten aber auch auf die
bestehenden Verfestigungen und Kartellierungen innerhalb der Wirtschaftsordnung
aufmerksam. In diesem Fall waren jedoch die Maschinen der neuen Industrien die falschen Symbole des Protestes, der sich vielmehr gegen die Vertreter der geschlossenen
Wirtschaftsbereiche hätten richten müssen. Auch staatliche Stellen hätten beispielsweise
durch Fortschritte im Bildungssystem zu einer Reduzierung der Konfliktpotentiale beitragen können.

4.4.2. Shareholder Value versus Stakeholder Value?

Neben dem historischen Fall des Maschinensturms kann auch in der aktuellen Diskussion über die Bedeutung des Shareholder Value ein möglicher Konflikt zwischen
Arbeit und Kapital gesehen werden (*Fels* u.a. 1999, S. 98 ff.). Einige Autoren sehen in
diesem Ansatz die Vollendung einer marktwirtschaftlichen Orientierung der Unterneh-
mensführung und versprechen sich Effizienzsteigerungen. Effiziente Kapitalmärkte
sollen so auch positive Rückwirkungen auf den Abbau von Arbeitslosigkeit haben, da
knappes Kapital an den produktivsten Stellen eingesetzt wird (*Fehn* 2000, S. 128). Andere hingegen befürchten eine einseitige Dominierung des Wirtschaftslebens durch die
Unternehmer und eine damit einhergehende Verschärfung des Konflikts zwischen Kapitaleignern und sonstigen wirtschaftlichen Interessengruppen. Kritiker verbinden mit

dem Shareholder Value-Konzept steigende Gewinne auf der einen sowie Entlassungen und verschlechterte Arbeitsbedingungen auf der anderen Seite.

Der Streit zwischen Verfechtern des Shareholder- und des Stakeholder Value-Ansatzes scheint den klassischen Fall des Konflikts zwischen Arbeit und Kapital widerzuspiegeln. So stehen sich Kapitaleigner, die ihren eigenen Nutzen mit Hilfe der Unternehmen vergrößern wollen, und andere Gruppen gegenüber, die ebenfalls eigene Interessen mit der Tätigkeit des Unternehmens verbinden. Es wäre jedoch falsch, die Beteiligten dieses Diskussionsprozesses auf ein einfaches Freund-Feind-Schema zu reduzieren. Auch wenn es sich vordergründig um einen Verteilungsstreit handelt, geht es doch letztlich darum, welche Konzeption eine größere Generierung von Wohlstand verspricht. Mit dem Stakeholder Value-Modell wird ein Konzept vorgeschlagen, bei dem sich alle Beteiligten ex ante über die Verteilung der Gewinne einigen. Beim Shareholder Value-Ansatz hingegen erhalten einige der Beteiligten ein zuvor festgelegtes Einkommen, während die Kapitaleigner aus dem Residuum bezahlt werden.

In der Debatte sind zuweilen Befürchtungen und Schlagworte wie „Radikalkapitalismus, Jobkiller, Mitarbeiter-, ja sogar Menschenverachtung" (*Würzberg* 2001) anzutreffen. Dies verdeutlicht, dass der Streit auch eine symbolische Funktion in der grundsätzlichen Kapitalismuskritik hat. Daher soll zunächst ein Überblick über die Grundzüge von Shareholder- und Stakeholder-Value-Konzeption gegeben werden, wobei die einzelnen Auswirkungen auf die Entscheidungsstrukturen innerhalb der Unternehmen an dieser Stelle unberücksichtigt bleiben (siehe hierzu beispielsweise *Jürgens* u.a. 2000). Anschließend soll geklärt werden, ob der vielfach unterstellte Konflikt zwischen den Eigentümern der verschiedenen Produktionsfaktoren tatsächlich existiert, beziehungsweise ob eine prinzipielle Interessenkonvergenz möglich und wahrscheinlich ist.

4.4.2.1. Die Konzepte im Überblick

Die beiden Ansätze unterscheiden sich vor allem darin, wie die verschiedenen Interessen, die an einem Unternehmen bestehen, in die Zielfunktion der Unternehmensleitung überführt werden. Dabei ist zu unterscheiden, ob die einzelnen Interessen direkt oder indirekt berücksichtigt werden und ob die gefundenen Ziele in ein einheitliches System integriert oder ob verschiedene Ziele je nach Unternehmen und jeweiliger Situation einzeln gewichtet und entsprechend verfolgt werden. Damit zusammenhängend spielt auch die Frage eine wichtige Rolle, wie die Unternehmensleitung, also vor allem die weitgehend selbstständig handelnden Manager, mittels entsprechender Anreize auf die Verfolgung der Unternehmensziele verpflichtet werden können.

Entsprechend dem Shareholder Value-Konzept orientiert sich die Unternehmensleitung vornehmlich am Wert des Unternehmens, den es langfristig zu maximieren gilt.[92] Er soll eine möglichst objektive Messgröße[93] für den Erfolg eines Unternehmens sowie

---

[92] *Baden* (2001), *Hirsch-Kreinsen* (1999), *Bühner* (1997), *Speckbacher* (1997), *Speckbacher* (1998).
[93] Die vielfältigen Möglichkeiten der Bilanzierung führen jedoch in der Praxis dazu, dass eine ‚objektive' Bestimmung des Unternehmenswertes kaum möglich ist und die Unternehmenslei-

für unterschiedliche unternehmenspolitischer Optionen sein. Gleichzeitig soll die Verpflichtung des Managements auf die Steigerung des Unternehmenswertes Anreize für ein erfolgreiches Bestehen am Markt setzen. Der Kapitalmarkt übernimmt eine wichtige Kontrollfunktion, sofern die Verfügungsrechte an den Unternehmen möglichst exklusiv definiert sind und nicht andere Interessengruppen ebenfalls Einfluss auf die Unternehmenspolitik ausüben, ohne die entsprechenden Gewinne oder Verluste zu tragen (siehe zur Bedeutung der Eigentumsrechte *Schüller* 1979). Eine Sanktionierung schlechter unternehmerischer Leistungen liegt beispielsweise in der Auswechselung des Managements oder in der Übernahme des Unternehmens durch andere Eigentümer, die die notwendigen Veränderungen vornehmen wollen.

Während die wichtigsten anderen Interessengruppen oder Stakeholder durch fest definierte Kontrakteinkommen vergütet werden, ist das Einkommen der Eigner als Residuum abhängig von der Leistung des Unternehmens. Die Befriedigung der Interessen der anderen Stakeholder trägt dabei mit zur Steigerung des Unternehmenswerts bei, da hierfür jeweils Gegenleistungen erbracht werden. Der Nutzen der Kunden wird durch das gekaufte Produkt, der Nutzen der Arbeitnehmer durch den Lohn, der Nutzen der Zulieferer durch den Verkaufspreis gesteigert. Das Unternehmen erhält hierfür Verkaufserlöse, Arbeitsleistung sowie Vorprodukte. Die Leistungen der Gemeinde an das Unternehmen werden durch die Zahlung von Gebühren oder Steuern abgegolten. Wenn die verschiedenen Tauschakte mit den einzelnen Stakeholdern betriebswirtschaftlich rentabel sind, steigen die augenblicklichen Gewinne und die zukünftigen Gewinnerwartungen. Damit wird unter der Annahme eines funktionierenden Kapitalmarktes der Wert der gehandelten Unternehmensanteile erhöht. In einer idealisierten Welt wäre somit der Börsenkurs, der alle zukünftig erwarteten Ereignisse auf die Gegenwart abdiskontieren soll, die perfekte Maßzahl für den Shareholder Value.

Tatsächlich findet dieser in der unternehmerischen Praxis auch insofern Anwendung, als Führungskräfte häufig einen Teil ihrer Vergütungen in Abhängigkeit vom Verlauf des Aktienkurses erhalten, um das Interesse der leitenden Mitarbeiter am Erfolg des Unternehmens zu stärken. Hierdurch sollen die Fehlanreize verringert werden, die durch die Aufspaltung der Property Rights entstehen, wenn die Anteilseigner die Rechte an der Entscheidung über tägliche Veränderungen des Unternehmens an die angestellten Manager übertragen haben (*Strätling* 2000, S. 13). Neben der Bewertung an den Aktienmärkten bestehen auch andere komplexere Verfahren zur Bestimmung des Shareholder Value eines Unternehmens. Auch wenn die konkrete Ermittlung der Zielgröße im Detail für die daraus entstehenden Wirkungen von großer Bedeutung sein kann, soll auf diese Methoden nicht weitere eingegangen werden.[94]

Festzuhalten bleibt jedoch, dass das Modell des Shareholder Value im Prinzip keine moderne Erfindung (*Küller* 1997, S. 518), sondern vielmehr eine Rückbesinnung auf das Ziel der Gewinnmaximierung ist, zumindest insofern, als die Interessen der Anteilseigner im Mittelpunkt der Funktionen des Unternehmens stehen sollen. Schon *Adam*

---

tungen zahlreiche Möglichkeiten zu einer Darstellung im eigenen Interesse haben (siehe hierzu beispielsweise *Schürmann* 2001).

[94] Siehe dazu beispielsweise *Bea* (1997), *Baden* (2001) oder *Lorson* (1999).

Smith hat die dahinter liegende Idee der wohlstandssteigernden Nutzung des Eigeninteresses in einem berühmten Vergleich beschrieben: „Nicht vom Wohlwollen des Metzgers, Brauers oder Bäckers erwarten wir das, was wir zum Essen brauchen, sondern davon, dass sie ihre eigenen Interessen wahrnehmen. Wir wenden uns nicht an ihre Menschen-, sondern an ihre Eigenliebe, und wir erwähnen nicht die eigenen Bedürfnisse, sondern sprechen von ihrem Vorteil." (*Smith* 1776/1999, S. 17).

Das Shareholder Value-Konzept ist vielfältiger Kritik ausgesetzt, die sich zwar häufig auf das Konzept selbst beschränkt, teilweise jedoch auch grundsätzliche Kapitalismuskritik einschließt (*Wagner* 1997). Insbesondere wird gegen diesen Ansatz vorgebracht, dass er lediglich die Interessen der Eigentümer berücksichtige und alle anderen Ansprüche ignoriere sowie soziale Aspekte vernachlässige (*Kürsten* 2000, S. 360). Auch führe er dazu, dass sich die Unternehmensleitung um eine kurzfristige Aufwärtsbewegung auf dem Aktienmarkt bemühe und dabei die langfristige Sicherung des Unternehmens aus dem Blick verliere (*Baden* 2001, S. 400). Die Interessen von weiteren Beteiligten wie Mitarbeitern, Gläubigern, Lieferanten, Kunden oder der breiteren Öffentlichkeit (*Hirsch-Kreinsen* 1999, S. 322) seien schon deshalb auch explizit bei der Formulierung der Unternehmensziele zu berücksichtigen, weil nicht nur die Kapitaleigner ein Risiko tragen und damit einen Anspruch auf den resultierenden Gewinn haben. So werden die Ansprüche an ein Unternehmen nahezu wertlos, wenn der Konkursfall eintritt. Aber auch in normalen Geschäftssituationen gibt es zahlreiche implizite Ansprüche der Stakeholder an das Unternehmen (*Speckbacher* 1997, S. 633), die durch Entscheidungen der Unternehmensleitung einseitig zur Disposition gestellt werden können. Um diese Ansprüche zu sichern, wäre es demnach verfehlt, nur die Interessen der Kapitaleigner auf die Unternehmensleitung wirken zu lassen. Weiterhin misstrauen viele Kritiker des Shareholder Value-Konzepts der Kontrolle durch den Kapitalmarkt. So wird vor allem auf die vorgeblich kurzfristige Orientierung der Anleger an Aktienmärkten verwiesen, die ebenfalls kein Interesse an einer langfristigen Wahrung und Steigerung des Unternehmenswerts hätten, sondern sich spekulativ von einer schnellen Steigerung des Kurswertes entsprechende Profite versprächen (*Bühner* 1997, S. 14). Dieses Verhalten zwinge die Unternehmensleitungen auch zu einem möglichst rücksichtslosen Verhalten. Sie müssten sowohl betriebsintern als auch auf gesamtwirtschaftlicher Ebene für einen weitgehenden Abbau sozialer Leistungen eintreten, um jederzeit die steigenden Ansprüche ihrer Aktionäre befriedigen zu können. Der Kritik am Shareholder Value-Ansatz wird damit eine grundsätzlich sozialpolitische Komponente hinzugefügt.

Aus dieser Kritik hat sich das Gegenkonzept vom Stakeholder Value entwickelt. Es sieht vor, die Unternehmenspolitik auf umfassende Ziele auszurichten, die die Interessen der verschiedenen Anspruchsgruppen berücksichtigen. Schon darin wird eine Problematik des Ansatzes sichtbar, da die Abgrenzung der einzubeziehenden Gruppen letztlich einer gewissen Willkür unterliegt (*Wagner* 1997, S. 488). Eine weitere Schwierigkeit liegt in der Aufgabe, die einzelnen Interessen zu einem kohärenten Zielsystem zusammenzufassen und einen möglichst umfassenden Konsens unter den Beteiligten herzustellen. Dieser Konsens wird für notwendig gehalten, wenn nicht davon ausgegangen wird, dass durch die Marktmechanismen ein effizientes Gleichgewicht zwischen den

Interessen erzielt werden kann (*Bühner* und *Tuschke* 1997, S. 502). Die Befriedigung von unterschiedlichen Interessen als Selbstzweck und nicht als Instrument zur Erreichung eines anderen Zieles ist eine für die Unternehmensleitung besondere anspruchsvolle Aufgabe. Gleichzeitig werden ihr dadurch eigene Handlungsmöglichkeiten eröffnet, was dazu beiträgt, dass das Konzept auch bei vielen Managern Zustimmung findet (*Jens* 2000, S. 9). Die Konsenssuche bringt jedoch, insbesondere wenn der Einfluss für die beteiligten Gruppen nahezu kostenlos ist und die Kosten vom Unternehmen zu Lasten des Gewinns und damit zu Lasten der Anteilseigner zu tragen sind, erheblichen Einigungsaufwand mit sich (*Bühner* und *Tuschke* 1997, S. 506 f.). In der Praxis hat das Stakeholder Value-Prinzip in der deutschen Wirtschaftsordnung großen Einfluss (siehe beispielsweise die Untersuchung von *Achleitner* und *Bassen* 2000). So sind beispielsweise in den Aufsichtsräten mitbestimmter Unternehmen Arbeitnehmervertreter repräsentiert. Das öffentliche Interesse wird über staatliche Aufsichtsinstitutionen, Publizitätspflichten und andere Regelungen gewahrt.

4.4.2.2. Interessengegensätze der Anspruchsgruppen

Entscheidend für die Einschätzung der Konzepte ist die Frage, ob es wirklich einen grundlegenden Interessengegensatz zwischen den Beteiligten und den durch sie repräsentierten Produktionsfaktoren gibt. Ein Konflikt, der eine Moderation der Interessen gemäß dem Stakeholder Value-Konzept erfordert, würde sich in den von den Kritikern konstatierten Fehlfunktionen des Shareholder Value-Prinzips manifestieren. So ist vor allem zu fragen, ob die Anhänger des Shareholder Value wirklich nur die Interessen der Anteilseigner bedienen und andere Beteiligte unfair behandeln wollen, ohne dass Leistungen und Gegenleistungen in einem angemessenen Verhältnis zueinander stehen. Dies wäre dann zu erwarten, wenn die anderen Anspruchsgruppen keine Sanktionsmöglichkeiten für den Fall hätten, dass ihre Belange nicht ausreichend gewürdigt werden. Doch tatsächlich können die anderen Gruppen auf solch eine Missachtung der Reziprozität reagieren und die Unternehmensleitung zu angemessenem und als fair empfundenem Verhalten. Beachtung drängen. Arbeitnehmer können gegebenenfalls das Unternehmen wechseln, Lieferanten und Kunden die Geschäftsbeziehungen einstellen, Fremdkapitalgeber ihre Kredite zurückziehen und die Öffentlichkeit durch publikumswirksamen Druck sowie staatliche Maßnahmen reagieren (*Baden* 2001, S. 401). Auch implizite Ansprüche müssen bedient werden, um die Kooperation aufrechtzuerhalten (*Speckbacher* 1998, S. 97). Weiterhin deutet beispielsweise die Effizienzlohntheorie an, dass es durchaus im Interesse der Unternehmen liegen kann, höhere Löhne zu zahlen oder betriebliche Sozialleistungen zu gewähren (*Backes-Gellner* und *Pull* 1999, S. 54 ff.) und damit auf kurzfristige Gewinne zu verzichten, um die Produktivität der Mitarbeiter zu erhöhen und längerfristige Unternehmenswertsteigerungen zu ermöglichen. Dies lässt sich damit erklären, dass Reziprozität für Menschen ein wichtiger Motivationsfaktor ist. Eine einseitige Orientierung an den Kapitaleignerinteressen ist also nicht zu erwarten, eine Quasi-Entwertung der Verfügungsrechte der anderen Beteiligten in der Regel nicht zu befürchten. Dabei ist jedoch zu beachten, dass für diesen indirekten Interessenausgleich ein funktionierender Wettbewerb auf allen relevanten Märkten notwendig ist, beispielsweise auch ein relativ ausgeglichener Arbeitsmarkt ohne besondere Restriktionen bei der Suche nach einem neuen Arbeitgeber. Das Shareholder

Value-Modell anerkennt die Exit-Option, wofür die entsprechenden Voraussetzungen vorliegen müssen, während die Idee vom Stakeholder Value die Voice-Optionen in den Mittelpunkt der unternehmensinternen Abläufe stellt.

Auch die angebliche Kurzfristorientierung, die bei Befolgung des Shareholder Value-Prinzips befürchtet wird, scheint eher die Ausnahme als die Regel zu sein. In dem auf die Gegenwart abdiskontierten Unternehmenswert werden nicht nur die augenblicklichen Gewinne berücksichtigt, sondern alle derzeit erwarteten zukünftigen Gewinne oder Verluste sowie der verbleibende Restwert (*Bea* 1997, S. 543). Daher wäre kurzfristiger Aktionismus bei funktionierenden Kapitalmärkten kein wirksames Mittel zur Steigerung des Unternehmenswertes. Auch die Anleger verfolgen in der Regel nicht nur kurzfristige Ziele (*Bühner* 1997, S. 14). Im Gegensatz dazu kann Managern jedoch eine gewisse Kurzfristorientierung unterstellt werden. Dies gilt beispielsweise dann, wenn sie den Höhepunkt ihrer Karriere bereits erreicht haben und daher eine weitere langfristige Planung keinen zusätzlichen Nutzen verspricht oder wenn einmalige Fragen zur Entscheidung anstehen und somit keine in Aussicht stehenden Wiederholungen der Situation disziplinierende Wirkungen entfalten können. Hier wäre eine angemessene Verknüpfung der Manager-Gehälter mit langfristig orientierten und praktizierbaren Zielvariablen angeraten (*Baden* 2001, S. 402). Die Frage der Fristigkeit ist so bedeutsam, weil sich die Struktur der Konflikte mit ihr verändert. Kurzfristig sind Konflikte fast selbstverständlich. Erst langfristig kann sich die angesprochene Berücksichtigung der Interessen der anderen Anspruchsgruppen durchsetzen und die Konflikte somit reduzieren.

Im Gegensatz zu einem breiteren und damit relativ beliebigen Zielbündel reduziert die Orientierung am Shareholder Value den unkontrollierten Handlungsspielraum der angestellten Unternehmensleiter (*Jens* 2000, S. 10). Diese müssen einem definierten Ziel folgen und können nicht mit den unterschiedlichen Wünschen der einzelnen Gruppen operieren, um eigene Vorstellungen durchzusetzen. Das Shareholder Value-Konzept erhöht den Einfluss der Aktionäre und fasst damit das formale Eigentum und die tatsächliche Entscheidungsgewalt zusammen. Die Eigentümer können sich dadurch eine größere Entscheidungsbefugnis sichern, gleichzeitig tragen sie das entsprechende Risiko. Eine Umsetzung der Stakeholder Value-Überlegungen kann hingegen als Verdünnung von Property Rights verstanden werden, wenn damit ex ante Interessen ausgeglichen und die Orte der unternehmerischen Entscheidungen nicht mit den entsprechenden Risiken in Einklang gebracht werden.

Der Interessengegensatz, der in der Diskussion über Stakeholder Value und Shareholder Value dargestellt wird, scheint in der befürchteten Form übertrieben zu sein. Tatsächlich ist zumindest langfristig eine Orientierung am Unternehmenswert unmöglich, ohne die Interessen der anderen Stakeholder angemessen zu berücksichtigen. Dies setzt jedoch den Schutz vor Missbrauch von Marktmacht voraus, beispielsweise auf der Nachfrageseite bei hoher Arbeitslosigkeit (*Matthes* 2000, S. 9). Man kann zu dem Schluss kommen, dass die Kritik am Shareholder Value weniger Kritik an den grundsätzlichen Überlegungen, sondern vielmehr an der praktischen Umsetzung der Konzeption ist (*Baden* 2001, S. 402). Solche Fehler treten beispielsweise dann auf, wenn Manager sich eigenorientiert kurzfristig verhalten, weil ihre Bezahlung an kurzfristige Messgrößen gekoppelt ist (*Union der Leitenden Angestellten* 1996, S. 43), oder wenn sie unangenehme Entscheidungen mit der theoretischen Konzeption und einer angeblichen äußeren Notwendigkeit begründen, obwohl tatsächlich frühere Fehler der Unternehmensleitung verdeckt werden sollen. Grundlegende Konflikte zwischen Arbeit und Kapital, die durch den Stakeholder Value-Ansatz begrenzt werden müssten, sind jedoch nicht festzustellen.

4.5. Die Kritik an den Finanzmärkten – ohne Kontakt zur realen Wirtschaft?

Auf den Finanzmärkten[95] werden aus der Perspektive der Property Rights-Theorie Rechte an Gütern wie beispielsweise Unternehmen oder auch abgeleitete Rechte gehandelt.[96] Die Finanztitel basieren stets auf realwirtschaftlichen Tatbeständen. Es handelt sich um Eigentumsrechte, die in kleine Anteile aufgespalten sein können, wie dies beispielsweise mit Aktien an einem Unternehmen geschieht. Erst diese Verbriefung und Aufteilung ermöglicht den Handel mit Eigentumsrechten solch großer und komplexer Organisationen. Das Recht an der Veräußerung von beliebig großen Beteiligungen wird erst durch die Existenz und Funktionalität von Finanzmärkten tatsächlich umsetzbar. Auch der intertemporale Handel mit solchen Rechten benötigt Finanzmärkte und entsprechende abgeleitete Finanzprodukte. Mit Optionen ist es beispielsweise in standardisierter Form möglich, die gewünschten Papiere zu einem vereinbarten späteren Zeitpunkt zu einem vorab festgelegten Preis zu kaufen oder zu verkaufen. Finanzmarktprodukte ermöglichen mittelbar eine präzisere Transaktion der zugrunde liegenden realen Güter. Innovative abgeleitete Produkte stellen den Versuch von Unternehmern dar, durch weitere Präzisierungen der Rechte zusätzliche Wertschöpfung zu erzielen. Aus dieser Sicht handelt es sich bei funktionierenden Finanzmärkten also um eine Perfektionierung des Handels mit spezifizierten Verfügungsrechten an bestimmten Güterkomplexen.

Unter dem Blickwinkel der Property-Rights Theorie entspricht die Kritik an den Finanzmärkten der These, der Prozess der Spezifizierung und Kommerzialisierung von Verfügungsrechten führe zu wachsenden Risiken, die auch die reale Sphäre belasteten. Eine mögliche Krise hätte beispielsweise steigende Arbeitslosigkeit zur Folge, wodurch die tatsächlichen Nutzungsmöglichkeiten des Faktors Arbeit erheblich eingeschränkt würden. Hinter der Diskussion über die Chancen und Risiken der modernen entwickelten Finanzmärkte steht aus Sicht der Eigentumsrechtsanalyse vor allem die Frage der Funktionalität und Stabilität der Märkte. Dies ist gleichbedeutend mit der Frage: Verursachen hoch spezifizierte Verfügungsrechte inhärente Instabilitäten und schränken sie damit die Rechte Dritter auf anderen Märkten ein?

---

[95] Unter Finanzmärkten sollen im Folgenden insbesondere die Märkte für die verschiedenen Wertpapiere und die daraus abgeleiteten Produkte verstanden werden.

[96] Auch wenn die Vermögenstitel selbst handelbar sind, ohne dass dies direkte Auswirkungen auf die zugrunde liegenden Güter haben muss (*Kath* 1983, S. 249 ff.), bleiben die handelbaren Rechte eng an Güter gebunden, auf denen sie basieren. Den Rechten ist mithin keine eigenständige Guteigenschaft zuzugestehen (*Meyer* 1983, S. 7 ff.).

Um diese Fragen zu beantworten, ist zunächst die These zu untersuchen, die Finanzmärkte haben sich von den Güter- und Arbeitsmärkten abgekoppelt und können diese dominieren, ohne dass dies mit den Bewertungen der entsprechenden Knappheitsverhältnissen korrespondiere. Dies würde der Annahme widersprechen, dass es sich bei den Finanzmarkttiteln um spezifizierte und verbriefte Eigentumsrechte an realwirtschaftlichen Gütern handelt. So sollen nach einer Darstellung der diskutierten Behauptungen zunächst die zentrale Rolle der Finanzmärkte im ökonomischen Rechnungszusammenhang dargelegt und die einzelnen Funktionen der Märkte erläutert werden. Insbesondere seien an dieser Stelle die Fristen-, Größen- und Risikentransformation genannt, wodurch Verfügungsrechte unterschiedlicher Spezifikation getauscht werden können. Ohne die Institution der Finanzmärkte müssten die realen Güter selbst gehandelt werden, was aufgrund unterschiedlicher Bedürfnisse nach Anlagen bestimmter Größe und Fristigkeit und mit bestimmten Risiken nur sehr unvollkommen möglich ist. Finanzmärkte allozieren ferner Mittel zu den erfolgversprechendsten Innovationen. Dies macht sie auch aus der Perspektive eines evolutorischen Ansatzes bedeutsam: Finanzmärkte stellen Kapital für das Testen erfolgversprechender Hypothesen zur Verfügung. Ohne sie könnte ein wissensschaffender Wettbewerb nur eingeschränkt stattfinden.

Daneben gilt es, Probleme der Finanzmärkte zu untersuchen. Asymmetrische Informationen führen zu marktimmanenten Risiken. Spekulative Attacken sowie die Bildung von Blasen ('Bubbles') können weitere Quellen unerwünschter Finanzmarktergebnisse sein, die auf fehlerhafte Erwartungen der Marktteilnehmer zurückzuführen sind. Diese verschiedenen Störungen sollen erläutert und auf ihre Ursachen hin betrachtet werden. Am Beispiel der Asienkrise von 1997 soll kurz verdeutlicht werden, wie eine solche Verwerfung entstehen kann, die sich von den Finanzmärkten auf die reale Wirtschaft ausbreitet. So soll auch darauf hingewiesen werden, dass ein Finanzmarktcrash stets einen realen Kern und einen realen Auslöser hat, der dann jedoch durch Überreaktionen der Marktteilnehmer in eine besonders schwere Krise münden kann. Finanzmärkte wirken insofern wie Boten, die eine schlechte Nachricht überbringen (*Mayer* 2001, S. 561). Sie sind nicht die eigentlichen Verursacher des Problems.

Wie sich die Leistungen oder Fehlleistungen der Finanzmärkte auf den Arbeitsmarkt auswirken, soll anschließend erläutert werden. Neben den offensichtlichen und in der Geschichte teilweise katastrophalen Konsequenzen schwerer Finanzmarktkrisen für die Arbeitsmärkte darf nicht übersehen werden, dass von solchen Ereignissen auch andere Ordnungen betroffen sein können. Ferner ist zu erläutern, wie sich die Dynamik und Mobilität der Finanzmärkte auf die Arbeitsmärkte auswirkt. Einfache Arbeit kann leichter durch Sachkapitalgüter ersetzt werden, wenn effizientere Finanzmärkte sinkende Kapitalkosten zur Folge haben. Gleichzeitig schaffen funktionierende Finanzmärkte aber erst die Voraussetzung für den komplementären Einsatz von Kapital und Arbeit. Durch bessere Allokation knapper Mittel kann ein zusätzliches Sozialprodukt erwirtschaftet werden. Es ist weiterhin festzustellen, dass den tatsächlichen Marktchancen entsprechend allozierende Finanzmärkte auch eine verteilungspolitische Funktion haben. Kapitalgeber honorieren eine erfolgversprechende Idee, weniger vorhandenes Vermögen. Ein Innovator kann das nötige Geld für die Umsetzung der Innovation erhalten, wenn ihr gute Marktchancen zugerechnet werden. Auch wenn vorhandene Sicherheiten die Kreditwürdigkeit erhöhen, muss die Frage, wie reichhaltig die bestehende Kapitalausstattung ist, keine entscheidende Rolle spielen. Finanzmärkte, die nicht durch unnötige regulierende Maßnahmen eingeschränkt sind, können somit die Notwendigkeit verringern, mit Hilfe von Umverteilungsmaßnahmen die Chancengleichheit der Bürger sicherzustellen. Damit könnten Anreizstrukturen wieder hergestellt und Friktionen auf den Arbeitsmärkten vermindert werden.

Abschließend sollen Ansätze vorgestellt werden, die zur Stabilisierung der Finanzmärkte beitragen können und negative Auswirkungen auf die Faktormärkte vermeiden sollen. Neben einer konsequent marktwirtschaftlichen Ordnungspolitik, auch und gerade auf den Arbeitsmärkten, sind hier auch staatliche Überwachungsmaßnahmen zu diskutieren, wie sie beispielsweise in Form von Bankenaufsicht oder Bilanzierungsvorschriften, die mögliche Risiken offen legen sollen, praktiziert werden. Weiterhin wird darzustellen sein, dass auch Elemente einer spontanen Ordnung stabilisierend wirken können. So können Kapitalgeber, Banken und andere Finanzmarktteilnehmer Interesse an der Herausbildung von entsprechenden Institutionen haben.

4.5.1. Finanzmarktkritik

Die These, dass die Finanzmärkte negative Einflüsse auf reale Entwicklungen der Wirtschaft ausübten, ist keine Erfindung der modernen Globalisierungsgegner. Die Finanzmärkte standen schon immer in der Kritik. Der Geldverkehr ohne konkreten und oder offensichtlich erkennbaren realwirtschaftlichen Anlass war stets umstritten, weil die zugrunde liegenden Verfügungsrechte für viele nicht sichtbar sind. Auch aus moralischer Perspektive galten Finanzgeschäfte lange als weitgehend inakzeptabel. Zins und Gewinn wurden und werden nicht von jedermann als legitim angesehen, da sie nicht auf menschlicher Arbeit beruhen. Hierin spiegeln sich die Ideen der Arbeitswertlehre wieder (siehe dazu Kapitel 3.1). Der Aufwand und das Risiko, die mit Finanzmarkttransaktionen verbunden sind, werden dabei ebenso wenig berücksichtigt wie der gesamtwirtschaftliche Nutzen, der sich beispielsweise aus einer durch funktionierende Finanzmärkte erreichten besseren Ressourcenallokation ergibt. Zumeist liegt eine Ursache der grundsätzlichen Kritik daran, dass die Verbindung von Finanzkapital und Sachkapital zu wenig gesehen wird (siehe beispielsweise *Hilferding* 1910/1947). Während Besitzer von Sachkapital in der Regel selbst mit dem gebundenen Vermögen die Rolle eines Unternehmers ausfüllen, haben die Anleger im Falle von reinen Finanzinvestitionen nur indirekt Einfluss auf unternehmerische Entscheidungen. Finanzkapital ist zwar weniger konkret und damit öffentlich leichter angreifbar, dennoch repräsentiert es reale Investitionen in Sachkapital. Wahrscheinlich würde es einige der zuweilen heftig geführten Diskussionen über die Finanzmärkte nicht geben, wenn Klarheit darüber bestünde, dass es sich bei den gehandelten Titeln nicht um gelagertes und ungenutztes Geldvermögen, sondern um Anteile an mehr oder weniger produktivem Sachvermögen handelt.

Ebenso alt wie die Geschichte der Kapitalmärkte ist auch die Kritik an ihnen sowie entsprechende Regelungsversuche. „Beispielsweise erließ der babylonische Herrscher Hammurabi bereits 1700 v. Chr. Gesetze über Zinsen und Kreditbedingungen." (*Becker* 1999, S. 32). Vor 2000 Jahren betrachteten die Römer Berufe kritisch, die nicht direkt mit der Produktion verbunden waren. Selbst Handel wurde nach altrömischen Moral-vorstellungen nur als Direktverkauf durch den Produzenten der Güter akzeptiert. Römi-sche Senatoren umgingen diese Regelungen durch das Einschalten von Strohmännern, so dass sie die notwendigen Mittel zur Sicherung ihrer politischen Macht aufbringen konnten (*Schleich* 1983 und 1984). Die Ablehnung von Finanzdienstleistungen setzte sich auch im mittelalterlichen Europa fort. Diese Aufgaben waren vielfach Juden vorbe-halten, deren kommerzieller Erfolg Neid und Missgunst weiter Teile der Bevölkerung auf sie gelenkt hat (*Baumann* 1992, S. 60 ff.). Auch in der sozialistischen Bewegung findet sich eine grundsätzliche Ablehnung des Finanzwesens. Noch heute spielen die Finanzmärkte in den Augen ihrer Kritiker eine moralisch zumindest fragwürdige Rolle. Zins und Gewinn werden beispielsweise von den christlichen Kirchen nach wie vor kritisch eingeschätzt (*Willgerodt* 2000, siehe dazu auch Kapitel 3.3).

Nachdem in den vergangenen Jahren internationale Kapitalverkehrskontrollen aufge-hoben und nationale Finanzmärkte dereguliert wurden (*Lamfalussy* 2000, S. 68), gerie-ten die internationalen Finanzinstitutionen wie der Internationale Währungsfonds und die Weltbank sowie private Marktteilnehmer in das Zentrum der Proteste. Das deutlich gestiegene Handelsvolumen hat auch die Kritik an den Akteuren verstärkt. Finanz-märkte werden für vermeintliche Fehlentwicklungen der Globalisierung, insbesondere für den wirtschaftlichen Rückstand der Entwicklungsländer sowie für die Vernachlässi-gung von sozialen Standards, Arbeitsnormen oder des Umweltschutz verantwortlich ge-macht. So wird immer wieder eine Besteuerung von Devisengeschäften, also die Ein-führung einer sogenannten Tobin-Steuer, gefordert (*o.V.* 2000c). Durch diese Kritik an den Finanzmärkten wird gleichzeitig der Eindruck erweckt, eine Beschränkung der Freiheit auf diesen Märkten würde zahlreiche Übel beseitigen. Dieser These nach haben Eingriffe in die Finanzmärkte keine nennenswerten negativen Auswirkungen auf die reale Wirtschaft. Umgekehrt stellten diese auch keine Grundlage für das effektive Wir-ken der Marktkräfte an den Finanzmärkte dar.

Die einfache Dualismusthese behauptet, Finanzmärkte seien von den realen Märkten, also von Güter- und Faktormärkten, abgekoppelt. Sie existierten unabhängig nebenein-ander, ohne dass Geschehnisse auf den einen Märkten Konsequenzen für die anderen Märkte haben. Dies wird mit dem starken Anstieg der Volumina von Finanztransaktio-nen in den letzten Jahren begründet. Damit wird der Eindruck erweckt, dass ohne Bezug zur Realität der dinglichen Wirtschaft spekuliert werde. Gleichzeitig wird behauptet, diese Entwicklung hätte negative Folgen für die Stabilität der Märkte oder für Arbeits-plätze. Dies ist jedoch widersprüchlich, da Finanz-, Güter- und Faktormärkte nicht un-abhängig voneinander sein können, wenn gleichzeitig Probleme auf den Finanzmärkten Auswirkungen auf andere Märkte haben. Die These der einseitigen Abhängigkeit lässt sich nicht als Variation der Dualismusthese auffassen, sondern muss als eigene Depen-denzthese betrachtet werden. Sie postuliert eine asymmetrische Abhängigkeit der Güter- und Faktormärkte vom Finanzsektor. Während die von den Finanzmärkten ausgehenden Gefahren kritisiert werden, bleiben die grundlegenden wertstiftenden Voraussetzungen, die funktionierende Finanz- und Kapitalmärkte für die Gesamtwirtschaft haben, unbe-achtet. In einer strengen Variante der Dependenzthese wird unterstellt, das Finanzkapital entmachte die Nationalstaaten und bestimme die Politik.[97] Im Standortwettbewerb habe die nationale Politik demnach keine Einflussmöglichkeiten mehr und müsse sich den Wettbewerbsbedingungen bedingungslos anpassen.

4.5.2. Finanzmärkte und die Realwirtschaft

Einen engeren Zusammenhang zwischen Finanzmärkten und Realwirtschaft behauptet die Interdependenzthese. Wirtschaftssubjekte können miteinander auf den Finanzmärkten zum jeweils eigenen Nutzen Handel mit mittelbaren Verfügungsrechten an realen Gütern treiben. Beispielsweise können realwirtschaftliche Transaktionen abgesichert oder finanziert werden, was letztlich zu einer besseren Bedürfnisbefriedigung beitragen soll. Gleichzeitig können aber auch schlecht funktionierende Finanzmärkte zu unerwünschten Resultaten auf anderen Teilen des Marktsystems führen

An dieser Stelle soll gezeigt werden, wie aus einer theoretischen Perspektive die wechselseitige Abhängigkeit der Finanzmärkte von den Gütermärkten begründet werden kann, wodurch auch der Charakter der Finanztitel als verbriefte Property Rights deutlich wird. So wird erkennbar, wie Finanzmärkte als abgeleitete Märkte auf den Gegebenheiten der Gütermärkte aufbauen und wie reale Transaktionen Finanztransaktionen nach sich ziehen. Im weiteren Verlauf sollen die verschiedenen Transformationsfunktionen, die die Finanzmärkte dabei erfüllen, erläutert und die daraus resultierenden nutzenstiftenden Wirkungen auf die sogenannte reale Sphäre verdeutlicht werden. In einem breiteren Rahmen soll der Gedanke des Rechnungszusammenhangs vorgestellt werden, der auf die dezentrale Koordination der verschiedenen Wirtschaftspläne der einzelnen Wirtschaftssubjekte hinweist. Dabei wird deutlich, warum es nicht möglich ist, die Finanzmärkte als Teil des Marktsystems aus diesem Rechnungszusammenhang herauszulösen, ohne erhebliche Koordinationsprobleme zu erzeugen, deren Auswirkungen nicht nur die Finanzmärkte betreffen. Abschließend soll in diesem Abschnitt eine Perspektive eingenommen werden, die über die bisherige Sichtweisen hinausgeht und dem Gedanken eines evolutorischen Konzept folgt. Dieses basiert zum einen auf dem Ansatz *von Hayeks*, der auf das Wissensproblem abzielt, sowie zum anderen auf den Ideen *Schumpeters*, der die Innovationsgenerierung im Blick hat. Auf den Finanzmärkten werden in der Interaktion der Marktteilnehmer Hypothesen getestet. Hierbei handelt es sich beispielsweise um Investitionsprojekte, so dass die Auslese von Hypothesen auf den Finanzmärkten auch für die reale Sphäre von Bedeutung ist.

4.5.2.1. Finanzmärkte als abgeleitete Märkte

Ebenso wie das Geld die Transaktionskosten realwirtschaftlicher Tauschprozesse senkt, lässt sich auch das Geschehen auf Finanzmärkten als Versuch erklären, über Transaktionskosten senkende Institutionen und Organisationen Ressourcen einzusparen. Für sich genommen können Finanzmärkte keinen Beitrag zur Bedürfnisbefriedigung leisten. Ihre Existenz ist an den nutzenstiftenden Zusammenhang mit dem realwirtschaftlichen Geschehen gebunden. Finanzmärkte sind als abgeleitete Märkte zu begrei-

---

[97] Siehe beispielsweise *Gorz* (1997), erläutert von *Rodemer* und *Dicke* (2000, S. 275 ff.).

fen, wobei die Ableitung in der Präzisierung der Verfügungsrechte liegt. Zum schlechten Ansehen der Finanzmärkte hat ihre vordergründige Trennung von der direkten Produktion greifbarer Güter und eine sozialromantische Verklärung der industriellen oder landwirtschaftlichen Produktion beigetragen. Wenn Finanzmärkte eigenständig, unkontrolliert und nicht nutzbringend – genauer gesagt nicht produzierend – agieren, könne dies, so die Kritiker, keine positiven Folgen für die Wohlfahrt haben. Aufgrund der Instabilitäten der Finanzmärkte müsse sogar mit wohlstandsvernichtenden Wirkungen gerechnet werden. Diese Sichtweise verkennt jedoch die realen Grundlagen, auf denen die Finanzmärkte basieren und die sie fest mit den Geschehnissen auf dem realen Sektor verbinden.

Auf den Finanzmärkten treffen Sparer und Investoren zusammen. Der Sparer legt seine Ersparnisse in die Hände des Investors, beispielsweise indem er Unternehmensanteile, also verbriefte Property Rights in Form von Finanztiteln, kauft oder Kredite vergibt. Der Investor wird mit dem erhaltenen Kapital in der realen Wirtschaft tätig und zahlt Gewinn oder Zins an den Sparer aus. Dieses vereinfachende Bild eines Kapital- oder Finanzmarktes soll verdeutlichen, wie die Realwirtschaft in diese Märkte hineinwirkt. In einer einfachen Realtauschwirtschaft ohne den Einsatz von Geld gibt es auch keine Finanztransaktionen und nur sehr primitiv ausgestaltete Property Rights. Auch eine Wirtschaft, in der jedes Individuum oder jede Kleingruppe nur für sich und für die Gegenwart produziert, kommt ohne den Einsatz von Finanzmärkten aus. Erst in einer komplexer werdenden arbeitsteiligen Wirtschaft können Spar- und Investitionsentscheidung getrennt sein, so dass ein Koordinationsmechanismus notwendig wird. Sowohl das Kapitalangebot des Sparers als auch die Nachfrage des Investors werden durch das realwirtschaftliche Geschehen entscheidend bestimmt. So ermöglichen Überschüsse, gleichgültig ob sie durch bessere Produkte, effektivere Arbeit oder gesunkene Kosten entstanden sind, oft erst das Sparen. Ferner wird der Wille zum Sparen, soweit der Einkommensspielraum gegeben ist, beispielsweise durch drohende Notsituationen oder absehbaren Kapitalbedarf zur Sicherung des Lebensstandards im Alter erhöht. Noch offensichtlicher sind die realen Bestimmungsgründe für die Kapitalnachfrage. Investitionsprojekte, die eine ausreichende Rendite versprechen, sorgen für Kapitalbedarf, der am Kapitalmarkt gedeckt werden soll. Die Erfolgsaussichten der einzelnen Investitionen sind wiederum von zahlreichen realen Faktoren abhängig, die in der Nachfrage, im anderweitig bestehenden Angebot, in den Fähigkeiten des Investors und nicht zuletzt in staatlichen Rahmenbedingungen begründet sind. Angesichts der Vielfalt der Einflussfaktoren sind die einzelnen Entwicklungen auf den Finanzmärkten nur schwer zu prognostizieren.

„Im Gefüge der volks- und weltwirtschaftlichen Verflechtung wird den Finanzmärkten in traditioneller Sicht eine dienende Funktion zugeschrieben: An ihnen werden – im Idealfall bestmöglich – all jene Finanzgeschäfte abgewickelt, die für einen reibungslosen Ablauf der Entwicklung im güterwirtschaftlichen Bereich, insbesondere für die optimale Allokation der Ressourcen, erforderlich sind." (*Horn* 1995, S. 1). So kann der Kapitalmarkt, an dem mit Verfügungsrechten gehandelt wird, auch als „Markt der Märkte" bezeichnet werden, der „gleichsam die Zukunftsdimension der übrigen Märkte" (*Fehl* 1994, S. 358). wiederspiegelt. Gerade die mit Unsicherheit behafteten zukünftigen Entwicklungen werden an den Finanzmärkten gehandelt. Die Verzinsung, die zum Vergleich des zukünftigen mit dem gegenwärtigen Wert herangezogen wird, bildet sich auf den Kapitalmärkten, wo der Tausch tatsächlich vorgenommen werden kann, entsprechend den Zeitpräferenzen und Erwartungen der Wirtschaftssubjekte hinsichtlich Kapitalangebot und Kapitalnachfrage. Ihren auf realen Gegebenheiten basierenden Charakter zeigen die Märkte auch dadurch, dass hier nicht nur mit einzelnen Produkten gehandelt wird, sondern auch mit ganzen Firmen, Branchen oder Märkten. Die einzelnen Finanzprodukte, mit denen der Handel abgewickelt wird, repräsentieren die Property Rights größerer realwirtschaftlicher Einheiten, die miteinander verglichen und bewertet werden können.

4.5.2.2. Was leisten Finanzmärkte?

Die wichtigsten konkreten Problemlösungen, die Finanzmärkte den Unternehmen bieten, liegen in der Transformation von Größen, Fristen und Risiken. Aber nicht nur aus der Sicht des einzelnen Unternehmens oder Sparers und Investors übernehmen diese Märkte Aufgaben. Auch für eine arbeitsteilige und wettbewerblich organisierte Volkswirtschaft als Ganzes haben sie positive Effekte, indem sie eine bessere Allokation von Ressourcen ermöglichen: „Finanzmärkte mobilisieren das Sachvermögen. Sie verwandeln unteilbare, illiquide und riskante Investitionen in teilbare, liquide und sichere Ansprüche" (*Engels* 1996, S. 285) und ermöglichen damit eine präzisere und handelbare Ausgestaltung von Verfügungsrechten. Auf den Finanzmärkten können kleine Sparvermögen zu größeren Beträgen zusammengefasst, größere Summen können aufgeteilt werden. So sehen beispielsweise die Banken einen Vorteil darin, kleine Beträge von Anlegern zu sammeln und in größeren Summen als Kredit zu vergeben. Auch die Emission von Bundesschuldtiteln oder privatwirtschaftlichen Anleihen sind Beispiele für solche Größentransformationen. Ein großer Schuldtitel wird auf zahlreiche kleine Anleger verteilt. Ähnliches gilt für den Umgang mit verschiedenen Fristigkeiten und Risiken. Im Laufe der Jahre wurden immer neue Typen von Finanzprodukten entwickelt, mit denen kurz- und langfristige Papiere getauscht, Risiken durch den gezielten Kauf anderer Papiere reduziert und somit Property Rights marktgerechter gehandelt werden können. Sogar gegen schlechtes Wetter kann man sich durch den Kauf von Derivaten absichern (*Golder* 2002).

Durch die Wahrnehmung der Größen-, Fristen und Risikotransformation und somit durch die bessere Spezifizierung und Zuordnung von Verfügungsrechten ermöglichen die Finanzmärkte die Reduzierung der Transaktionskosten. Kreditnehmer müssen sich nicht immer entsprechende Anleger suchen, die genau die passende Summe für den gewünschten Zeitraum und unter Inkaufnahme genau dieser Risiken verleihen möchten. Die auf den Finanzmärkten handelnden Personen und Organisationen übernehmen diese Funktion, erzielen aus gesparten Transaktionskosten ihr Einkommen und fördern unbewusst und ungewollt die allokative Effizienz der gesamten Wirtschaft (*Schüller* 1997c,

S. 180 ff.).[98] Mit der Finanzierung von neu gegründeten Unternehmen oder der Expansion und Neustrukturierung bestehender Firmen erhalten Gütermärkte eine wettbewerbliche Dynamik, die sich in Innovationen und Investitionen manifestiert. Kurzfristige Rückgriffe auf die Finanzmärkte, beispielsweise zur Überbrückung von Liquiditätsengpässen, ermöglichen es Unternehmen, in schwierigen Situationen zu überleben. Mit der Kapitalmarktfinanzierung geht auch die Bewertung des unternehmerischen Handelns Hand in Hand. Auf diese Weise bildet sich eine externe Kontrolle des Unternehmensverhaltens heraus. Rating-Agenturen spezialisieren sich darauf, die Risiken der Unternehmen und somit deren Kreditwürdigkeit zu schätzen und den Anlegern dieses spezifische Erwartungswissen anzubieten. Aktienmärkte sind eine ständige Quelle von Informationen über die Erfolgsaussichten von Aktiengesellschaften beziehungsweise der verantwortlichen Marktakteure. An diese Wirkungen knüpft das Shareholder Value-Konzept zur Beurteilung und Steuerung von Unternehmen an, indem es vorsieht, dass sich die Unternehmensleitung an der Bewertung durch die Finanzmärkte orientiert (siehe dazu ausführlicher Kapitel 4.4.2). Diese Informationen der Finanzmärkte beziehen sich auf Hypothesen zur Bewertung und Steuerung realwirtschaftlicher Vorgänge. Von einer realwirtschaftlichen Irrelevanz der Finanzsphäre oder fehlenden positiven Wirkungen für die Gütersphäre kann keine Rede sein. Es sind zwei Seiten einer Medaille. Insbesondere wenn Arbeitskräfte knapper werden, wie es beispielsweise aufgrund der demographischen Entwicklung in den nächsten Jahrzehnten für Deutschland erwartet wird, steigt die Bedeutung von freien Finanzmärkten für die Bereitstellung von Kapital. Der zusätzliche Einsatz von arbeitssparenden Kapitalgütern kann fehlende Arbeitskräfte ersetzen und somit das bestehende Wohlstandsniveaus sichern (*Börsch-Supan* 2001).

4.5.2.3. Finanzmärkte im Rechnungszusammenhang

In ein umfassenderes theoretisches Konzept, dass die Interdependenz der Faktor- und Gütermärkte berücksichtigt, werden die Finanzmärkte eingebunden, wenn man sie als integrierten Bestandteil des allgemeinen Rechnungszusammenhangs betrachtet. Durch diesen können die einzelnen Marktteilnehmer die jeweils für sie günstigsten Handlungen auswählen. Der Rechnungszusammenhang ermöglicht die Erfüllung der verschiedenen Aufgaben der Faktorallokation: Information über Bedarf und relative Knappheiten, Motivation der Marktteilnehmer, Koordination der Handlungen und Kontrolle durch den Markt (*Schüller* 1999, S. 9 f.). Der Gedanke des Rechnungszusammenhangs entspricht der Interdependenzthese, nach der die Finanzmärkte in beiderseitigen Wechselwirkungen mit den Märkten der realen Sphäre stehen und als integrierter Teil eines Ganzen – nämlich des Rechnungszusammenhangs – angesehen werden. Auf den Finanzmärkten werden Property Rights marktgerecht spezifiziert, so dass aufgrund der gesunkenen Transaktionskosten weitere Elemente im Rechnungszusammenhang berücksichtigt werden können. Folglich können sie auch nicht ohne Auswirkungen auf andere Teilordnungen aus diesem Marktsystem herausgelöst werden.

---

[98] *Hellwig* (1997, S. 213) grenzt mit Verweis auf die gängige Literatur folgende positiven Effekte voneinander ab: Finanzierung, Risikoallokation, Informationserstellung und Kommunikation sowie Überwachung und Kontrolle.

Die Form der Wirtschaftsrechnung ist systemvariant. So wird in einer Zentralverwaltungswirtschaft ein zentraler Volkswirtschaftsplan erstellt. Die damit beauftragten
Stellen sind hiermit jedoch in Hinblick auf ihre beschränkte Informationsverarbeitungs-
und Problemlösungskapazitäten weitgehend überfordert. Hingegen baut eine wettbewerbliche Marktwirtschaft auf Anreize zur Mobilisierung eines Wissenspotentials auf,
das auf zahllose Wirtschaftssubjekte verteilt ist. Dies kann durchaus als Versuch einer
planmäßigen Koordination von dezentralen Entscheidungseinheiten aufgefasst werden.
Die Bewertung der hierbei entstehenden Transaktionen durch Preise transformiert den
marktwirtschaftlichen Koordinationsprozess in einen Rechnungszusammenhang, dessen
Reichweite sich auf das gesamte Spektrum der Faktor- und Gütermärkte einschließlich
der Arbeits- und Kapitalmärkte bezieht. Ein vollständiger Rechnungszusammenhang
ermöglicht Transaktionen im Marktgeschehen nach den gleichen Knappheitskriterien.
Erst hierdurch entsteht tatsächlich ein Marktsystem. Brüche im Rechnungszusammenhang zeigen, dass die umfassende Interdependenz der Preise nicht ausreichend abge-
bildet wird. Hierdurch wird die Qualität der dezentralen Koordination beeinträchtigt,
weil sich Wirtschaftssubjekte mit ihrer wirtschaftlichen Tätigkeit nach abweichenden
Signalen richten. Die Orientierung an falschen Knappheitssignalen durch verzerrte
Preise verhindert, dass über den Rechnungszusammenhang Gelegenheiten angezeigt
werden, die Ressourcen an die Stellen zu lenken, „wo sie [...] den größten Beitrag zur
Knappheitsminderung zu leisten versprechen" (*Schüller* 1996a, S. 83).

Auch die Finanzmärkte sind in diesen Rechnungszusammenhang eingebunden. Sie
empfangen Knappheitssignale von anderen Märkten und geben selbst Signale ab. Sie
beziehen sich damit nicht nur auf Güterpreise, sondern auch auf Renditen und Zinsen.
Insbesondere bei der zeitlichen Koordination von dezentral aufgestellten Wirtschafts-
plänen verschiedener Branchen spielen die Finanzmärkte eine besondere Rolle, da ein
Vergleich hier nicht in realen Größen wie beispielsweise Mengenangaben möglich ist,
sondern nur durch die Nutzung monetärer Größen geleistet werden kann. Nur mit Hilfe
von Finanzmärkten kann das Element der zeitlichen Unterschiede in die Vergleiche
einbezogen werden, indem entsprechend auf- oder abdiskontiert wird und Preiserwar-
tungen gehandelt werden. Die besondere Flexibilität der Finanzmärkte kann einen Beitrag dazu leisten, Rigiditäten auf anderen Märkten zumindest teilweise auszugleichen.
So bilden beispielsweise die Devisenmärkte einen Puffer, der asymmetrische internationale Schocks abfedern kann, bevor sie sich auf die Arbeitsmärkte auswirken und dort
aufgrund von Lohnstarrheiten in Arbeitslosigkeit münden.[99] Aber auch in Normalsitua-
tionen sind die Signale der Finanzmärkte eine wichtige Informations- und Kontroll-
größe für Unternehmen, ebenso für Politiker, Verbände, Bürokratie und Wähler, die die
Qualität eines Standortes umfassend bewerten möchten, um gegebenenfalls Veränderungen vorzunehmen. Eine Herauslösung der Finanzmärkte aus dem Rechnungszusammenhang würde dem realen Sektor falsche Knappheitssignale geben. Da die Finanz-,
Güter- und Arbeitsmärkte an unzähligen Punkten in den Rechnungen der Wirtschaftssubjekte miteinander verbunden sind, wären die Fehleinschätzungen nicht auf kleine
Teilbereiche der Volkswirtschaft beschränkt, sondern würden zu einer grundlegenden

---

[99] Aus diesem Grunde sieht auch *Mundell* (1961) in der Faktormobilität ein Kriterium zur Abgrenzung eines optimalen Währungsraums.

Fehlorientierung der gesamten Wirtschaft führen. Erwartungen auf zukünftige Entwicklungen könnten weniger präzise in die dezentralen Pläne einbezogen, daraus resultierende Risiken schlechter aufgefangen und kalkuliert werden. Die negativen Folgen würden nicht nur die Akteure auf den Finanzmärkten, sondern auch den realen Sektor und somit die breite Bevölkerung mit nicht unerheblichen Wohlstandsverlusten treffen. Durch einen Bruch des Rechnungszusammenhangs, also durch unvollständig definierte Property Rights, entstehen ferner externe Effekte und daraus resultierende Ineffizienzen. Diese Ressourcenverschwendung würde die Gefahr von Konfliktsituationen zwischen Arbeitnehmern und Kapitaleignern erhöhen. Hierfür wären dann aber nicht die Finanzmärkte, sondern ihre Herauslösung aus dem Rechnungszusammenhang verantwortlich.

4.5.2.4. Finanzmärkte als Ort für Hypothesentests

Während in der traditionellen Sichtweise auf die Kapitalmärkte die statische Effizienz im Mittelpunkt steht, hat sich inzwischen auch eine dynamische Sicht herausgebildet, die durch eine evolutorische Sicht erweitert werden kann. Statische Kapitalmarkteffizienz ist dann gegeben, wenn die Kapitalmärkte umgehend sämtliche Informationen verarbeiten und sich in ein neues Gleichgewicht begeben. „In dieser Welt der vollständigen Gewissheit, Voraussicht und Transparenz ist kein Platz für wettbewerbliche Prozesse. Durch Idealisierung [...] wird eine geradezu reflexartige Abhängigkeit des Gütermarktgeschehens vom Kapitalmarkt unterstellt – und umgekehrt." (*Schüller* 1997c, S. 180). Bei der Konzeption der dynamischen Kapitalmarkteffizienz wird von diesen Idealisierungen Abstand genommen. So wird beispielsweise bei der Bewertung der Effizienz die Findigkeit der Kapitalmärkte ebenso berücksichtigt wie die Billigkeit (*Schüller* 1997c, S. 181 f.), wodurch im Gegensatz zur statischen Effizienz die entstehenden Transaktionskosten ebenfalls Beachtung finden.

Die Konzeptionen der evolutorischen Ökonomie, insbesondere die des Wettbewerbs als Hypothesentest (*Kerber* 1996), gehen noch über diese dynamische Sichtweise hinaus. Sie basieren zum einen auf den Überlegungen *Schumpeters*, der die Rolle des innovativen Unternehmers beleuchtet, zum anderen auf denen *von Hayeks*, der den Wettbewerb als Entdeckungsverfahren versteht, mit dessen Hilfe Wissen geschaffen wird. Aus dieser Sicht ist auf idealtypischen, vollständig effizienten Finanzmärkten Spekulation unmöglich, da diese auf Informationsunterschieden beruht, während auf effizienten Finanzmärkten per Definition vollständige Information herrscht (*Streissler* 2000, S. 79). Im Konzept des Wettbewerbs als Hypothesentest generiert ein Unternehmer eine Hypothese zur Lösung eines Problems, indem er beispielsweise ein Unternehmen gründet oder ein neues Produkt auf dem Markt anbietet. Diese Hypothese wird dann vom Wettbewerb entweder verworfen, wenn keine ausreichende Rendite erwirtschaftet wird, oder der Wettbewerb akzeptiert sie als vorübergehende Lösung und belohnt sie mit entsprechendem wirtschaftlichen Erfolg. So selektieren sich im Laufe eines andauernden evolutorischen Prozesses die besten Problemlösungen heraus.

Die Kapitalmärkte können diesen realen Prozess auf zwei Ebenen beeinflussen – zum einen durch die Anzahl der generierten und getesteten Hypothesen und zum anderen durch die Richtung, in die diese Hypothesen gehen (zu den beiden Arten von Regeln siehe *Kerber* 1996, S. 33 ff.). Die Funktionsfähigkeit der Kapitalmärkte führt zunächst

dazu, dass mehr Kapital zum Testen von Hypothesen zur Verfügung steht. Risikokapital
für Firmenneugründungen erfordert risikobereite Anleger, die über die Kapitalmärkte
den Weg zu den entsprechenden Anlageobjekten finden. Risiken müssen eingegangen
werden, um wirtschaftlichen Fortschritt erzielen zu können (*Ziesemer* 2001). Die Kapitalmärkte, die solche Risiken alloziieren, verbreitern also die Grundgesamtheit der
Ideen, aus der die besten Ideen im Wettbewerb herausgefunden werden kann, und verhelfen dem realen Sektor somit zur besseren Lösung von vorhandenen Knappheits-
problemen. Die Kapitalanleger sind jedoch nicht uninformiert bei der Finanzierung von
Projekten. So werden im Vorfeld diejenigen ausgewählt, die am erfolgversprechendsten
sind. Die Finanzmärkte sind ein Prüfstein für die Tauglichkeit von Hypothesen. Durch
sie werden die Suchkosten gesenkt, die sonst entstünden, wenn noch mehr fehlerhafte
Hypothesen am Markt getestet werden müssten, bevor man ihr notwendiges Scheitern
erkennt. Aber auch die Finanzmärkte beziehungsweise die auf ihnen agierenden Akteure sind fehlerbehaftet. Sie können schlechte Hypothesen mit Kapital versorgen und
gute Hypothesen zu Unrecht verwerfen. Somit kann es an den Märkten auch Über- und
Untertreibungen geben, wenn an ganze Branchen Erwartungen bezüglich der Qualität
ihrer Hypothesen geknüpft sind, die sich später als unhaltbar erweisen. Die Existenz
von funktionsfähigen Finanz- und Kapitalmärkten kann nicht sämtliche Suchkosten des
Hypothesentests beseitigen, sie kann jedoch dazu beitragen, dass nur die erfolgversprechendsten Hypothesen getestet werden, woraus ein realwirtschaftlicher Nutzen erwächst, da die hohen Kosten vermieden werden, die durch den Faktorverbrauch beim
realen Test einer falschen Hypothese entstehen.

4.5.2.5. Die Rolle der Finanzmärkte im Konzept des Standortwettbewerbs

Im Konzept des Standortwettbewerbs und somit im weiter fortschreitenden Prozess
der Globalisierung spielen funktionierende Finanzmärkte eine zentrale Rolle. Dies hat
besonders zu der Kritik an den internationalen Finanzströmen und den handelnden Personen und Institutionen beigetragen. Investoren suchen nach den besten Möglichkeiten
der Geldanlage, wofür nicht nur die Qualität bestehender Unternehmen, sondern ver-
schiedenste Standortbedingungen relevant sind. Hierzu gehören neben der Belastung
mit Steuern und anderen Abgaben die angebotene Infrastruktur, die vorhandene Qualität
der Ausbildung und weitere öffentliche Güter. Natürliche Standortfaktoren sind dabei
ebenso von Bedeutung wie solche, die durch menschliche und insbesondere politische
Entscheidungen beeinflusst werden. Sowohl bei der Entscheidung über Direktinvestitionen als auch über Portfolioinvestitionen werden verschiedene Standortangebote miteinander verglichen. Die Finanzmärkte beziehungsweise die Finanzmarktakteure agieren quasi als Schiedsrichter über die Leistung der Anbieter von bestimmten Standort-
konstellationen, die im Wettbewerb miteinander stehen und die sich insbesondere vor
ihren Wählern rechtfertigen müssen.

Der Standortwettbewerb soll zu einer Verbesserung der ergriffenen wirtschaftspolitischen Maßnahmen beitragen. Die politischen Akteure werden animiert, ihre Entscheidungen so zu treffen, dass Investoren attrahiert werden, die wirtschaftliche Prosperität
erzeugen und Arbeitsplätze im Inland schaffen. Die durch die größeren Auswahlmög-
lichkeiten unter verschiedenen Standorten gestärkte Position der Kapitaleigner schränkt

die Möglichkeiten der nationalen Politik ein, wirtschaftlich ineffiziente politische Maßnahmen umzusetzen. Ist zu wenig Kapital verfügbar, gibt es auch nur geringere Möglichkeiten zur Schaffung von Arbeitsplätzen. Zumindest führt Kapitalknappheit aber zu einer niedrigeren Arbeitsproduktivität und damit zu geringeren Entlohnungschancen für abhängig Beschäftigte. Dies dürfte insgesamt die Wiederwahlchancen der regierenden Politiker verschlechtern. Aber nicht nur die Option der Anleger, einen Standort zu verlassen oder gar nicht erst aufzusuchen, verschärft den Standortwettbewerb. Hinzu kommt die Möglichkeit, die Leistung der Politik der eigenen Regierung direkt mit erfolgreichen Vorbildern im Ausland zu vergleichen. Somit kann die auf nationaler Ebene auf Zeit monopolisierte Regierungspolitik mit internationalen Konkurrenz konfrontiert werden, woraus sich Wahlentscheidungen für die Zukunft ableiten lassen.[100]

Die Finanzmärkte sind im zunehmenden Standortwettbewerb eine treibende Kraft der Globalisierung und werden demzufolge mit all der Kritik konfrontiert, die auch am Prozess der Globalisierung selbst geäußert wird (siehe dazu Kapitel 3.2.4). Vor allem jedoch schränken sie mit ihrer Funktion als unparteiischer Schiedsrichter im internationalen Standortwettbewerb den autonomen Handlungsspielraum der Politiker ein (*Siebert* 2000, S. 30 f.).[101] Dies erklärt auch die geringe Popularität der Finanzmärkte bei denjenigen Politikern, die ohnehin ein stärkeres Eingreifen des Staates in die wirtschaftlichen Abläufe und generell großzügigere Ausgaben präferieren (*Weizsäcker* 2000, S. 7).

4.5.3. Probleme

Trotz der prinzipiellen effizienzsteigernden Wirkungen der Finanzmärkte für den realen Wirtschaftbereich gibt es jedoch auch verschiedene Probleme. Einzelne Kritiker kommen zu dem Schluss, die Finanzmärkte seien als gefährlich für die Gesamtwirtschaft einzustufen (*Ursula Schneider* 2000, S. 436). An dieser Stelle sollen daher die ökonomischen Probleme betrachtet werden. Auch wenn „betrügerische Handlungen und Geschäfte mit unverantwortlich hohen Positionen an offenen Kontrakten nicht auszuschließen" (*Schüller* 1996b) sind, sollen kriminelle Aktivitäten hier vernachlässigt werden. Es stellt sich jedoch die Frage, ob verschiedene Risiken durch eine erhöhte Volatilität der Märkte und das Auftreten neuer derivativer Finanzmarktinstrumente erhöht werden und ob dadurch die Stabilität der gesamten Finanzmärkte gefährdet ist, weil eine Loslösung von der realen Wirtschaft erfolgt. Auch soll den möglichen Problemen wie asymmetrische Informationen, spekulative Attacken oder die Bildung von Blasen nachgegangen werden. Am Beispiel der sogenannten Asienkrise, die ihm Jahr 1997 die Länder Südostasiens betroffen hat, sollen einige Probleme und Versäumnisse, die zur Ausbreitung dieser Probleme führten, in der gebotenen Kürze dargestellt werden. Hieran zeigen sich auch deutlich die möglichen Konsequenzen, die schlecht funktionierende

---

[100] Ein Beispiel hierfür ist der Bericht der Benchmarking-Gruppe des Bündnisses für Arbeit, Ausbildung und Wettbewerbsfähigkeit zur Arbeitsmarktpolitik (*Eichhorst* u.a. 2001), oder auch die Studien zur Qualität der Schulausbildung durch die OECD (*Baumert* 2001).

[101] Zum autonomen Handlungsspielraum von Politikern siehe Kapitel 3.2.1.

oder sogar zusammenbrechende Finanzmärkte auf den realen Sektor im Inland (siehe auch *Lee* 2001) sowie auf das Ausland haben können.

4.5.3.1. Verlust der Beziehung zur Realwirtschaft?

Besondere Beachtung in der öffentlichen Diskussion erlangt häufig die Volatilität der Finanzmärkte, also das Ausmaß der Schwankungen der Kurse, die von Kritikern für unabhängig von den realen Faktoren gehalten werden (*Eckwert* und *Broll* 1997). Die Schwankungen werden oft als unerklärbar und erratisch angesehen. Da sie sich von den Fundamenten der realen Wirtschaft entfernt zu haben scheinen, hält man diese Märkte für inhärent instabil (*Huffschmid* 2001, S. 560) und befürchtet eine Bedrohung des Wohlstandes. Es wird unterstellt, dass die Finanzmärkte ihre Funktion als Allokations-stelle für Property Rights nicht mehr erfüllen und damit Schäden verursachen. Vor al-lem kurzfristige Finanztransaktionen und neue Produkte werden für die Schwankungen und das vermeintliche Eigenleben der Märkte verantwortlich gemacht (*Schüller* 1997c, S. 183). So stellt sich die Frage, ob „die Märkte für derivative Produkte mehr oder we-niger Volatilität bei den ‚Underlyings' Devisen, Renten und Aktien" (*Lipp* 1996, S. 202) schaffen. Auf die speziellen Besonderheiten dieser Finanzinstrumente kann hier nicht näher eingegangen werden. Es soll jedoch festgehalten werden, dass das Aufkommen der Finanzderivate für Unbeteiligte den Blick auf die Zusammenhänge zu den Güter-märkten erschwert hat. Mit Hilfe von Derivaten lassen sich Risiken absichern, ohne dass die entsprechenden Basistitel gekauft werden müssen. Gesamtwirtschaftlicher Ge-winn entsteht durch die zusätzliche Sicherheit, die mit einem geringen Ressourcenein-satz erlangt werden kann. Auf der anderen Seite ergeben sich aber auch neue Möglich-keiten für Einzelne, auf den Finanzmärkten wie Glücksspieler zu agieren und damit das eigene oder das ihnen anvertraute Vermögen zu verlieren.

Der Handel mit Finanzinnovationen, beispielsweise mit Derivaten, hat dazu beige-tragen, dass das Handelsvolumen deutlich schneller gestiegen ist als die realen Transak-tionen (*Remsperger* 2000, S. 2). Dies wird als Beleg für die These von den instabilen und abgekoppelten Finanzmärkten angeführt (*Horn* 1995, S. 32). Bei genauer Betrach-tung sind diese Steigerungsraten jedoch nicht besorgniserregend, zumal in diesen Ag-gregaten zahlreiche Mehrfachzählungen enthalten sind (*Siebert* 1998, S. 42). „Zum ei-nen handeln viele Marktteilnehmer fast zeitgleich auf beiden Marktseiten, dass heißt, die offenen Positionen sind viel kleiner als die bewegten Volumina. Zum anderen liegen hinter jedem grenzüberschreitenden Geschäft zwischen Nicht-Banken 6 bis 10 Inter-bank-Geschäfte, die dann das Volumen entsprechend aufblähen." (*Beyfuß* u.a. 1997, S. 49). Mit Hilfe der ausdifferenzierten Finanzmarktinstrumente lassen sich immer mehr Risiken kontrollieren. Diese höhere Präzision hat zu einem größeren Handelsvolumen geführt, was eher als Zeichen der Sicherheit als der gewachsenen Unsicherheit anzuse-hen ist.

4.5.3.2. Asymmetrische Information

Den Ansätzen der Informationsökonomik folgend wurden die Konzepte der asym-metrischen Information auch auf die Finanzmärkte übertragen. Es wird davon ausge-gangen, dass die Marktteilnehmer unterschiedlich gut über wichtige Tatsachen, die der

Vertragsgestaltung zugrunde liegen, informiert sind. Hieraus können sich bestimmte Verhaltensweisen ergeben. Liegen die Informationsasymmetrien vor Vertragsabschluß vor, handelt es sich um das Problem der Adversen Selektion, bei nachträglichen Unterschieden entsteht die Gefahr, dass es zum Moral Hazard kommt (siehe hierzu ausführlich *Weber* 1999, S. 379 ff.).

Voraussetzung für das Auftreten von Adverser Selektion ist, am Beispiel des Kredits verdeutlicht, dass der Kreditnehmer besser als der potentielle Kreditgeber über die eigenen Verhältnisse und somit über die Risiken des Kreditgeschäftes informiert ist. Signalisiert er nun eine bessere Bonität, als er in Wirklichkeit hat, nimmt Kreditgeber ein größeres Risiko des Totalverlustes der Kreditsumme auf sich, als er bei vollständiger Kenntnis der Gegebenheiten eingehen würde. Da Kreditgeber nicht immer zwischen guten und schlechten Risiken unterscheiden können, wird es auch für Investoren, die über eine bessere Bonität verfügen und in ein erfolgversprechendes Projekt investieren wollen, schwieriger, einen Kredit zu bekommen. In einer solchen Situation kommt es zu Fehlallokationen von Ressourcen. Eine ausreichende Kreditversorgung wäre nicht immer gesichert. Es zeigt sich jedoch, dass die tatsächlichen Auswirkungen möglicher Adverser Selektion nicht so groß sein müssen. So haben die Banken verschiedene Möglichkeiten entwickelt, die Informationsunterschiede zu reduzieren, beispielsweise durch Rating-Verfahren, den Rückgriff auf Sicherheiten oder durch externe Informationssysteme wie die Schutzgemeinschaft für allgemeine Kreditsicherung (SCHUFA).

Das Problem des Moral Hazard entsteht durch eine zuvor von der einen Marktseite nicht antizipierbaren Verhaltensänderung nach Abschluss des Kreditvertrages. Diese kann vor allem darin bestehen, dass der Kreditnehmer die von ihm aufgenommene Verbindlichkeit nicht mehr bedienen kann, da er ein höheres Risiko eingegangen ist, als zuvor signalisiert wurde. Ausfallende Kredite können jedoch auch für die Banken erhebliche Gefahren bergen, wenn sie in größerer Zahl oder größerem Volumen auftreten. Eine daraus resultierende Bankenkrise könnte auch eine realwirtschaftliche Krise nach sich ziehen. Doch auch gegen diese Art der asymmetrischen Information gibt es Mittel der Kreditgeber, die die Wahrscheinlichkeit eines Moral Hazard verringern und das Ausmaß der Folgen lindern können (*Stadler* 1997, S. 155). So kann eine Bank beispielsweise ein – wenn auch kostspieliges – Monitoring betreiben und die finanzierten Projekte mit einer externen Kontrolle begleiten. Auch kann sie die Vergabe von Krediten an eine eigene Beteiligung mit Eigenkapital koppeln, wodurch sie auch einen internen Überblick über den Verbleib der verliehenen Mittel bekommt. Auf der Seite der Kreditnehmer kommen zusätzlich Reputationseffekte zum Tragen. Insbesondere, wenn schon längere Kreditbeziehungen bestehen und die Kreditnehmer gute Konditionen erhalten, dürften sie an einer dauerhaften Zusammenarbeit mit dem Kreditinstitut interessiert sein und auf Moral Hazard verzichten.

4.5.3.3. Spekulation

Während die Fragen der asymmetrischen Information primär ein Thema für die Diskussion von Wissenschaftlern und Praktikern ist, gibt es zur Spekulation eine sehr ausgeprägte öffentliche Meinung. Mit diesem Begriff wird der vermeintliche Spielcasino-Charakter der Finanzmärkte und vor allem der Börsen assoziiert. Der Spekulant spiele angeblich mit dem Geld, genieße den Luxus und lebe vom Vermögen anderer Leute. Dem Gewinn der Spekulanten stünden Verluste anderer Marktteilnehmer gegenüber. Dabei wird jedoch übersehen, dass sich fast jedes Geschäft auf die Zukunft bezieht und somit ein spekulatives Element beinhaltet. Dies gilt auch für jede im Prinzip aufschiebbare Konsumentscheidung, da der Konsument mit dem Kauf auf den günstigsten Moment wartet, er also darauf spekuliert, dass die Preise nicht weiter sinken werden. Besonders offensichtlich wird dieser Spekulationscharakter von Geschäften an der Börse, wo die Hoffnungen und Erwartungen an die Zukunft in Form von Aktien und anderen Wertpapieren konzentriert und medienwirksam gehandelt werden.

Der Gegenposition zufolge sollten „[e]rfolgreiche Spekulanten [...] – soweit sie sich nicht unerlaubter Mittel bedienen – hoch geehrt sein. Sie gelten aber fast überall als Bösewichte" (*Engels* 1996, S. 251). Der Nutzen der Spekulation wird deutlich, wenn man ihre Leistung bei der Beschaffung von Informationen und damit der Stabilisierung der Märkte und der Kurse betrachtet. Erfolgreiche Spekulanten müssen bei niedrigen Kursen kaufen und in Hochkursphasen verkaufen, womit sie selbst zur Reduktion der Kursschwankungen beitragen. Diesem risikoreichen Verhalten stehen entsprechende Gewinnerwartungen gegenüber. [102] Stabilisierend wirken Spekulanten auch, wenn sie einen Informationsvorsprung gegenüber anderen Marktteilnehmern haben. Sie können günstig Aktien kaufen oder verkaufen und geben ihre Information so an die anderen Beobachter weiter. „Die erste große Spekulation, über die in der Literatur berichtet wird, fand in Ägypten statt. Der Spekulant war [...]: Josef von Ägypten. Er bekam eine Insiderinformation, die der Empfänger selbst nicht zu deuten wusste: den Traum von den sieben fetten und den sieben mageren Kühen. Er wusste nun, dass es sieben reiche Ernten und danach sieben Missernten geben würde. Der Weizen war also in Ägypten sieben Jahre lang überreichlich und sehr billig. Josef kaufte zu den niedrigen Preisen und lagerte den Weizen ein. In den folgenden sieben Jahren wurde der Weizen knapp. Josef konnte die Vorräte mit gutem Gewinn verkaufen." (*Engels* 1996, S. 198). Hier zeigt sich, dass Spekulation in der Regel nichts anderes als ein Prozess ist, der Verfügungsrechte an Gütern an den Stellen ansiedelt, wo sie den größten Nutzen stiften. Entscheidend ist, dass niemand die zukünftige Entwicklung präzise vorhersagen kann. Mit Hilfe spekulativer Geschäfte werden die Kapitalströme in die nach derzeitiger Einschätzung bestmöglichen Verwendungen gelenkt (*Koslowski* 2002). Spekulation ist insofern vor allem das Sammeln und Austauschen von Informationen und Erwartungen.

Einige Spekulanten können jedoch auch versuchen, mit Hilfe von gezielt gestreuten Gerüchten Gewinne auf Kosten anderer zu erzielen, ohne dass damit ein gesamtwirtschaftlicher Nutzen erzielt würde. Durch gezielten Kauf bestimmter Wertpapiere oder durch gestreute Fehlinformationen signalisieren sie beispielsweise eine erwartete Kurssteigerung, die sie damit selbst verursachen. Schlechter informierte Anleger kaufen die steigenden Papiere, eine sogenannte „Dienstmädchen-Hausse" (*Engels* 1996, S. 199) entsteht. Die Spekulanten können nun ihre Papiere zu einem höheren Kurs verkaufen, bevor die Kurse sich wieder auf das ursprüngliche Niveau zurückbegeben. Vorausset-

---

[102] Wie hoch das Risiko sein kann, zeigt beispielhaft der spektakuläre Ruin der Barings Bank nach erfolglosen Termingeschäften (*Schönert* 1999).

zung hierfür sind jedoch zumeist erhebliche finanzielle Mittel, die zum Kauf der jeweiligen Wertpapiere eingesetzt werden müssen, damit sich der Kurs sichtbar in die gewünschte Richtung bewegt. Auch darf es keine anderen professionellen Anleger geben, die die Situation und Fehlinformationen frühzeitig erkennen und davor warnen, dass den Papieren die reale Grundlage für die plötzlichen Wertsteigerungen fehlt.

Bekannt sind ferner spekulative Attacken von den Devisenmärkten, wenn kein System freier Wechselkurse vorliegt, sondern ein bestimmter fester Wechselkurs gehalten werden soll. Droht eine Abwertung der inländischen Währung, muss die Geldmenge reduziert werden, was beispielsweise durch eine Erhöhung der Zinsen, mit entsprechenden kontraktiven konjunkturellen Folgen, oder auch durch den Verkauf von ausländischen Währungsreserven durch die Zentralbank geschehen kann. Diese Maßnahmen finden jedoch dann ein Ende, wenn die Währungsreserven aufgebraucht und höhere Zinsen nicht opportun sind, wenn also die Fähigkeit oder zumindest die Bereitschaft (*Weber* 1999, S. 375) zur Verteidigung des Wechselkurses nicht mehr besteht. An dieser Stelle setzen die spekulativen Attacken an. Anleger können Verlusten durch eine Abwertung entgehen, indem sie kurz vor der Abwertung ihre Werte in einer ausländischen Währung anlegen und diese gegebenenfalls später wieder in inländischer Währung zurücktauschen. Alternativ können auch Leerverkäufe der inländischen Währung getätigt werden. Durch diese Transaktion entsteht jedoch ein zusätzliches Angebot an inländischer Währung, weshalb die Abwertung stärker oder frühzeitiger erfolgt. Die Spekulation führt zwar nicht zur Abwertung, kann diese jedoch verschärfen und zeitlich vorziehen. „In effect, financial markets simply bring home the news, albeit sooner than the country might have wanted to hear it." (*Krugman* 1997, S. 5). Tatsächlich wird in den letzten Jahrzehnten von keiner internationalen Wirtschaftskrise berichtet, die nur durch Spekulation verursacht worden wäre (*Mayer* 2001, S. 562).

4.5.3.4. Blasenbildung

Ein bekanntes Phänomen ist das Entstehen von Blasen („Bubbles') an den Finanz- und Devisenmärkten. Übertreibungen ober- oder unterhalb eines vermeintlich richtigen Kurses verzerren das Preisgefüge, sind somit ein Störfaktor im Rechnungszusammenhang und behindern die effiziente Allokation knapper Ressourcen. Dies scheint die Unzuverlässigkeit der Finanzmärkte bei der korrekten Ausweisung der Knappheitsverhältnisse zu demonstrieren.

Das Auftreten von Übertreibungen setzt schlecht informierte oder aus anderen Gründen nicht rational handelnde Anleger voraus (einige Beispiele nennt *Conrad* 2002). Selbst durch manipulative Spekulation erzeugte Blasen wären bei gut informierten Anlegern kaum möglich. Dennoch kann ein bestehender Trend, der unter Umständen durch moderne Massenmedien noch verstärkt wird, viele Menschen dazu bewegen, in steigende Aktien zu investieren, obwohl sie den tatsächlichen Wert der Finanztitel kaum einschätzen können. Sie wissen nicht, ob sie wirklich in ein erfolgversprechendes Unternehmen investieren. Daher verlassen sie sich auf die Informationen, die sie dadurch erhalten, dass schon andere Marktteilnehmer entsprechende Papiere gekauft haben.[103] So bauen sich Informationskaskaden auf, bei denen die Marktergebnisse „nur wenig Rückschlüsse auf die zugrunde liegenden Informationen der Herdenmitglieder zu[lassen]." (*Hirth* und *Walter* 2001, S. 22). Diese Art eines Herdenverhaltens schlecht informierter Anleger kann sich im Fall sinkender Kurse noch dadurch verstärken, dass risikoaverse Anleger sich schnell von ihren Papieren trennen, sobald die Kurse gefallen sind.[104] Auch die Vorbildfunktion, die einzelne Finanzmarktakteure wie beispielsweise Analysten haben, kann Probleme mit sich bringen (*Krugman* 1997, S. 7). Ihrem Renommee schadet es mehr, alleine dazustehen und Verluste zu machen, als genau wie die Konkurrenz im Markttrend zu liegen.[105] Auch sie haben also einen Anreiz und handeln durchaus rational, wenn sie sich der Herde anschließen. Gleichzeitig können gerade Finanzmarktanalysten ein Interesse daran haben, eher zum Wohle ihrer Investmentbank als zum Wohle der Kunden zu handeln, indem sie beispielsweise Papiere empfehlen, an deren Emission die Bank beteiligt ist. Wenn diese bewusste Irreführung geheim bleibt und auch keine allzu großen Reputationsverluste zu befürchten sind, können derartige manipulierende Einwirkungen auf das Informationsniveau der Anleger und damit auf die Marktergebnisse durchaus individuell rational sein, ohne dass mit dieser Über- oder Untertreibung ein gesamtwirtschaftlicher Nutzen verbunden wäre, der beispielsweise im Versuch der Widerlegung von Hypothesen zu sehen wäre, an die tatsächlich wohl informierte Akteure glauben.

Aber auch die Tatsache, dass es Übertreibungen gibt, zeigt nicht, dass die Finanzmärkte nicht funktionieren würden. Niemand weiß wirklich ex ante, wann es sich um eine Übertreibung handelt und welcher der ,richtige' Kurs wäre. Auf den Märkten laufen Suchprozesse nach dem marktmäßigen Kurs nicht ohne Fehler ab. Wäre der richtige Kurs bekannt, bräuchte man keinen Wettbewerb mehr. Die Tatsache, dass sich viele Anleger auf die gleiche Weise irren, zeigt nur, dass sie an die selbe Erklärung glauben, die sich jedoch später als falsch erweist. Wer der von den meisten Marktteilnehmern vertretenen Hypothese nicht anhängt, kann durch Spekulation Geld verdienen und zugleich eine andere Vermutung unterstützen. Ob es wirklich eine Blase gegeben hat, weiß man immer erst ex post, nachdem sie geplatzt ist. Da aber auch dieses Wissen immer fehlbar ist, könnte es sich sogar wieder um einen Irrtum handeln. Auf den Finanzmärkten kann sich nicht mehr als das aktuell verfügbare Wissen widerspiegeln.

4.5.3.5. Beispiel Asienkrise

Betrachtet man tatsächliche Finanzmarktkrisen, lassen sich in der Regel mehrere Einflussfaktoren ausmachen, die zusammenkommen müssen, um eine krisenhafte Erschei-

---

[103] *Shiller* (2000) vergleicht diesen Mechanismus gar mit einem Kettenbrief.
[104] Mit der psychologischen Seite der Finanzmarktakteure beschäftigt sich die Forschung der Behavioral Finance (siehe dazu beispielsweise *Fehr* 2001 und *Shiller* 2001).
[105] Auch *Breuer* (2000), damals Vorstandssprecher der Deutschen Bank, beklagt diesen Herdentrieb, der darin begründet sei, dass kein Asset-Manager mit dem Vorwurf konfrontiert sein wolle, einen Kursaufschwung nicht mitgemacht zu haben.

nung entstehen zu lassen. Die einzelnen Elemente solcher Krisen sind häufig jedoch erst nach dem tatsächlichen Ausbruch zu erkennen (*Paqué* 2001b, S. 556). Einige Anmerkungen sollen an dieser Stelle zur Asienkrise gemacht werden, die 1997 die südostasiatischen Tigerstaaten erschütterte.[106] Auch hier waren mehrere Ursachen verantwortlich für die Krise (siehe hierzu *Institut der deutschen Wirtschaft Köln* 1998a und 1998b). Vor allem ist ein marodes Finanzsystem zu nennen, welches durch staatlichen Interventionismus sowie mangelhafte Bankenau4fsicht[107] nicht zu einer knappheitsgerechten Kapitalallokation in der Lage war. Die Ursachen hierfür können eher in schlecht definierten Property Rights im inländischen Bankensektor gesehen werden als im internationalen Handel mit Verfügungsrechten. Dies kann durchaus auch daran liegen, dass die historisch gewachsenen inländischen Strukturen noch nicht hinreichend weit entwickelt waren, um die Auswirkungen der Schwankungen freier Kapitalmärkte beherrschen zu können. Zu diesen möglichen ,Kinderkrankheiten' einer liberalisierten Volkswirtschaft kam eine staatliche Schuldenpolitik hinzu, die auf kurzfristige Auslandsverschuldung setzte und gleichzeitig langfristige inländische Kredite vergab.[108] Ein schnelles Bedienen der Auslandsschulden wurde so unmöglich. Sowohl auf der mikro- als auch auf der makroökonomischen Ebene gab es politische Fehlsteuerungen (*Dresdner Bank* 2000, S. 14 f.). Eine übermäßige Kreditversorgung führte zu einer Fehllenkung von Investitionen (*Müller* 2002). Letztlich kam es so zu Übertreibungen an den Börsen, manche Anleger und Investoren hatten die Risiken, die sich in solchen Wachstumsmärkten nicht vermeiden lassen, offenbar aus dem Blick verloren, wozu auch die geringe Transparenz der dortigen Märkte beitrug (*Rosen* 1999, S. 3). Entsprechend groß war die Panik, als sich erste Investoren zurückzogen und quasi einen Run auslösten, der das angeschlagene Bankensystem mit vielen faulen Krediten zurückließ und die staatlichen Haushalte in Mitleidenschaft zog. Die Krise pflanzte sich von Bank zu Bank fort und ergriff die heimische reale Wirtschaft. Aufgrund der internationalen Kapitalmobilität (*Paqué* 2000, S. 10) waren durch Wechselwirkungen auf fundamentalen Märkten und in der Finanzsphäre (*Berger* 2001, S. 360) auch andere Länder betroffen. Diese Ansteckungseffekte wirkten vor allem über drei Faktoren: den internationalen Handel, die Änderung der Erwartungen bezüglich der wirtschaftlichen Entwicklung und Stabilität sowie über die finanziellen Verflechtungen der Länder (*Solbes* 2001, S. 61). Dennoch hätte die Krise im Vorfeld durch Maßnahmen der Politik vermieden werden können. Schon 1996 gab es erste Warnungen vom Internationalen Währungsfond und der Weltbank (*Krugman* 1997, S. 12). Die Fundamentaldaten mehrerer Tigerstaaten stimmten nicht mehr und zwangen so die Finanzmärkte zu einer drastischen und schmerzhaften Korrektur.

Die asiatische Krise kann hier nicht in aller Ausführlichkeit analysiert werden. Es sollte jedoch deutlich geworden sein, dass kritische Situationen auf Finanzmärkten fatale Folgen für den realen Sektor haben können. Zumeist erzeugen fehlerhafte funda-

---

[106] Eine Übersicht über den zeitlichen Ablauf findet sich bei *Lindgren* u.a. (1999, 2 ff.).

[107] *Schmidt* (2001, 270 ff.) nennt neben anderen inländischen Ursachen für große Bankenkrisen primär die mangelnde Anpassungsfähigkeit der Banken- und Finanzsystem der betroffenen Länder.

[108] *Boor* (2001) vertritt die Auffassung, dass man unter solchen mangelhaften Bedingungen eine Liberalisierung der Finanzmärkte nicht hätte forcieren sollen.

mentale Strukturen die Instabilität der Finanzmärkte (*Mishkin* 1998, S. 37).[109] Hier kommt es auf die richtigen Ordnungsbedingungen an, damit die Märkte stabil bleiben und ihre wohlstandssteigernden Funktionen für die reale Wirtschaft erbringen können. Gerade im Zuge einer Öffnung der Märkte gestaltet sich jedoch die Schaffung von funktionsfähigen Institutionen, die auch durch Schwankungen der Weltmärkte nicht gefährdet werden, als außerordentlich schwierig.

4.5.4. Auswirkungen (nicht) funktionierender Finanzmärkte

So wie sich gut funktionierende Finanzmärkte wohlstandsfördernd auf die Güter-märkte auswirken, können sie auch für die Arbeitsmärkte positive Konsequenzen haben. Bevor dieser Zusammenhang erläutert wird, soll auf die größte Krisensituation, in die Finanzmärkte geraten können, den Crash, und auf die daraus resultierende Konsequen-zen für den realen Sektor eingegangen werden. Im weiteren Verlauf sollen die Auswir-kungen auf den teils komplementären, teils substitutiven Produktionsfaktor Arbeit in einer Normalsituation behandelt werden, bevor auf die Allokations- und Wachstums-wirkungen der Kapitalmärkte eingegangen wird. Nicht unerwähnt bleiben soll auch, dass gut funktionierende Kapitalmärkte die Notwendigkeit für den Staat reduzieren können, regelnd und umverteilend auf den Arbeitsmärkten einzugreifen.

4.5.4.1. Crash

Unter einem Crash versteht man das plötzliche Zusammenbrechen ganzer Märkte, insbesondere der Aktien- und Devisenmärkte. Massive Kursverluste und geradezu pa-nikartige Verkäufe sind für diese Situation kennzeichnend. Besonders bekannt ist der New Yorker Börsenzusammenbruch vom Oktober 1929 (*Fack* 2001), mit dem nach den ,goldenen' zwanziger Jahre die Weltwirtschaftskrise eingeleitet wurde. In einer Crash-Situation geht in großem Umfang Liquidität verloren, so dass Banken und Unternehmen in die Gefahr geraten, eingegangene Verbindlichkeiten nicht mehr bedienen zu können. So kann sich ein Absturz der Börsen weltweit mit massiven kontraktiven Kräften auf die Gütermärkte auswirken, in deren Folge die Arbeitsmärkte besonders hart betroffen sind. In Deutschland fanden sich beispielsweise zu Beginn der dreißiger Jahre Millionen von Arbeitslosen auf den Arbeitsämtern ein. Diese brisante Situation trug auch mit zur weiteren politischen Instabilität bei. Die Krise der internationalen Finanzmärkte hatte somit Auswirkungen auf die Gesamtordnung, wenn auch den Ereignissen in New York kein alleiniger kausaler Zusammenhang zu den politischen Entwicklungen in Deutsch-land zugerechnet werden kann.

Während das Scheitern eines Unternehmens im Prozess der ,schöpferischen Zerstö-rung' nur Konsequenzen für sich und das nähere Umfeld hat, haben Finanzkrisen wei-tergehende Auswirkungen (*Lamfalussy* 2001, S. 13). Ein Crash hat nicht nur für die konkrete monetäre und reale Wirtschaft schwerwiegende Folgen, er ist auch für das längerfristige Zusammenspiel von Arbeit und Kapital von Brisanz und wird entspre-

---

[109] Auch die *Deutsche Bundesbank* (1999) weist auf die makroökonomischen Ursachen der Währungskrisen hin.

chend gefürchtet (*Pfeiffer* 2000, S. 20). Zum einen werden hier die Finanzmärkte als eigentliche Ursache für den erlittenen Wohlstandsverlust angesehen, ohne dass die tieferen Gründe analysiert werden. Zum anderen gibt es auch in einem Crash immer Menschen, die davon profitieren, indem sie zu niedrigen Kursen kaufen. Zu jedem Verkauf gehört auch immer ein Käufer. Ohne interessierte Käufer hätten die gehandelten Papiere keinen Wert mehr. Die Spekulation auf bessere Zeiten und ansteigende Kurse sorgt für eine Stabilisierung der Situation und verringert somit das Ausmaß des Crashs. Trotzdem kann in der öffentlichen Meinung das Bild desjenigen haften bleiben, der von der Krise profitiert hat und damit auf moralisch zweifelhafte Weise zu Vermögenswerten gekommen ist. In der Tat ermöglicht ein Crash eine Umverteilung zu Gunsten derer, die in der Krisensituation liquide Mittel zur Verfügung haben, die sie gewinnbringend einsetzen können. Unerwünschte Verteilungswirkungen und Fehlallokationen durch eine aufgrund der Panik gestörte Knappheitsanzeige machen deutlich, wie viel Sorgfalt auf die Gestaltung des Ordnungsrahmens verwendet werden sollte, um Crashs zu verhindern. Des Weiteren verstärken Crashs die Kritik an Finanzmärkten und tragen so dazu bei, das Bild eines antagonistischen Interessengegensatzes zu verfestigen.

4.5.4.2. Arbeit als komplementärer oder substitutiver Faktor

Die beiden Produktionsfaktoren Arbeit und Kapital können weder als vollständig substituierbar noch als ausschließlich komplementär bezeichnet werden. Während auf kurze Sicht viele Produktionsmethoden durch getätigte Investitionen festgelegt und somit die Anteile von Arbeit und Kapital am fertigen Produkt nicht zu verändern sind, gewinnt auf längere Sicht das substitutive Element der Beziehung eine größere Bedeutung. Dennoch bleibt eine völlige Substitution unmöglich. Dem Ertragsgesetz folgend, sinken die Grenzerträge, die durch den zusätzlichen Einsatz eines Produktionsfaktors erzielt werden können – die Substitution wird immer weniger rentabel und somit uninteressant.

Mit Blick auf die gegenseitige Substitutionsfähigkeit der beiden Produktionsfaktoren kann befürchtet werden, dass Arbeit zunehmend durch Kapital ersetzt wird. Dies ist in einem beschränkten Rahmen auch zutreffend. Der Einsatz der beiden Faktoren ist erst dann im Gleichgewicht, wenn die Preise den jeweiligen Produktivitäten entsprechen. Zu hohe Preise für Kapital führen nach längeren Anpassungszeiten zu einem verstärkten Einsatz von Arbeit, während zu hohe Arbeitskosten eine kapitalintensive Produktion entstehen lassen (*Thieme* 1999, S. 541), wodurch indirekt geringqualifizierte durch höherqualifizierte Arbeit verdrängt wird. Dabei sind nicht nur die direkten Kosten wie Löhne und Zinsen von Bedeutung. Auch die Transaktionskosten spielen eine wichtige Rolle, da sie aus den gesamten Erträgen finanziert werden müssen, die durch den Einsatz von Produktionsfaktoren erwirtschaftet werden. So führen inflexible Arbeitsmärkte, auf denen Property Rights schlecht alloziiert werden, zu einer Verteuerung des Faktors Arbeit, während die flexiblen Finanzmärkte das nötige Kapital billiger bereitstellen können. Eine Strategie könnte nun darin liegen, diesen Konflikt zwischen den Besitzern der Produktionsfaktoren zu Gunsten der Arbeitnehmer dadurch zu lösen, dass durch Kapitalmarktregulierungen die Bereitstellung des Faktors Kapital verteuert wird. In dieser Überlegung kommt jedoch wieder die Sichtweise zum Ausdruck, dass sich die

Kapitalmärkte zu Lasten der Arbeitnehmer entwickeln. Die Schwierigkeiten des Arbeitsmarktes liegen nicht an zu leistungsfähigen Kapitalmärkten, sondern an zu starren Arbeitsmärkten, auf denen eine effiziente Allokation nicht stattfinden kann. Eine Lösung des Problems an der Wurzel, nämlich an den Ordnungsbedingungen des Arbeitsmarktes, würde den Einsatz des Faktors Arbeit attraktiver machen, ohne auf die Wohlfahrtsgewinne der funktionierenden Kapitalmärkte zu verzichten.

Deutlicher wird die Bedeutung der Kapitalmärkte für den Faktor Arbeit, wenn man die Komplementarität der Produktionsfaktoren berücksichtigt. Die Besitzer der beiden Faktoren, Arbeitnehmer und Kapitaleigner, benötigen einander, da sie gemeinsam ein höheres Wohlstandsniveau erreichen können, als sie es ohne Kooperation innehaben würden. Investoren sind auf Arbeitnehmer angewiesen, während Arbeitnehmer die Produktionsmittel und Anlagen benötigen (*Tietmeyer* 1996, S. 2). Arbeitslose hoffen auf neue Investitionen, mit denen weitere Arbeitsplätze geschaffen werden. Flexible Arbeitsmärkte und gut ausgebildete und motivierte Mitarbeiter sind für Investoren bei der Wahl eines neuen Produktionsstandortes wichtige Entscheidungskriterien. Gute Ordnungsbedingungen, auch auf den Arbeitsmärkten, ziehen weltweit flexibles Kapital an. Gleichzeitig müssen sich die jeweiligen Gebietskörperschaften um Direktinvestitionen bemühen, wenn sie die Arbeitslosenraten senken wollen. Lassen die Kapitalmärkte hinreichend viele Investitionen zu, verliert auch die Frage der Substitution der Produktionsfaktoren und damit der Interessengegensatz zwischen den Besitzern der Faktoren soweit an Bedeutung, wie eine möglicher Verdrängung von Arbeit durch Kapital durch den Ausbau der Kapazitäten zumindest ausgeglichen wird.

Von Bedeutung ist aber auch der Qualifikationsgrad der Arbeitnehmer. Gut ausgebildete und hoch motivierte Arbeitnehmer profitieren in besonderem Maße von der Bereitstellung von Kapital. So sind beispielsweise für die Entwicklung, Herstellung und Bedienung moderner Maschinen Mitarbeiter mit bestimmten Qualifikationen notwendig, während Arbeitsplätze für un- oder angelernte Arbeitskräfte wegfallen können. Gleichzeitig lassen sich gut ausgebildete Arbeitnehmer nur schwer durch technische Einrichtungen, also durch Sachkapital, ersetzen. Effiziente Kapitalmärkte, die Kapital ohne allzu große Transaktionskosten allozieren, bieten vor allem für gut ausgebildete Menschen neue Beschäftigungschancen. Ein möglicher Konflikt zwischen Bevölkerungsgruppen unterschiedlicher Qualifikationsniveaus ist jedoch nicht durch den Produktionsfaktor Kapital verursacht. Die Ursachen sind eher im Bereich der Ausbildung und der Arbeitsmarktordnung zu suchen, wo auch entsprechende Lösungen ansetzen müssten.

4.5.4.3. Finanzmärkte als Ersatz für Arbeitsmarkteingriffe

Neben der marktmäßigen Leistungsgerechtigkeit bestehen noch andere Gerechtigkeitsvorstellungen, die durch zahlreiche Umverteilungsmechanismen erfüllt werden sollen. So wird zwischen Einkommensstarken und Einkommensschwachen umverteilt, zwischen Kinderlosen und Familien mit Kindern, zwischen Jungen und Alten. Verschiedene dieser Mechanismen haben Auswirkungen auf den Arbeitsmarkt. So kann die Grenzbelastung des Arbeitseinkommens so weit steigen, dass das Interesse an einer Arbeitsaufnahme erst ab einem bestimmten Einkommen besteht, dass gemessen am

Marktlohn zu hoch ist. Auch sorgen andere Eingriffe in das Marktgeschehen, die wie bestimmte Schutzrechte für Arbeitnehmer aufgrund von Gerechtigkeitsüberlegungen eingeführt wurden, zu Verzerrungen an den Arbeitsmärkten.

Eine der bedeutenderen Gerechtigkeitsmaßstäbe ist die Chancengerechtigkeit, durch die der Anspruch auf gleiche Startchancen begründet wird. Auch aus ökonomischen Gründen erscheint dies sinnvoll. Anreize zur Leistung werden minimiert, wenn die Ausgestaltung der Property Rights es nicht zulässt, dass bestimmte Verfügungsrechte erworben werden. Die Finanzmärkte können die nötigen Ressourcen zur Verfügung stellen. Auch aus evolutionsökonomischer Sicht kann eine gewisse Chancengleichheit positive Wirkungen haben. Im Wettbewerb um die besten Hypothesen sollten nicht nur die Ideen einiger weniger Personen getestet werden, da dann gute Hypothesen von anderen Innovatoren nicht berücksichtigt würden und sie ihre wohlstandssteigernde Wirkung nicht entfalten können. Daher ist es von Bedeutung, dass die vorhandene Ausstattung mit Kapital nicht zum wichtigsten Gradmesser für die Finanzierung von Projekten gemacht wird. Vielmehr müssen potentielle Geldgeber von der Profitabilität der Investition überzeugt werden. Auf freien Kapitalmärkten, bei denen die Marktteilnehmer über ausreichende Informationen über die angebotenen Produkte verfügen, sind die Chancen für gute unternehmerische Initiativen besser, die notwendige Finanzierung zu erhalten. Damit können sich auch Arbeitnehmern mit marktfähigen Konzepten und geringerem Vermögen Wege in die Selbstständigkeit eröffnen. Umverteilungsmaßnahmen zur Sicherstellung der Chancengerechtigkeit, die immer auch zu Verzerrungen führen müssen, würden an Bedeutung verlieren, wenn das vorhandene unternehmerische Potential nicht aufgrund von ineffizienten Kapitalmarktstrukturen ungenutzt bleibt.

Auch auf einzelbetrieblicher Ebene können Finanzmärkte zu einer größeren Interessenkongruenz beitragen. Durch die Möglichkeiten, Mitarbeiter am Unternehmenserfolg zu beteiligen, wie dies beispielsweise durch Aktienoptionen in den jungen Firmen des früheren Neuen Marktes üblich ist, profitieren die Mitarbeiter vom Wertzuwachs der Firma (siehe auch Kapitel 4.6.3). Property Rights an Unternehmen sind nicht mehr auf einzelne Personengruppen beschränkt. Die Mitarbeiter werden zu Kapitaleignern. Der mögliche Konflikt zwischen beiden Produktionsfaktoren wird damit weniger als bisher zu einem Konflikt zwischen verschiedenen Personen oder Gruppen. Insofern verlieren auch organisierte Vertretungen von Arbeitnehmern gegenüber den Kapitaleignern an Bedeutung. Tatsächlich haben die Gewerkschaften es nach wie vor schwer, sich in den Unternehmen der New Economy zu organisieren (*Hauschild* 2000b). Dies heißt jedoch auch, dass die Gewerkschaften davon profitieren, wenn die Aktienoptionen weniger attraktiv werden und die Kurse fallen. In einer solchen Situation wird der klassischen Tariflohn wieder relevanter, wodurch Gewerkschaften eine Möglichkeit erhalten, ihre Mitgliederzahl und ihren Einfluss zu erhöhen (siehe hierzu *o.V.* 2000d).

4.5.5. Lösungsansätze

Während die Finanzmärkte eine wohlstandsstiftende Funktion haben können, besteht gleichzeitig die Gefahr der Fehlsteuerung oder gar des Zusammenbruchs. Funktionierende Finanzmärkte wirken sich positiv auf die Allokation und das Wachstum aus und verbessern die Effizienz von Güter- und Arbeitsmärkten. Hiervon profitieren nicht nur die Eigentümer der auf den Märkten gehandelten Wertpapiere, sondern auch Konsumenten und Arbeitnehmer. Umgekehrt trifft auch der Schaden, den schwankende Finanzmärkte anrichten können, nicht nur die Anleger. Entsprechend wichtig ist es, mit den Ordnungsbedingungen der Finanzmärkte sorgsam umzugehen und mögliche Sicherungselemente zu integrieren.

Die Ordnungen der Finanzmärkte sind als Teil einer durchgängigen marktwirtschaftlichen Ordnungspolitik anzusehen. Finanzmärkte als abgeleitete Märkte können nicht unbegrenzt besser funktionieren als die Märkte, auf denen sie basieren. Staatliche Interventionen auf den Gütermärkten beeinflussen auch die Finanzmärkte, Verzerrungen setzen sich fort und führen zu Fehlallokationen und Wohlfahrtsverlusten. Die Finanzmärkte müssen in einen möglichst geschlossenen Rechnungszusammenhang integriert sein. Deshalb muss die Ordnung der Finanzmärkte marktwirtschaftlichen Grundsätzen genügen. So lehrt die Asienkrise, dass politisch motivierte Eingriffe und schwach ausgebildete Institutionen auf den Finanzmärkten Fehllenkungen von Kapital mit sich bringen und zu Blasen führen können, die dann mit allen unerwünschten Konsequenzen platzen.

Kapital wird dort investiert, wo es auf die geeignetsten Rahmenbedingungen trifft. Es ist Aufgabe der Politik, die Flexibilität und Funktionsfähigkeit der anderen Märkte soweit zu steigern, dass auf der einen Seite der notwendige komplementäre Faktor Kapital attrahiert werden kann, auf der anderen Seite aber auch natürliche Schwankungen der Finanzmärkte abgefangen werden können, ohne dass es zu allzu großen Anpassungslasten kommt. Diese Aufgaben müssen vor allem auf nationaler Ebene bewältigt werden, wo auch die meisten Eingriffe in marktwirtschaftliche Ordnungen vorgenommen werden. Für die einzelnen Länder sollte der einfache Zugang zu den internationalen Finanzmärkten ein starker Anreiz sein, die dafür notwendigen Reformen auch gegen mögliche Widerstände umzusetzen und internationale Standards zu implementieren (*Tietmeyer* 2001, S. 126).

Von Bedeutung ist ferner die Gestaltung der eigentlichen Finanzmarktordnung. Zur Sicherstellung funktionierender Abläufe auf den Finanzmärkten und zur Vermeidung von Instabilitäten sind besondere Finanzmarktregeln notwendig (*Bishop* 2001), die von staatlichen Instanzen gesetzt, aber auch von den beteiligten Akteuren selbst entwickelt werden können (*Breuer* 2001). Dabei gilt es vor allem, mögliche Informationsasymmetrien abzubauen, die zu systematischen Fehlentscheidungen der Finanzmarktakteure führen würden.

Eine der traditionell wichtigsten Institutionen ist hierbei die Banken- oder Finanzmarktaufsicht (*Crockett* 2001). Sie überprüft die Geschäftstätigkeit der Akteure und soll beispielsweise betrügerisches Verhalten verhindern. Weiterhin versucht sie dazu beizutragen, Risiken zu minimieren und die Anleger vor einem Verlust ihres Kapitals zu schützen. Verschiedene institutionelle Arrangements bergen jedoch die Gefahr, dass staatliche Aufsichtssysteme sogar zu höheren Risiken und größeren Instabilitäten führen können (siehe dazu *Knorr* 1999). So bewirken staatliche Garantien für die Einlagen der Anleger, dass die Banken höhere Risiken in Kauf nehmen können, ohne dass die Kunden dies in ihre Anlageüberlegungen mit einbeziehen müssen. Das Konkursrisiko der Banken wird somit auf den Staat übergewälzt, Haftung und Verantwortung sind nicht

mehr bei den Banken gebündelt. Auch in den internen Anreizstrukturen der Aufsichtsbehörden liegen Probleme. Die Bürokraten werden im Falle von eintretenden Bankenkrisen nicht zur Verantwortung gezogen. Die Politik als Auftraggeber der Aufsichtsbe-
hören dürfte sich auch nur in extremen Ausnahmefällen für die Tätigkeit dieser Behörde
interessieren, da diese in der Regel nicht wahlentscheidend ist. Weiterhin ist die Auf-
sicht selbst von Informationsasymmetrien betroffen. Sie muss sich zumeist auf die Informationen der Akteure verlassen. Die finanzielle und personelle Ausstattung der
Kontrolleure ist schlechter als die der Kontrollierten. Die Aufsichtsbehörden können
also kaum das Informationsniveau der Banken erreichen. Schon gar nicht kann es ihnen
gelingen, dass verstreute Wissen der Marktteilnehmern zentral zu bündeln. Dies kann
letztlich nur eine Vielzahl von privaten Institutionen leisten. Diese müssen sich in Konkurrenz zueinander als verlässliche Informationsquelle bewähren und können insofern
funktionierenden Anreizen folgen.

Die Finanzmarktakteure haben selbst vertrauensbildende Instrumente entwickelt, um
das Risiko von Fehlinvestitionen zu reduzieren. Bei den direkt Betroffenen ist davon
auszugehen, dass ein ausreichend großes Interesse an einer Stabilisierung der Märkte
besteht. Von Krisen wären sie direkt durch Einkommens- und Vermögensverluste betroffen. Die Einheit von Handlung und Haftung ist bei den privat handelnden Akteuren
eher gegeben als bei staatlich alimentierten Beamten, die durch Fehlverhalten nichts zu
verlieren haben. Finanzmarktakteure nutzen beispielsweise die Dienste von Rating-
Agenturen. Diese bescheinigen den untersuchten Firmen ihre jeweilige Bonität, die bei
den Kauf- oder Verkaufentscheidungen der Anleger berücksichtigt werden kann.[110] Ein
anderes Beispiel sind Vereine von Kleinaktionären, die ebenfalls für eine höhere Transparenz sorgen und den Anlegern Hilfestellungen bei der Einschätzung der Unterneh-
mensführung und der vorgelegten Ergebnisse geben wollen. Schließlich stellen auch die
Börsen, die selbst Interesse an der Stabilität der von ihnen organisierten Märkten haben,
Mindestanforderungen an die notierten Unternehmen, beispielsweise in Bezug auf die
Veröffentlichungspflichten. Über die Wirkung der einzelnen oder die Notwendigkeit
zusätzlicher Maßnahmen kann gestritten werden. Festzuhalten bleibt, dass nur eine
marktwirtschaftliche Ordnung bei entsprechend entwickelten Rahmenbedingungen flexible und funktionierende Finanzmärkte sicherstellen kann. Privatwirtschaftliche Institutionen können dazu beitragen, bestehende Informationsasymmetrien abzubauen und
zur Stabilisierung der Märkte beizutragen. Staatliche Aufsichtsorgane sind hingegen
immer mit den Problemen mangelnder Informationen und vor allem fehlender Anreize
zur Krisenvermeidung behaftet.

Kritiker der Finanzmärkte, die deren Funktionsfähigkeit bezweifeln und primär die
Gefahren für die reale Wirtschaft betonen, schlagen drastischere Maßnahmen vor, um

---

[110] Auch wenn die einzelnen Anleger die Beurteilungskriterien und damit die Qualität des jeweiligen Ratings nicht wirklich bewertet können, können doch die Rating-Gesellschaften eine
Reputation für glaubwürdige Ratings aufbauen, wenn sie beispielsweise für strenge Massstäbe
bekannt sind. Da aber auch die Beurteilung der Kreditwürdigkeit Einschätzungen über zukünftige Entwicklungen und das weitere Vorgehen des Managements beinhaltet und somit individuelle Bewertungen einfließen, können auch Rating-Agenturen keine objektiven Aussagen hierüber treffen, sondern nur möglichst gute Prognosen unter bestimmten Annahmen abgeben.

die unkontrollierten Märkte in den Griff zu bekommen. Die teilweise vorgeschlagenen Kapitalverkehrskontrollen beispielsweise würden jedoch die Effizienz der Finanzmärkte stark einschränken. Eine flexible Allokation von Ressourcen wäre unmöglich, wenn dazu immer erst ein bürokratisches Verfahren durchlaufen werden müsste. „Die dirigistische Lösung könnte zwar weltweite Finanzkrisen verhindern, aber nur um den Preis erheblicher Wohlfahrtsverluste [...] durch Behinderung der Kapitalströme und Verteuerung von Kapital als Produktionsfaktor." (*Schüller* 1997c, S. 183). Auch würde ein solcher Vorschlag, in nationaler Regie in die Tat umgesetzt, das Inland nicht vollständig vor der Gefahr einer Finanzkrise schützen. Ein Aktiencrash in einem anderen Land kann sich auch über die Gütermärkte auf das Inland auswirken, selbst wenn die jeweiligen Kapitalmärkte durch nationale Schutzmaßnahmen weitestgehend voneinander getrennt sind.

Ein vor allem bei Globalisierungsgegnern populäres Instrument ist die Besteuerung des grenzüberschreitenden kurzfristigen Kapitalverkehrs. Die sogenannte Tobin-Steuer soll diese für besonders schädlich gehaltenen Kapitalströme soweit verteuern, dass sie sich nur noch in wenigen Fällen rentieren und mangels Masse keine Gefahr mehr für die reale Wirtschaft darstellen. Ursprünglich war die Steuer nur für Devisentransaktionen vorgesehen, inzwischen wird sie jedoch für sämtliche internationale Kapitalströme vorgeschlagen. So soll „Sand ins Getriebe" der Finanzmärkte gestreut werden.[111] Hierbei wird jedoch übersehen, dass sich die Fristigkeit der Geschäfte nicht an der Laufzeit der gehandelten Papiere ablesen lässt. Auch langfristige Papiere lassen sich kurzfristig kaufen und verkaufen, während kurzfristige Papiere laufend durch neue ersetzt werden können und somit ein langfristiges Engagement besteht (*Schüller* 1997c, S. 183). Risiken aus realwirtschaftlichen Transaktionen werden mit Hilfe von zahlreichen kleinen und gegebenenfalls kurzfristigen Finanzmarktgeschäften aufgeteilt (*Härtel* 2001). Des Weiteren müssten auch Kapitalverkehrsteuern, die dazu dienen sollen, die Finanzmärkte zu verlangsamen und weniger anfällig für Schwankungen zu machen, international von allen relevanten Staaten eingeführt werden (siehe *Schüller* 1996b)[112], was zumindest derzeit kaum wahrscheinlich ist. Insbesondere dürften gerade die Länder, die sich aufgrund einer schlechten inneren Verfassung, beispielsweise einer mangelnden Bankenaufsicht, den Gefahren von Finanzkrisen ausgesetzt sehen, selten die Kapazitäten haben, eine solche Kapitalverkehrsteuer regelgerecht zu erheben (*Buch* u.a. 2001, S. 26). Schließlich wären umfangreiche international abgestimmte Kontrollen und andere Regelungen nötig, um die Steuer durchzusetzen. Beispielsweise müssten gezahlte Steuern für Transaktionen, denen realwirtschaftliche Geschäfte zugrunde liegen, rückerstatten

---

[111] Diesen Vorschlag diskutiert beispielsweise *Horn* (1995, 3).
[112] *Spahn* (1996) sieht ähnliche Probleme, schlägt jedoch eine modifizierte Variante der Tobin-Steuer vor.
[113] Dieser Zeitraum wird daher von einigen Autoren auch als „American Decade" bezeichnet (*Bryson* 2001, S. 181).

werden, damit der internationale Handel nicht zu Gunsten des nicht von der Steuer betroffenen Binnenhandels geschädigt wird (*Schempp* 1992).

Abgesehen von den umfangreichen bürokratisch-technischen Problemen einer Besteuerung des Kapitalverkehrs und den zahlreichen legalen Umgehungsmöglichkeiten verkennen die Vertreter dieser Idee, dass die Tobin-Steuer die Finanzmärkte grundlegend schwächen würde, weil wichtige kurzfristige Transaktionen zur Senkung von Risiken nicht mehr möglich wären. Die als hoch eingeschätzten Gefahren der Finanzmärkte wären um den Preis ihrer Funktionsfähigkeit abgewehrt (siehe *Remsperger* 2000, S. 5). Statt denkbaren Anpassungslasten durch einzelne Krisen käme es zu dauerhaften Anpassungslasten, da die Finanzmärkte bei der Allokation der knappen monetären Ressourcen nicht mehr zu den besten Lösungen kommen könnten und sie im Hypothesentest nur noch einen geringeren Beitrag bei der Suche nach neuen und besseren Lösungen leisten könnten – die Informationsverarbeitungsmöglichkeiten der Finanzmärkte würden erheblich eingeschränkt (*Paqué* 2001a). Da die Besteuerung des Kapitalverkehrs bankeninterne Transaktionen nicht erfassen würde, käme es weiterhin zu einer Konzentration auf den Finanzmärkten (*Bofinger* 2001), wodurch der Wettbewerb gefährdet werden könnte. Kursschwankungen und Spekulationen würden durch die Tobin-Steuer nicht eingedämmt, sondern teilweise sogar verstärkt. Dadurch, dass aufgrund der Steuer viele Transaktionen unterbleiben, können schon kleinere spekulative Geschäfte größere Auswirkungen auf den Kursverlauf haben (*Fuest* 2001, S. 17). Während die Tobin-Steuer keine Lösung für akute Finanzmarktkrisen ist, kann in Notfallsituationen eher an andere kurzfristige Maßnahmen gedacht werden (siehe hierzu beispielsweise *Kopp* und *Paqué* 2001, S. 188). Fundamentale Krisen können durch eine Steuer nicht behoben werden. In den jeweiligen Ländern müssen die Rahmenbedingungen entsprechend ausgestaltet werden, damit Vertrauen geschaffen wird und langfristige Investitionen ermöglicht werden. „Die Tobin-Steuer lenkt von den vordringlichen Problem in Staaten, die von Währungs- und Finanzkrisen betroffen sind, ab." (*Meyer* 2001, S. 736).

4.5.6. Fazit zur Kritik an den Finanzmärkten

In diesem Abschnitt sollte verdeutlicht werden, was Finanzmärkte leisten können, welche Gefahren sie bergen und wie diese Risiken reduziert werden können. Aufgrund der vielfachen Zusammenhänge zwischen den Finanzmärkten und anderen Märkten, vor allem Güter- und Arbeitsmärkten, kann die These einer einseitigen Abhängigkeit oder gar des unabhängigen Nebeneinanderexistierens im Sinne einer Dependenz- oder einer Dualismusthese nicht aufrecht erhalten werden. Es sollte deutlich geworden sein, dass die Interdependenz der Märkte sich auch auf Arbeits- und Kapitalmärkte beziehen muss. Finanzmärkte sind keine abgehobenen Märkte, an denen blind spekuliert wird und die den Kontakt zur realen Wirtschaft verloren haben. Sie sind als abgeleitete Märkte in den Rechnungszusammenhang eingebunden und erfüllen wichtige Funktionen für die Unternehmen und auch für die gesamte Volkswirtschaft. Auf Finanzmärkten wird letztlich immer mit hochspezifizierten Verfügungsrechten an realwirtschaftlichen Gütern gehandelt, was eine bessere Ressourcenallokation ermöglicht und somit die Voraussetzung für ein höheres erzielbares Wohlstandsniveau in einer Volkswirtschaft schafft. Von diesen

Wohlstandseffekten profitieren jedoch nicht nur die Anleger, sondern auch andere Wirtschaftsbereiche sowie die Arbeitnehmer. Ein dauerhafter Konflikt zwischen den Produktionsfaktoren Arbeit und Kapital wird durch die dynamisch wachsenden Finanzmärkte und die mit den Finanzmarktinnovationen verbundene zunehmende Präzisierung von Verfügungsrechten nicht geschaffen. Eine Beschränkung der Finanzmärkte im Sinne einer Zügelung würde zu erheblichen Wohlfahrtsverlusten führen. Eine marktwirtschaftliche Gestaltung der Ordnung mit stabilisierenden Elementen, die die inhärenten Risiken der Finanzmärkte beheben können, ohne ihre Funktionsfähigkeit zu reduzieren, ist jedoch dringend geboten. So kann vermieden werden, dass Verfügungsrechte an anderer Stelle gefährdet und damit Wohlfahrtsverluste verursacht werde.

4.6. Veränderungen durch die New Economy

In der zweiten Hälfte der neunziger Jahre hat der Begriff der New Economy großes Aufsehen erregt. Im Zusammenhang mit der für diese Untersuchung relevante Fragestellung ist insbesondere interessant zu analysieren, inwiefern sich hinter der New Economy auch eine Veränderung von Property Rights-Strukturen verbergen kann. Daran anschließend lassen sich möglicherweise Aussagen über zukünftig auftretende Konflikte zwischen den Besitzern verschiedener Produktionsfaktoren treffen. So wären beispielsweise Entwicklungen denkbar, die durch eine Neuorganisation und Neubewertung von bestimmten Verfügungsrechten zukünftige Konflikte zwischen Kapitaleignern und Arbeitnehmern entschärfen. Es sind aber auch neue Konfliktlinien möglich, die unter Umständen Handlungsbedarf aufzeigen und somit einen Beitrag zu einem weiteren institutionellen Wandel leisten, der dann gesamtwirtschaftlich effizienzsteigernd sein könnte.

4.6.1. Besonderheiten der New Economy

Bereits der Versuch zu klären, was unter der New Economy zu verstehen ist, erweist sich als kompliziert. Zu viele unterschiedliche zumeist implizite Definitionen stehen im Raum. Weitgehende Einigkeit herrscht fast nur darüber, dass dieses Phänomen in der zweiten Hälfte der neunziger Jahre in den USA aufgetreten ist[113], wohlstandssteigernde Wirkungen entfaltete und in enger Verbindung mit modernen und zunehmend leistungsfähigeren Informationstechnologien stand.[114] Insbesondere das Internet war hierbei von Bedeutung, das in dieser Zeit an Popularität gewann und kommerziell erschlossen wurde. Doch schon bei der Frage, ob nach den Einbrüchen an den Börsen nach 2000 noch von einer New Economy gesprochen werden kann, gibt es kontroverse Ansichten.[115] Insgesamt sind sechs Versuche zu unterscheiden, das Phänomen der New Economy abzugrenzen: eine technologieorientierte, eine internetorientierte, eine börsenorientierte, eine makro- sowie eine mikroökonomische und schließlich eine prozessorientierte Definition.

---

[114] Die Leistung von Computerchips beispielsweise hat sich innerhalb des letzten Vierteljahrhunderts um einen Faktor von einigen Zehntausend erhöht (*Kotz* 2001, S. 686).

[115] Für einen Überblick zur New Economy und ihren Perspektiven siehe *Kalmbach* (2003).

Die wohl am häufigsten gebrauchte Perspektive versucht eine Abgrenzung des New Economy-Sektors nach der produzierten oder intensiv eingesetzten Technologie vorzunehmen. So werden hierzu beispielsweise die Produzenten von Hard- und Software für Computer sowie die Mobilfunkbranche gerechnet, die jeweils moderne Informations- und Kommunikationstechnologien herstellen.[116] Ebenfalls zur New Economy zählen dieser technologieorientierten Abgrenzung entsprechend diejenigen Unternehmen, deren primäres oder gar ausschließliches Geschäft in der Anwendung der neuen Technologien liegt. Insbesondere wird der Handel im Internet als Beispiel genannt. Hieran zeigt sich, dass der technologieorientierte Ansatz sich mit dem internetorientierten zumindest teilweise überschneidet. Letzterer orientiert sich streng an der Nutzung des neuen Mediums Internet. Alles, was irgendwie mit dem Internet zu tun hat, wird danach als New Economy bezeichnet. Diese Definition ist in der Alltagssprache recht weit verbreitet. Der börsenorientierte Ansatz wird hingegen gelegentlich von Kritikern verwendet, indem die New Economy mit den Unternehmen an den Risikosegmenten der Börsen gleichgesetzt wird. Die außergewöhnlichen Kurssteigerungen der an solchen Marktsegmenten gehandelten Unternehmen bis ins Frühjahr 2000 und der daran anschließende Kursverfall wird durch eine solche Gleichsetzung als Indiz dafür angesehen, dass es keine New Economy gegeben, sondern dass es sich hierbei lediglich um eine Blase gehandelt habe, die mittlerweile geplatzt sei. Während des Börsenbooms war eine solche negative Kursentwicklung jedoch nicht für jedermann absehbar, an den Börsen wurde mit den hohen Wachstumserwartungen gerechnet, die für die Unternehmen der New Economy zu diesem Zeitpunkt für realistisch gehalten wurden, wobei jedoch mit deutlichen Prognoseunterschieden[117] und -unsicherheiten umgegangen werden musste und auch vor Überbewertungen gewarnt wurde (so beispielsweise *Berens* 2000).

Weiterhin kann zwischen einer makroökonomischen und einer mikroökonomischen Perspektive unterschieden werden. Aus gesamtwirtschaftlicher Sicht ist von besonderer Bedeutung, dass die New Economy einen technologieinduzierten Produktivitätsschub mit sich brachte. Die gestiegene Produktivität ermöglichte ein im langfristigen Trend höheres Wachstum. Statt wirkliche Rezessionen sollte es nur noch mehr oder weniger starke Phasen der Prosperität geben. Sogar vom Ende der Konjunktur war bei einigen Optimisten die Rede.[118] Derartige Hoffnungen gab es in der Wirtschaftsgeschichte jedoch immer wieder. Schon *Müller-Armack* stellte fest: „Eine dauernde Haussetheorie hat sich bisher in der Wirtschaft als unmöglich erwiesen." (*Müller-Armack* 1946/1990, S. 41). Tatsächlich waren aber makroökonomische Folgen der durch die New Economy verursachten höheren Produktivität zu beobachten. So ist es in den Vereinigten Staaten beispielsweise gelungen, die bestehende Arbeitslosigkeit deutlich zu reduzieren, ohne dass dies zu inflationären Tendenzen führte, die ein Einschreiten der Zentralbank erforderlich gemacht und den Aufschwung gefährdet hätten (*Hüther* 2000, S. 287, *Stierle* 2000, S. 549). Aus makroökonomischer Perspektive wird mit der New Economy folg-

---

[116] In einer anderen Abgrenzung werden zum Beispiel Informations-, Kommunikations- und Biotechnologie zur New Economy zusammengefasst (*Theuringer* 2000, S: 35).

[117] Einen Überblick über die unterschiedlichen Prognosen liefert *Mai* (2000, S. 273).

[118] Auf solche Vorstellungen weist beispielsweise *Hüther* (2000, 286) hin (siehe weiter *Heise* 2002).

lich vor allem das enorme, langanhaltende und inflationsfreie Wachstum und der gleichzeitige Beschäftigungsaufbau in den USA in der zweiten Hälfte der neunziger Jahre verstanden.

Aus einer mikroökonomischen Sichtweise wird als charakteristisch für die New Economy herausgestellt, dass es sich bei den neuen Technologien und ihren Anwendungen in der Regel um Netzwerkgüter handelt (*Clement* 2000). Die New Economy ist demnach teilweise durch hohe Fixkosten geprägt, die getragen werden müssen, um ein entsprechendes Netz aufzubauen. Die sich daran anschließenden Grenzkosten je zusätzlichem Nutzer sind jedoch gering (*Freytag* 2000, S. 304). Hieraus ergeben sich Konsequenzen für das Marktverhalten der Unternehmen, die ein möglichst schnelles Wachstum erreichen müssen, um die Vorteile des Netzwerkes für sich zu nutzen. Auch mögliche wettbewerbsbeschränkende Folgen solch einer Konstellation von hohen fixen Kosten und sehr niedrigen variablen Kosten sind Aspekte der mikroökonomischen Betrachtung der verschiedenen Märkte der New Economy, wobei die Bewertung der monopolistischer Tendenzen beispielsweise im Fall des Setzens von Standards nicht unbedingt negativ ausfallen muss (*SVR* 2000, Zf. 223 ff.).

Eine letzte Definition der New Economy zielt insbesondere auf die Prozesse ab, durch die sie charakterisiert wird. Dies ist zunächst die umfassende Nutzung der modernen Informations- und Kommunikationstechnologien, die jedoch weit über die Nutzung des Internets hinausgeht und in zahlreichen Sektoren Produktivitätssteigerungen ermöglicht (*Freytag* 2000, S. 306). Die New Economy ist auch in traditionellen, alten Wirtschaftszweigen zu finden, wenn sie die neuen Möglichkeiten für sich nutzbar machen und in die eigenen Prozesse integrieren, auch wenn dies nicht gleich einer Schwerpunktverlagerung hin zu einer besonderen Technologieorientierung gleichkommt. Aber auch andere Verhaltensweisen prägen die New Economy aus der prozessorientierten Sichtweise. So ist zum Beispiel die besondere Bedeutung von Bildung zu nennen, um mit den Chancen der neuen Technologien umzugehen und diese erfolgreich marktfähig machen zu können. Aber auch der Kapitalmarkt hat für die New Economy als Finanzierungsquelle durch Risikokapitalgeber und vielmals auch wegen des anschließenden Börsengangs an Bedeutung gewonnen. Besonders hervorzuheben ist ferner die weite Verbreitung von Aktienoptionen als Möglichkeit der Mitarbeitergratifikation und – beteiligung. Diese prozessorientierte Sichtweise, der im Weiteren gefolgt werden soll, die aber auch mikro- oder makroökonomische Betrachtungen nicht ausschließt, bietet sich an bei einer Untersuchung unter dem Gesichtspunkt der Bedeutung von Verfügungsrechten an verschiedenen Produktionsfaktoren und deren Veränderungen im Zuge der Entwicklung der New Economy. Auch wenn der Konkurs vieler New Economy-Unternehmen, die langanhaltende Talfahrt an den Börsen und die weltweiten konjunkturellen Schwierigkeiten die Erwartungen deutlich gedämpft haben, gibt es eine Reihe von Prozessen, die trotz derartiger kurz- oder mittelfristiger Rückschläge ihre Wirkungen entfalten können.

4.6.2. Die neue Bedeutung der Humanvermögensbildung

In der New Economy ist das Humankapital zum knappen und damit bedeutendsten Produktionsfaktor geworden. Kapital ist verfügbar und auch Informationen sind so reichlich vorhanden, dass die durch Bildung angeeignete Fähigkeit zur Informationsverarbeitung besonders gesucht ist. Die modernen Technologien erfordern sowohl bei der Entwicklung als auch bei der Anwendung hohe Qualifikationen (*Werker* 2002). Der Faktor Arbeit ist noch weniger als homogen anzusehen, als dies in der Vergangenheit schon angemessen war. Insbesondere spielen Unterschiede zwischen qualifizierter und weniger qualifizierter Arbeit eine wichtige Rolle. Mit der New Economy verschiebt sich der Schwerpunkt der Arbeitsnachfrage weiter weg von den einfachen und leicht anlernbaren Tätigkeiten (*Christensen* 2001, S. 2 f.). Dadurch ergeben sich besonders für höher Qualifizierte neue Chancen. Aber auch für bestimmte Problemgruppen am Arbeitsmarkt können sich neue Perspektiven eröffnen. Mit Hilfe von neuen Technologien können beispielsweise diejenigen leichter in das Berufsleben integriert werden, die bisher aufgrund körperlicher Gebrechen daran gehindert waren (*Paqué* 2001c, S. 34).

Die größeren Möglichkeiten, die sich durch eine bessere Ausbildung eröffnen, führen tendenziell zu einer Entschärfung der möglichen Konflikte zwischen Arbeitnehmern und Kapitaleignern. Allein mit Verfügungsrechten über den Faktor Arbeit kann ein gesellschaftlicher und wirtschaftlicher Aufstieg erreicht werden. Unternehmen sind auf das Humanvermögen ihrer Mitarbeiter angewiesen, was die Gefahr einer Übervorteilung der Angestellten verringert und die Notwendigkeit erhöht, auf deren Bedürfnisse nach Fairness und angemessener Reziprozität einzugehen, wodurch Konfliktpotentiale abgebaut werden können. Auch für den Schritt in die Selbstständigkeit besteht nicht mehr zwingend ein großer Bedarf an komplementärem Kapital. Schon eine gute Idee, beispielsweise ein neues Computerprogramm, sowie die notwendigen Fähigkeiten, dieses auch erfolgreich zu vermarkten, erlauben die Gründung eines Unternehmens. So können die Früchte des Humanvermögens direkt auf den Gütermärkten angeboten werden, ohne dass die Bereitstellung von Finanz- oder Sachkapital hierbei zu besonderen Problemen führen muss. Das so gestiegene Selbstständigkeitspotential des Produktionsfaktors Arbeit wertet die entsprechenden Verfügungsrechte auf und verringert somit das reale Konfliktpotential. Es hat also nicht nur eine Umverteilung durch die Neubewertung der Property Rights stattgefunden, indem höhere Qualifikationen entsprechend vergütet werden. Es hat vielmehr auch eine bessere Spezifikation der Verfügungsrechte an der eigenen menschlichen Arbeit stattgefunden, genau genommen eine Erweiterung der Rechte, da die Möglichkeiten gewachsen, Arbeit und deren Ergebnisse ohne die Zuhilfenahme Dritter an den verschiedenen Märkten nahezu direkt anzubieten. Die Früchte der Arbeit können autonom genutzt werden, ohne dass quasi zwingend Kapitaleigner als Arbeitgeber und als Intermediäre dazwischen geschaltet werden müssen. Die Chancen auf Aufstieg bestehen und müssen nicht erst durch Dritte vergeben werden. De jure war dies natürlich auch vorher schon jederzeit möglich, die Option der Selbstständigkeit stand in modernen Marktwirtschaften mit nur leichten Einschränkungen jedermann offen. Die Entwicklung der New Economy hat jedoch qualifizierte Arbeitskräfte vermehrt in die Lage versetzt, diese Rechte auch ohne allzu hohe Kosten und entsprechenden Kapitalbedarf tatsächlich zu nutzen.

Die größeren Verwendungsmöglichkeiten für den Produktionsfaktor Arbeit und die mit der New Economy gewachsene Notwendigkeit, auf die Bedürfnisse der Mitarbeiter einzugehen, sind jedoch nach wie vor nicht für alle Arten menschlicher Arbeit gleichermaßen nutzbar. Unzureichend ausgebildete Arbeitnehmer können von den neuen Chancen nicht in gleichem Maße profitieren, da sie nicht über das notwendige Humanvermögen verfügen. Doch auch wenn sie nicht die gleichen vergrößerten Aufstiegschancen haben wie die besser Qualifizierten, profitieren sie doch von dem durch den Produktivitätsschub generierten zusätzlichen Wachstum und dem entsprechend erzielten Wohlstand.

Die mangelnden Aufstiegsmöglichkeiten für Geringqualifizierte sind jedoch im Hinblick auf ein mögliches Konfliktpotential von Bedeutung. Wenn die Möglichkeiten klein sind, innerhalb der bestehenden Institutionen zusätzliches Einkommen zu erzielen, kann es lukrativ erscheinen, eine Änderung der Institutionen wie beispielsweise der Verteilung und Spezifizierung von Property Rights an Produktionsfaktoren anzustreben, was entsprechende Konflikte zur Folge haben kann. Dies ist aber kein Ergebnis der Entwicklung der New Economy. Sie kann lediglich nicht für jedermann individuell neue Anreize und Aufstiegschancen schaffen. Gerade ältere und gleichzeitig schlecht ausgebildete Arbeitnehmer sind als potentielle Problemgruppe zu nennen. Dies liegt nicht zuletzt daran, dass die entscheidenden Grundlagen für die ausreichende Bildung von Humanvermögen zumeist in den ersten Lebensjahrzehnten gelegt werden. Später sind Anstrengungen zur Vergrößerung der Bildung und zur entsprechenden Steigerung der eigenen Aufstiegsmöglichkeiten häufig weniger aussichtsreich. Daraus resultierende Konflikte könnten als Symptom dafür aufgefasst werden, dass die Erziehungs- und Ausbildungsmöglichkeiten verbessert werden müssen, um Humanvermögen aufzubauen und um somit Verfügungsrechte am qualifizierten Produktionsfaktor Arbeit in der New Economy für alle Bürger zugänglich zu machen. „Die moderne Sozialpolitik ist [deshalb] in erster Linie Bildungspolitik." (*Paqué* 2001c, S. 35).

4.6.3. Zur Rolle der Aktienmärkte

Wichtig für die Entwicklung der New Economy war die Rolle der Finanzmärkte. Dennoch wäre es verfehlt, das Phänomen lediglich als Erscheinung der Aktienmärkte anzusehen. Auch wenn einige Unternehmen der New Economy ohne allzu großen Kapitalbedarf gegründet werden können, kommen viele doch nicht ohne ein hohes Startkapital aus. Dies gilt vor allem dann, wenn aufgrund von Netzwerkeffekten schnell ein großer Absatzmarkt erschlossen und ein großer Kundenstamm erreicht werden soll. Hier fallen in einer sehr frühen Phase hohe Fixkosten an, ohne dass gleich entsprechende Rückflüsse zu verzeichnen wären.

Bei der Finanzierung des Aufbaus der New Economy haben die Aktienmärkte eine wichtige Rolle gespielt.[119] In der ersten Gründungsphase kommen die Aktienmärkte selbst noch nicht vor. Hier sind Risikokapitalgeber bedeutender, die in erfolgversprechende Unternehmenskonzepte investieren. Dabei dürften ganz im Sinne eines Hypothesentests viele Existenzgründungen scheitern oder zumindest keine besonderen wirtschaftliche Erfolge aufweisen. Durch andere stark wachsende Unternehmen sollte es jedoch möglich sein, im gesamten Portfolio des Risikokapitalgebers eine ausreichende

---

[119] Diese Rolle wird von der *Deutschen Bundesbank* (2000) ausführlich beschrieben.

Rendite zu erwirtschaften. Für die Kapitalgeber ist es dabei wichtig, sich von dem Engagement nach einer frühen Phase im Lebenszyklus des Unternehmens trennen zu können. Die Risikosegmente der Aktienbörsen, etwa der Neue Markt an der Börse in Frankfurt am Main, waren als Instrumente vorgesehen, um solche Anteile zu veräußern.[120] Diese Marktsegmente sind auch schon in der Gründungsphase der Unternehmen mittelbar von großer Wichtigkeit, da Risikokapitalgeber sich weniger engagieren würden, wenn für sie diese zukünftige Ausstiegsoption nicht bestehen würde. Die Kapitalmarktsegmente für risikobereite Anleger und risikobehaftete junge Unternehmen stellen insofern einen wichtigen Beitrag zur Steigerung der Gründungsdynamik dar und haben mit zur Entstehung der New Economy geführt (siehe hierzu auch *SVR* 2000, Zf. 216). Aber auch in der weiteren Entwicklung der Unternehmen der New Economy können die Aktienmärkte gute Dienste leisten. Zum einen findet über die Kapitalmärkte eine ständige Kontrolle statt, die tendenziell zu einer besseren Leistung der Unternehmensleitung beitragen soll. Zum anderen aber bieten die Aktienmärkte auch eine Quelle für spätere Kapitalerhöhungen, indem neue Aktien ausgegeben werden, wenn dies für ein weiteres Unternehmenswachstum bedeutsam ist. Hierin zeigen sich auch die Probleme, die durch verlorenes Vertrauen in Risikosegmente der Börsen und in langfristig steigende Kurse entstehen. Junge Unternehmen werden so von den Kapitalmärkten abgeschnitten und müssen andere Finanzierungsquellen suchen.

Die funktionierenden Kapitalmärkte in Form der weiter ausdifferenzierten Aktienmärkte haben auch dazu beigetragen, dass entsprechend qualifiziertes Humanvermögen leichter als bisher Zugang zu den Gütermärkten findet. Durch das zur Verfügung stehende Finanzkapital wurden die Möglichkeiten gestärkt, die vorhandenen Property Rights an der eigenen menschlichen Arbeit auch tatsächlich zu nutzen und die Früchte am Markt zu verwerten, selbst wenn komplementäres Kapital benötigt wurde. Die Nutzung der Finanzmärkte führte somit dazu, dass das Konfliktpotential zwischen Kapital und Arbeit durch die einfachere Verwertbarkeit der Arbeit reduziert wurde. Die Entwicklung an den Aktienmärkten hat jedoch noch auf eine zweite Art zu einem Abbau möglicher Konflikte beigetragen. So hatte die Aktie als Anlageobjekt in den letzten Jahren an Popularität gewonnen, die allerdings durch die anhaltende Baisse nach 2000 wieder abnahm. Viele Menschen wurden selbst zu Aktionären und somit Teilhaber am Kapital von Firmen. Damit ist ihr Interesse nicht mehr einseitig auf den gewinnbringenden Einsatz ihrer Arbeitskraft ausgerichtet. Als Inhaber von Verfügungsrechten am Produktionsfaktor Kapital sind sie ebenfalls an einer hohen Rendite interessiert. Selbst wenn es eine akute Konfliktsituation zwischen Kapitaleignern und Arbeitnehmern gibt, bedeutet dies bei einer breiten Beteiligung der Menschen am Kapital in Form von Aktien nicht, dass dieser Gegensatz zu einem Konflikt zwischen verschiedenen Gruppen der Bevölkerung werden muss. Die Trennschärfe zwischen den Kapitaleignern und Arbeitnehmern hat weiter abgenommen. Das gestiegene Bewusstsein von der Notwendigkeit einer pri-

---

[120] Es besteht jedoch die Gefahr, dass sich einige Risikokapitalgeber der längerfristig zweifelhaften Beteiligungen entledigen wollen und dafür die Aktienmärkte verwenden, wo sie auf teilweise schlecht informierte Aktionäre treffen. Besonders in Boomphasen, in denen gelegentlich nicht mehr kritisch genug mit einzelnen Titeln umgegangen wird, können solche Versuche gehäuft auftreten.

vaten kapitalgedeckten Altersvorsorge hat mit dazu beigetragen, dass auch mehr Deutsche Aktien oder Anteile an Aktienfonds besitzen. Diese Tendenz wurde noch durch andere Faktoren verstärkt. Hierzu gehörten insbesondere der durch Internet-Banking reduzierten Aufwand, eine intensivere Medienberichterstattung über Börsen sowie vor allem die scheinbar risikolosen Gewinnmöglichkeiten am Neuen Markt bis Anfang 2000. Nachdem jedoch diese Blase geplatzt war, verloren Aktien für viele Anleger wieder an Attraktivität. Die größeren Akzeptanz von Aktien hat insgesamt positive Folgen. Anleger dürften ein besonderes Interesse daran haben, mögliche Konflikte nicht eskalieren zu lassen, die sowohl die Beschäftigungs- und Einkommensmöglichkeiten als auch die erzielbaren Kapitalrenditen mindern. Ein weitere Verbreitung der Aktienanlage sollte auch das verbreitete Misstrauen in Kapitaleigner (*Schüller* 1997b, S. 3) reduzieren.

In zahlreichen New Economy-Unternehmen hat sich ein weiteres Instrument durchgesetzt, mit dem die Interessen von Kapital und Arbeit vereinigt werden sollen. Viele Mitarbeiter werden teilweise mit Aktienoptionen vergütet und somit zu Miteigentümern ihrer Unternehmen gemacht. Dies geschieht nicht nur aus dem Grund, dass Aktienoptionen für den Arbeitgeber zunächst eine günstige Art der Bezahlung sind, da weniger Liquidität abfließt, sondern auch, um eine engere Bindung der Mitarbeiter zu erreichen. Sie werden sich stärker für das Unternehmen einsetzen, an dem sie auch finanziell beteiligt sind und von dessen wirtschaftlichen Erfolg sie auch durch steigende Aktienkurse oder Ausschüttungen profitieren. Sie sind weiterhin besonders daran interessiert, mögliche Konflikte zwischen Arbeit und Kapital innerhalb des Unternehmens so zum Ausgleich zu bringen, dass ressourcenverzehrende Konflikte vermieden werden und gleichzeitig die insgesamt größtmögliche Wertschöpfung erzielt werden kann. Die Zuordnung der einzelnen Verfügungsrechte wird hier so vorgenommen, dass ein unternehmerisch und auch gesamtwirtschaftlich möglichst gutes Ergebnis erzielt wird. Dies setzt jedoch voraus, dass die Probleme, die mit derartigen Optionsprogrammen entstehen, durch eine geschickte Ausgestaltung weitgehend vermieden werden. So darf es beispielsweise keine Spielräume für Kursmanipulationen geben, weshalb eine gewisse Frist bis zur möglichen Ausübung der Option vorgesehen sein sollte. Auch müssen die Anteilseigner umfassend über derartige Vergütungsinstrumente und ihre Kosten informiert werden (*Wenger* und *Knoll* 1999, *Schwetzler* 1999).

4.6.4. Das Ende der Konfliktthese oder mögliche neue Konflikte?

Mit der New Economy waren zahlreiche Hoffnung verbunden, die teilweise nur wenig mit realistischen Erwartungen zu tun hatten. Dies ging bis hin zu der Vorstellung vom Ende der Konjunktur und eines immerwährenden wirtschaftlichen Aufschwungs. Auch scheinen viele Marktteilnehmer mit weiter rasant steigenden Aktienkursen am Neuen Markt und einer kurz bevorstehenden Dominanz der Internetwirtschaft gerechnet zu haben, was sich jedoch zunächst als Fehleinschätzung herausgestellt hat. Auch das Ende aller Konflikte zwischen Arbeitnehmern und Kapitaleignern ist mit der Entwicklung zur New Economy nicht zu erwarten. Die New Economy, selbst wenn sie dauerhafte Veränderungen mit sich bringen sollte und sie nicht lediglich ein normaler Schritt im technologischen Fortschritt ist, wird keine idealen Institutionen erzwingen. Auch in

Zukunft wird es Probleme geben, beispielsweise schlecht spezifizierte Property Rights, auf die mit dem unter Umständen konfliktträchtigen Wunsch nach Änderung der Institutionen reagiert werden kann. Keine Institution ist perfekt, weil das Wissen, das bei der Entwicklung von Institutionen verfügbar ist, unvollständig sein muss. Auch Institutionen wie Spezifikationen von Verfügungsrechten sind immer nur Hypothesen, die auf ihre Effizienz zu testen sind. Auftretende Konflikte können aus dieser Sicht eine Erscheinungsform der ‚schöpferischen Zerstörung' von Institutionen im Prozess des Hypothesentests sein.

Dennoch sind einige dauerhafte Veränderungen im Zuge der Entwicklung zur New Economy zu beobachten, die bestimmte latent oder offen existierende Konflikte eindämmen und ihnen die faktische Grundlage entziehen können, weil sich die Bedeutung, die Spezifikation und die Verteilung von Verfügungsrechten an den Produktionsfaktoren Arbeit und Kapital verändert hat. Die wichtigste Veränderung ist die gewachsene Bedeutung des Humanvermögens. Dies verringert die Abhängigkeit der Arbeitnehmer von den Besitzern des komplementären Produktionsfaktors Kapital und damit auch die in dieser Beziehung auftretenden Konflikte. Faktisch wurde das Recht, über die Früchte des Produktionsfaktors Arbeit zu verfügen, dadurch vergrößert, dass sie in größerem Maße direkt und ohne das Einschalten von Intermediären vermarktet werden können. Daher wird im Hinblick auf das weitere Auftreten von Konflikten die Ausgangsverteilung des Humanvermögens und damit eine allgemein gute Ausbildung bedeutender, da es im weiteren Verlauf des Erwachsenenlebens kaum möglich ist, Versäumnisse der ersten beiden Lebensjahrzehnte wieder aufzuholen. Wenn der Produktionsfaktor Arbeit in seiner qualifizierten Form an Bedeutung gewinnt und entscheidend für das wirtschaftliche und gesellschaftliche Fortkommen des Menschen wird, die Qualität dieses Faktors aber nur schwer zu steigern ist, bedeutet dies für schlechter qualifizierte Menschen, dass für sie nur relativ geringe Anreize bestehen, sich innerhalb der bestehenden Institutionen um Aufstieg zu bemühen. Dieses Konfliktpotential besteht in seiner drastischen Form jedoch lediglich im Falle der völligen Ungleichverteilung der Qualifikationen und der praktischen Unmöglichkeit des Lernens im weiteren Verlauf des Lebens.

Aber auch Veränderungen der Property Rights-Strukturen auf anderen Märkten haben im Rahmen der Entwicklung zur New Economy Einfluss auf zukünftige Konfliktpotentiale. Insbesondere trägt die wachsende Verbreitung von Aktienanlagen zu einer Vereinigung der Interessen von Arbeit und Kapital in den Überlegungen der Arbeitnehmer bei, die Aktien oder Fondsanteile besitzen. Dennoch können auch Entwicklungen auf Unternehmensebene neue Konflikte bewirken, wenn ineffiziente Strukturen entstehen. Diese Gefahr besteht in der New Economy insbesondere dann, wenn der Wettbewerb auf einzelnen Märkten eingeschränkt wird. Zwar können neue Technologien wie das Internet den Markteintritt in traditionelle Märkte erleichtern, indem beispielsweise kein teures standortgebundenes Vertriebsnetz aufgebaut werden muss. Auf der anderen Seite können jedoch die mikroökonomischen Besonderheiten von Teilen der New Economy, vor allem die gegen Null tendierenden Grenzkosten, monopolistische Tendenzen aufkommen lassen (*Paqué* 2001c, S. 34, siehe auch *Monopolkommission* 2002, S. 331 ff.). Ein Beispiel hierfür sind Standards, die für einzelne Produkte oder Systeme gesetzt werden. Mit Hilfe von Standards wollen die standardsetzenden

Unternehmen primär ihren eigenen Systemen zum Markterfolg verhelfen, indem Ska-
len- oder Netzwerkeffekte realisiert werden. Gleichzeitig wird es damit aber auch dritten Anbietern ermöglicht, kompatible Produkte herzustellen, sofern der Standard bekannt und zugänglich gemacht wird.[121] Das Nebeneinander verschiedener Standards
kann für die Konsumenten uninteressant sein, wenn sie damit rechnen müssen, dass sich
nicht alle Standards durchsetzen und sie auf viele komplementäre Produkte – beispielsweise Software für bestimmte IT-Systeme – nicht zugreifen können. Einheitliche Standards können Effizienzsteigerungen bewirken, sofern dies nicht zu einer dauerhaften
und auf Nachbarmärkte ausgebauten Monopolstellung eines einzigen Anbieters führt.
Aber auch wenn Märkte tatsächlich monopolisiert werden, sind die Auswirkungen nicht
zwangsläufig negativ zu bewerten. Selbst monopolisierte Märkte sind zumindest prinzipiell bestreitbar (*SVR* 2000, Zf. 225), auch wenn dies durch die im Fall der New
Economy bestehenden Netzwerkeffekte erschwert werden kann. Die Möglichkeit des
Markteintritts neuer Anbieter zwingt die etablierten Monopolisten dazu, sich tendenziell
so zu verhalten, als ob Wettbewerb bestünde. Die Chance auf eine neue Monopolstellung auf Zeit kann genau der Anreiz sein, der technische Entwicklungen vorantreibt und
zum Markteintritt motiviert. Um zu verhindern, dass bestehende Monopole missbräuch-
lich auf Nachbarmärkte ausgedehnt werden, muss an die Offenlegung von Schnittstellen
gedacht werden. Auch kann versucht werden, die Bestreitbarkeit der Märkte durch eine
Missbrauchsaufsicht der Kartellbehörden sicherzustellen. Die wettbewerbspolitischen
Probleme der New Economy erscheinen überschaubar und lösbar.[122] Eine zwangsläufige
Entwicklung hin zu einer Monopolisierung, die andere Konflikte nach sich ziehen
könnte, gibt es nicht.

Nach dem Boom der New Economy haben sich viele der Erwartungen als unangemessen erwiesen. Insbesondere an den Aktienmärkten hat es Einbrüche gegeben. Auch
ein andauerndes Wachstum oder verschiedene technische Träume haben sich nicht realisieren lassen. Insgesamt können die Veränderungen jedoch dazu beitragen, einige der
bisherigen Konfliktfelder zwischen Besitzern der Produktionsfaktoren Arbeit und Kapital zu entschärfen. Aber auch wenn mit der New Economy zurecht die Hoffnung verbunden wird, dass sie effizientere Ordnungsstrukturen und somit auch einen besseren
Einsatz von Verfügungsrechten an Produktionsfaktoren initiiert, bedeutet sie doch nicht
das Ende aller denkbaren Konflikte.

---

[121] Zu den Wettbewerbswirkungen offener Standards siehe *Cigan* (2002, 22).
[122] Siehe hierzu *Wissenschaftlicher Beirat beim Bundesministerium für Wirtschaft und Technologie* (2001), *Beeker* (2001) sowie *Picot* und *Heger* (2003).

5. Resümee

In dieser Untersuchung sollte das Verhältnis von Kapital und Arbeit – genauer zwischen Kapitaleignern und Arbeitnehmern – beleuchtet werden. Insbesondere interessierte die Frage nach der Qualität dieses klassischen Interessenkonflikts und den Kräften, die einen Wandel der Gegensätze begünstigen. Dazu wurde zunächst untersucht, wie die verschiedenen ordnenden Potenzen auf die möglichen Konflikte wirken können. In Anlehnung an *Eucken* wurden die Wissenschaft, der Staat und die Kirchen behandelt.

Zur grundsätzlichen Notwendigkeit oder Lösbarkeit von Konflikten gibt die Wissenschaft kein eindeutiges Bild ab. Während der Begründer der Nationalökonomie, *Adam Smith*, mit seinem Konzept der unsichtbaren Hand als Vertreter einer Harmoniethese betrachtet werden kann, spielt bei *David Ricardo* das Element des Konflikts eine wichtigere Rolle. *Karl Marx*, der Begründer des ,wissenschaftlichen' Kommunismus, vertritt hingegen die These des antagonistischen Interessengegensatzes zwischen Arbeit und Kapital. Dies drückt sich bei ihm im Klassenkampf zwischen Arbeitern und Kapitalisten aus, der nur durch Abschaffung des privaten Eigentums an Produktionsmitteln lösbar ist. Ein Ausgleich und eine wohlstandsfördernde Gestaltung der Interessen scheinen nicht möglich, der Klassenkampf führt zur Revolution des Proletariats. Auch *John Maynard Keynes* vertraut nicht auf die integrierende Wirkung einer Wirtschaftsordnung, in der das institutionelle Gefüge und die Gestaltung der Marktprozesse Kapitaleigner und Arbeitnehmer zu kooperativem Verhalten motivieren und konfliktarme Lösungen ermöglichen. Vertreter der Österreichischen Schule und der Ordnungstheorie betonen wieder die prinzipielle Möglichkeit einer Gleichrichtung der Interessen, ohne dass die eine Seite die andere dominiert. Vor allem die Ordoliberalen und Väter der sozialen Marktwirtschaft wie *Walter Eucken, Alfred Müller-Armack* und *Ludwig Erhard* weisen auf die Bedeutung hin, die die Ausgestaltung der Wirtschaftsordnung hat. Demnach ist auch die Frage des Konflikts von Arbeit und Kapital primär eine Frage der Gestaltung der Wirtschafts- und Gesellschaftsordnung. Auch wenn von Wissenschaftlern verschiedener Richtungen unterschiedliche Meinungen vertreten werden, dominieren doch die Vertreter einer *bedingten* Harmoniethese. Sie erkennen die Möglichkeit an, dass vor allem kurzfristige Konflikte auftreten. Diese halten sie jedoch für lösbar, wofür insbesondere ordnungspolitische Voraussetzungen gegeben sein müssen.

Der Staat als zweite ordnende Potenz hat nicht zuletzt aufgrund seiner Gesetzgebungskompetenz großen Einfluss auf die formale und tatsächliche Gestaltung der Ordnung und damit auf das Auftreten von Konflikten zwischen Arbeit und Kapital. Dies gilt sowohl für die formalen Regeln als auch für informelle Ordnungselemente. Dabei wurde nicht der Staat an sich, sondern vielmehr die ihn maßgeblich beeinflussenden Gruppen betrachtet: Politiker, Bürokraten und Interessenverbände. Weiterhin wurde auf Besonderheiten der sogenannten Nichtregierungsorganisationen eingegangen, die bei den Protesten gegen die Globalisierung eine wichtige Rolle spielen, indem sie versuchen, den Klassenkampf international zu beleben. Die politökonomischen Überlegungen zu den einzelnen Akteuren haben gezeigt, dass auch bei ihnen kein eindeutiges Verhalten anzunehmen ist, welches auf eine Konfliktlösung hinausläuft. Es kann im Gegenteil für die verschiedenen Gruppen oder für Einzelpersonen innerhalb der Gruppen individuell sinnvoll sein, Konflikte zwischen Arbeit und Kapital zu verschärfen anstatt sie abzubauen. Auch hier sind die entsprechenden Ordnungsbedingungen von großer Bedeutung. Beispielsweise könnten die Einflussmöglichkeiten von Politikern, Bürokraten und Funktionären der Interessenverbände eingeschränkt werden, so dass mögliche konfliktverschärfende Aktivitäten ohne allzu großen Auswirkungen bleiben. Hierin ist ein weiteres Argument zu sehen, besondere Sorgfalt bei der Auswahl von staatlichen Aufgaben walten zu lassen. Mit jeder dem Staat übertragenen Aufgabe wächst die Gefahr kostspieliger Irreversibilitäten, was sich unter anderem in verschärften Konflikten äußern kann. Besonderes Augenmerk wurde weiterhin auf die globalisierungskritischen Nichtregierungsorganisationen gelegt, die ebenfalls staatliches Handeln beeinflussen wollen. Dabei basiert die Kritik an der Globalisierung vor allem auf der These des Konflikts zwischen Arbeit und Kapital, der durch das internationale Zusammenwachsen der Märkte noch weiter verstärkt werde. Gleichzeitig ist eine zusätzliche Verschärfung des Streits um die Globalisierung für die agierenden Gruppen notwendig, um sich öffentlich präsentieren und eigene Interessen befriedigen zu können.

Auch die christlichen Kirchen sind als ordnende Potenz anzusehen, selbst wenn ihr Einfluss in den letzten Jahrzehnten abgenommen hat. Vor allem auf dem Gebiet ethischer Grundsätze sind sie meinungsbildende Akteure, die prägend für das Auftreten oder Vermeiden von Konflikten sein können. Generell ist die Botschaft der christlichen Kirchen die eines kooperativen Handelns und einer friedlichen Lösung von Konflikten. Dennoch sind auch in der katholischen und der evangelischen Kirche erhebliche Zweifel an den Möglichkeiten einer marktwirtschaftlichen Ordnung zur Gleichrichtung der Interessen von Arbeitnehmern und Kapitaleignern zu beobachten. Das Bild der Kirchen als ordnende Potenz ist, wie dies auch für die anderen Potenzen gilt, kein einheitliches. Von ihnen sind keine Handlungen zu erwarten, die eindeutig hin zu einer Gleichrichtung der Interessen und damit zu einer Vermeidung der Konflikte führen.

Eine *naive* Harmoniethese muss spätestens nach den politökonomischen und inhaltlichen Analysen der verschiedenen ordnenden Potenzen verworfen werden. Dasselbe gilt auch für die These vom antagonistischen und somit unlösbaren Interessenkonflikt zwischen Arbeit und Kapital. Wie sich die einzelnen ordnenden Potenzen tatsächlich auf die realen Konfliktsituationen auswirken, bleibt an vielen Stellen eine Frage der Ausgestaltung der Ordnung, wie es auch die *bedingte* Harmoniethese unterstellt, die von einer prinzipiellen Möglichkeit und Bereitschaft eines friedlichen Ausgleichs der verschiedenen Interessen ausgeht.

Weiterhin wurden in dieser Untersuchung Überlegungen zu ökonomischen Ursachen und möglichen Funktionen von Konflikten zwischen Arbeit und Kapital angestellt. Dabei wurde davon ausgegangen, dass es verschiedene Gründe für den Ausbruch von Konflikten geben kann. Zum einen kann eine bestehende Unzufriedenheit auf Seiten wirtschaftlich weniger gut gestellter Personen oder Gruppen bestehen, die Interesse an einer materiellen Umverteilung haben. Dieser Umverteilungsdrang kann Ausdruck in Konfliktsituationen finden, die als Instrument für die Durchsetzung von Partialinteressen eingesetzt werden. Auch Politiker, Bürokraten oder Interessenvertreter können von Konflikten profitieren. Sie können diese für sich nutzen und dadurch verschärfen, dass sie einzelne Positionen unterstützen. Diese Art von Konflikten hat jedoch aus zwei

Gründen negative gesamtwirtschaftliche Auswirkungen. Auf der einen Seite entstehen Kosten, auf der anderen Seite folgen aus diesen Auseinandersetzungen höchstens Umverteilungstatbestände und gestärkte Partialinteressen, nicht aber steigender Wohlstand für mehr als nur einzelne Gruppen.

Anders zu beurteilen sind Konflikte, die durch bestehende Fehlspezifikationen von Eigentumsrechten ausgelöst werden. Eigentumsrechte können, wenn sie eindeutig zugeordnet sind, Anreize zu einem möglichst effizienten wirtschaftlichen Handeln setzen. Dies bedeutet auch, dass bei vollständig definierten Eigentumsrechten Anreize zu kooperativem Verhalten entstehen, wodurch eine prinzipielle Gleichrichtung der einzelnen Interessen erreicht werden kann. Es können jedoch auch mangelhafte Ausgestaltungen der Verfügungsrechte vorliegen, die eben diese Anreize zerstören. Dies ist beispielsweise dann der Fall, wenn bestimmte Eigentumsrechte nicht frei transferierbar sind, wenn sie also nicht von jedermann vollständig erworben oder veräußert werden können. In der Folge haben einzelne Personen keine Möglichkeit, von diesen Produktionsfaktoren zu profitieren. Auch eine solche Situation kann Konflikte auslösen. Diejenigen, die keine Zugangschancen zu profitablen Produktionsfaktoren haben, haben ein größeres Interesse an der Änderung der Spezifikation von Verfügungsrechten als an der produktiven Tätigkeit innerhalb der bestehenden Rahmenbedingungen. Der hieraus entstehende Konflikt verursacht zwar ebenso Kosten, kann aber auch zu einer effizienzsteigernden Neuspezifikation der Verfügungsrechte führen, da gemäß der Theorie der Property Rights eine möglichst vollständige Spezifizierung der Eigentumsrechte unter Wettbewerbsbedingungen Anreize zu ökonomischem Verhalten der Rechteinhaber setzen soll. Dennoch sind selbst solche Konflikte nicht wirklich positiv zu bewerten, da zum einen eine Umgestaltung der Rechte auch ohne Konflikte vorgenommen werden könnte. Die Austragung eines solchen Konfliktes ist also keine notwendige Bedingung für die Schaffung einer kooperativen und gesamtwirtschaftlich vorteilhaften Lösung. Sie ist aber zum anderen auch keine hinreichende Bedingung, da ein massiv ausgetragener Konflikt nicht zwangsläufig zu besseren Lösungen führt, sondern auch andere möglicherweise sogar schädliche Entwicklungen aus dem angestoßenen politischen Prozess erwachsen können. Ein beobachteter Konflikt zwischen Arbeitnehmern und Kapitaleignern kann also durch reine Umverteilungswünsche entstehen, er kann aber auch auf bestimmte institutionelle Fehler bei der Ausgestaltung von Eigentumsrechten an Produktionsfaktoren hinweisen.

Im weiteren Verlauf dieser Untersuchung wurden verschiedene Beispiele für gegenwärtig oder historisch aufgetretene Konfliktsituationen zwischen den Eigentümern verschiedener Produktionsfaktoren auf ihre Ursachen hin beleuchtet. Es wurden jedoch nicht nur die ‚klassischen' Konflikte zwischen Arbeit und Kapital betrachtet, sondern generell Interessengegensätze zwischen den Eigentümern verschiedener Produktionsfaktoren – Boden, Kapital sowie qualifizierte und geringqualifizierte Arbeit. Dabei wurde vor allem auf die Hintergründe dieser Konflikte eingegangen. Entscheidend war die Frage, ob die Konflikte auf vorhandenen Fehlern in der Ausgestaltung der Eigentumsordnung basieren, die einen Teil der Bevölkerung von der Möglichkeit ausschließen, von einzelnen Produktionsfaktoren zu profitieren. Geprüft wurde jedoch auch, ob nicht der gegenteilige Typ von Konflikten vorzufinden ist, in denen unter dem Einfluss verschiedener ordnender Potenzen in erster Linie reine Umverteilungswünsche von einzelnen Gruppen durchgesetzt werden sollen, ohne dass damit eine gesamtwirtschaftliche Wohlstandssteigerung verbunden wäre.

Die untersuchten Konflikte haben jeweils ganz spezifische Merkmale. So geht es im Fall der Entwicklungsländer primär um den Produktionsfaktor Boden. Die Globalisierungskritik sieht vor allem einen Konflikt zwischen westlichen Industrieländern, die durch den Faktor Kapital symbolisiert werden, und den Entwicklungsländern, die vor allem auf den Faktor Boden und wenig qualifizierte Arbeit zurückgreifen. Die Konflikte innerhalb dieser Länder richten sich häufig gegen die privaten Besitzer des Bodens. Tatsächlich liegen die Probleme jedoch vielmehr in der mangelnden Spezifizierung der Verfügungsrechte von großen Teilen des bewirtschaftbaren Landes. Die Proteste verfolgen aber zumeist nicht das Ziel, diese institutionellen Schwächen zu beheben. Stattdessen wird privates Grundeigentum häufig an sich diskreditiert, zuweilen unterstützt durch Politiker und staatliche Stellen, die sich von einer Verschärfung dieser Konflikte Vorteile versprechen.

Auch im Fall der Maschinenstürmer in den Zeiten der Industrialisierung richteten sich die meisten Proteste nicht gegen die schlechte Spezifikation von Verfügungsrechten, sondern gegen die Abschaffung bestehender Privilegien oder gegen das Aufkommen neuer Konkurrenz. Der Produktionsfaktor Kapital steht auch im Zentrum der Diskussion um das Prinzip des Shareholder Value, mit dem die Einheit von Eigentum und Verantwortung gestärkt werden soll. Hierin wird von Kritikern ein Instrument zur Sicherung der Dominanz der Kapitaleigner gegenüber den Arbeitnehmern gesehen. Diese Kritik erscheint jedoch nur dann gerechtfertigt, wenn sie an Einzelheiten der praktischen Umsetzung des Prinzips ansetzt, denn letztlich ist es kaum möglich, den Unternehmenswert zu vergrößern, ohne die Interessen der anderen Beteiligten zu wahren.

Besondere Kritik wird auch an den Finanzmärkten geäußert, deren Wirkungen als schädlich für Arbeitnehmer dargestellt werden. Damit wird jedoch nicht auf eine bessere Spezifizierung von Eigentumsrechten gedrängt, im Gegenteil wird die detaillierte Ausgestaltung der Property Rights angegriffen, die an den Finanzmärkten gehandelt werden. Es konnten jedoch keine generellen negativen Effekte gesehen werden, durch die die Eigentumsrechte Dritter entwertet würden. In der Ausgestaltung der Property Rights konnte kein ökonomischer Grund für die Kritik an den Finanzmärkten gefunden werden. Auch ein antagonistischer Interessenkonflikt ist nicht festzustellen, in dem Kapitaleigner über alle anderen Interessen dominieren würden.

Zum Abschluss wurde die sogenannte New Economy betrachtet, in der sich die Bedeutung der verschiedenen Produktionsfaktoren wiederum verändert. Insbesondere ist in der New Economy eine eigenständige Verwertung menschlicher Arbeit leichter möglich, da komplementäres Kapital nicht zwingend benötigt wird, um die Option der wirtschaftlichen Selbstständigkeit zu nutzen. Diese Möglichkeit bietet sich jedoch vornehmlich für qualifizierte Personen, so dass Konflikte eher da zu erwarten sind, wo unqualifizierte Arbeitnehmer keine Gelegenheit zur Teilhabe am wirtschaftlichen Wohlstand haben. Diese Konfliktpotentiale können durch geeignete Maßnahmen, zu denken ist insbesondere an die Bildungspolitik, eingedämmt werden. Insgesamt ist mit der New Economy eine Entschärfung der potentiellen Konflikte verbunden

In den verschiedenen untersuchten Konfliktsituationen war häufig die These vom Klassenkampf vorzufinden, wie sie spätestens seit *Marx* immer wieder vertreten wird. Obwohl sie theoretisch nicht überzeugend ist, wurde sie in den betrachteten Situationen immer wieder vorgebracht. So gilt die Zeit der Industrialisierung bis heute als Symbol des angeblichen sozialen Versagens marktwirtschaftlicher Ordnungen. Auch wenn letztlich die Besitzer der verschiedenen Produktionsfaktoren, die damals noch eher getrennt zu betrachten waren als heute, erheblich vom Prozess der Industrialisierung profitieren konnten, wird der Vorwurf einer Ausbeutung der Arbeiter durch die Kapitaleigner weiterhin erhoben. Analoge Argumentationen finden sich vor allem auch in Diskussionen über die Globalisierung, die zuweilen Ersatz für alte Sozialismus-Debatten sind, die nach dem Zusammenbruch der Sowjetunion und der anderen Ostblock-Staaten beendet zu sein schienen. Die teilweise gewaltsamen Proteste gegen die Globalisierung richten sich häufig nicht gegen einzelne Missstände, sondern gegen eine freiheitliche Wirtschaftsordnung. Dabei ist der unterstellte Konflikt zwischen Arbeit und Kapital, der in seinen unterschiedlichen Ausprägungen innerhalb einer Marktwirtschaft unlösbar sei, das wichtigste Argument der Globalisierungsgegner. Tatsächlich löst der Protest gegen marktwirtschaftliche Strukturen jedoch keine Interessengegensätze auf, sondern verschärft diese noch, da die geforderte protektionistische Politik Wachstums- und Wohlstandschancen vernichtet. Ferner zeigt sich anhand des Beispiels der sogenannten New Economy, dass vorhandene Interessengegensätze nicht durch Beschränkungen der Marktwirtschaft behoben werden, sondern mit Hilfe von marktwirtschaftliche Neuerungen, durch die die einzelnen Menschen besser über ihre eigenen Produktionsfaktoren verfügen können.

In dieser Studie ist deutlich geworden, dass es keinen antagonistischen Interessengegensatz zwischen Arbeit und Kapital beziehungsweise zwischen den Inhabern der Verfügungsrechte verschiedener Produktionsfaktoren gibt. Auch wenn kurzfristige Interessengegensätze natürlich vorkommen, sind auf längere Sicht Kooperationslösungen für alle Beteiligten vorteilhaft. Obwohl die Abstimmung der Interessen nützlich für die handelnden Personen ist, kommt es doch nicht zwangsläufig zu einer solchen Lösung. Eine quasi-naturgesetzliche Harmoniesituation stellt sich nicht ein, auch nicht durch Aktivitäten der ordnenden Potenzen aus Wissenschaft, Staat und Kirchen. Die politökonomischen Überlegungen zeigen im Gegenteil, dass Politiker, Bürokraten und Interessenvertreter einen Anreiz zur Fortführung von Konflikten haben können, sei es, weil sie sich davon Umverteilungsmaßnahmen zu ihren Gunsten versprechen, sei es, weil sie sich von ihrer Rolle in den Konflikten beispielsweise Ansehen, Positionen oder Einkommen versprechen. Die eigentlichen Ursachen der Konflikte liegen zumeist darin, dass Umverteilungswünsche verfolgt werden. In den selteneren Fällen handelt es sich dagegen um Reaktionen auf institutionelle Defizite bei der Ausgestaltung von Eigentumsrechten. Dennoch bleibt es von Bedeutung, die Möglichkeiten des Zugangs zu den verschiedenen Produktionsfaktoren offen zu halten, so dass die marktwirtschaftliche Ordnung nicht durch grundsätzliche Kritik wegen fehlender Chancen infrage gestellt wird. Eine Marktwirtschaft kann für alle Chancen bieten, in Kooperation mit anderen wirtschaftliche Erfolge zu erreichen, indem die eigenen Produktionsfaktoren mit denen anderer kombiniert werden und somit die Interessen harmonisiert werden. Konflikte sind hierbei weder notwendig noch von vornherein gegeben. Sie zu vermeiden und die

dennoch entstehenden zu beherrschen, ist Aufgabe einer marktwirtschaftlichen Ordnungspolitik.

Literatur[*]

Abelshauser, Werner (1990), Neuer Most in alten Schläuchen?, in: *Dietmar Petzina* und *Jürgen Reulecke* (Hrsg.), Bevölkerung, Wirtschaft, Gesellschaft seit der Industrialisierung, Dortmund, S. 117-132.

Achleitner, Ann-Kristin und *Alexander Bassen* (2000), Entwicklungsstand des Shareholder Value-Ansatzes in Deutschland: Empirische Befunde, Oestrich-Winkel.

Alston, Lee J. u.a. (1995), Property Rights and the Preconditions for Markets: The Case of the Amazon Frontier, in: Journal of Institutional and Theoretical Economics: Zeitschrift für die gesamte Staatswissenschaft, Tübingen, S. 89-107.

Ambrosius, Gerold (2001), Staat und Wirtschaftsordnung: eine Einführung in Theorie und Geschichte, Stuttgart.

Arrow, Kenneth J. (1951), Social Choice and Individual Values, New York.

Baden, Axel (2001), Shareholder Value oder Stakeholder–Ansatz?, in: WiSt: Wirtschaftswissenschaftliches Studium, München/Frankfurt am Main, S. 398-403.

Backes-Gellner, Uschi und *Kerstin Pull* (1999), Betriebliche Sozialpolitik und Maximierung des Shareholder Value: ein Widerspruch?, in: Zeitschrift für Betriebswirtschaft, Wiesbaden, S. 51-70.

Bardt, Hubertus (2002), Die Schwächen aktiver Arbeitsmarktpolitik und mögliche Alternativen, in: *Alexander Dilger* (Hrsg.), Zukunft der Arbeit: Wirtschaftliche Dynamik und Reformen, München, S. 59-69.

Barthel, Alexander (1989), Grundzüge protestantischer Wirtschaftsethik, in: *Gernot Gutmann* und *Alfred Schüller* (Hrsg.), Ethik und Ordnungsfragen der Wirtschaft, Baden-Baden, S. 97-115.

Bauer, Peter T. und *B.S. Yamey* (1957), The Economics of Under-Developed Countries, London.

Bauer, Peter T. (1980), Entwicklungsländer in der Weltwirtschaft: Entwicklungshilfe und globale Umverteilung, in: *Ludwig-Erhard-Stiftung* (Hrsg.), Zwischenbilanz der Diskussion über eine neue Weltwirtschaftsordnung, Stuttgart, S. 25-41.

Bauer, Peter T. (1982), Entwicklungshilfe: Was steht auf dem Spiel?, Tübingen.

Baumann, Zygmunt (1992), Dialektik der Ordnung: Die Moderne und der Holocaust, Bern.

Baumert, Jürgen (Hrsg., 2001), PISA 2000. Basiskompetenzen von Schülerinnen und Schülern im internationalen Vergleich, Leverkusen.

Bea, Franz Xaver (1997), Shareholder Value, in: WiSt: Wirtschaftswissenschaftliches Studium, München/Frankfurt am Main, S. 541-543.

Becker, Gary S. (1985/1996), Interessengruppen und politisches Verhalten, in: *Gary S. Becker* (1996), Familie, Gesellschaft und Politik: die ökonomische Perspektive, Tübingen, S. 163-184.

Becker, Gary S. (1989/1996), Politischer Wettbewerb zwischen Interessengruppen, in: *Gary S. Becker* (1996), Familie, Gesellschaft und Politik: die ökonomische Perspektive, Tübingen, S. 185-196.

Becker, Holger A. (1999), Internationale Finanzmärkte im Wandel, in: *Michael Kutschker* (Hrsg.), Perspektiven der internationalen Wirtschaft, Wiesbaden, S. 27-62.

---

[*] Alle Internet-Angaben wurden am 13. November 2003 überprüft.

Beeker, Detlef (2001), Aktuelle Herausforderungen der Wettbewerbspolitik, Köln.

Behrends, Sylke (1999), Erklärung von Gruppenphänomenen in der Wirtschaftspolitik, Berlin.

Berens, Jörg (2000), Die Verheißung vom ewigen Wachstum, in: Financial Times Deutschland, 15.9.2000, Hamburg, S. 30.

Berger, Wolfram (2001), Die Ausbreitung von Währungskrisen, in: Wirtschaftsdienst 2001/VI, Hamburg, S. 358-364.

Berthold, Norbert (2000), Mehr Beschäftigung, weniger Arbeitslosigkeit: Setzt sich das ökonomische Gesetz gegen (verbands-)politische Macht durch?, in: ORDO: Jahrbuch für die Ordnung von Wirtschaft und Gesellschaft, Band 51, Stuttgart, S. 231-259.

Berthold, Norbert (2001), Globalisierung der Märkte und nationale Sozialpolitik: Wie lange geht das noch gut?, in: *Otto Graf Lambsdorff* (Hrsg.), Freiheit und soziale Verantwortung: Grundsätze liberaler Sozialpolitik, Frankfurt am Main, S. 57-77.

Berthold, Norbert und *Rainer Fehn* (1994), Verursachen Wahlen einen politischen Konjunkturzyklus?, in: WiSt: Wirtschaftswissenschaftliches Studium, München/Frankfurt am Main, S. 166-175.

Beyfuß, Jörg u.a. (1997), Globalisierung im Spiegel von Theorie und Empirie, Köln.

Beyfuß, Jörg und *Jan Eggert* (2000), Auslandsinvestitionen der deutschen Wirtschaft und ihre Arbeitsplatzeffekte, Köln.

Bishop, Graham (2001), Die Regulierung oder Selbstregulierung der Finanzmärkte, in: *Christa Randzio-Plath* (Hrsg.), Zur Globalisierung der Finanzmärkte und Finanzmarktstabilität, Baden-Baden, S. 101-116.

Bitala, Michael (2001), Mugabe erlässt Gesetz zur Enteignung weißer Farmer, in: Süddeutsche Zeitung, 14.11.2001, München, S. 11.

Bitala, Michael (2002a), Robert Mugabes Milliarden-Imperium, in: Süddeutsche Zeitung, 9.4.2002, München, S. 24.

Bitala, Michael (2002b), Weiße Farmer müssen Arbeit einstellen, in: Süddeutsche Zeitung, 25.6.2002, München, S. 9.

Blankart, Charles Beat und *Matthias-Wolfgang Stoetzer* (1991), Ökonomische Theorien des Staates, in: WiSt: Wirtschaftswissenschaftliches Studium, München/Frankfurt am Main, S. 164-170.

Börsch-Supan, Axel (2001), Alt werden in einer offenen Welt: In der Bedrängnis durch den demographischen Wandel schlägt die Stunde der Globalisierung, in: Frankfurter Allgemeine Zeitung, 15.12.2001, Frankfurt am Main, S. 15.

Bofinger, Peter (2001), Bei der Tobin-Steuer steckt der Teufel im Detail, in: Die Welt, 5.9.2001, Berlin, S. 14.

Bonde, Bettina (2001), Friedenssteuern und 45 Milliarden Erdkugeln aus Gold: Die Christen und das Geld, in: Frankfurter Allgemeine Zeitung, 16.6.2001, Frankfurt am Main, S.16.

Bondi, Gerhard (1959), Vorwort des Herausgebers, in: Ricardo, David: Über die Grundsätze der Politischen Ökonomie und der Besteuerung, Berlin (Ost), S. VII-XLII.

Boor, Alexander (2001), Ursachen der asiatischen Finanzkrise: Eine institutionenökonomische Analyse, in: Wirtschaftspolitische Blätter, 1/2001, Wien, S. 19-28.

Borchardt, Knut (1972), Die Industrielle Revolution in Deutschland, München.

Borchardt, Knut (1987), Warum geht wissenschaftlicher Rat ins Leere? Das Beispiel des Protektionismus, in: forschung: Mitteilungen der Deutschen Forschungsgemeinschaft, Nr. 3/1987, Weinheim, S. I-VIII.

Borchardt, Knut (2001), Die Globalisierung ist nicht unumkehrbar, in: Handelsblatt, 13.6.2001, Düsseldorf, S. 7.

Breuer, Rolf (2000), Der Wettbewerb unter den Vermögensverwaltern führt zum Herdentrieb; Interview in: Frankfurter Allgemeine Zeitung, 23.11.2000, Frankfurt am Main, S. 35.

Breuer, Rolf (2001), Der Beitrag des Privatsektors zur Krisenprävention und Krisenbewältigung, in: *Christa Randzio-Plath* (Hrsg.), Zur Globalisierung der Finanzmärkte und Finanzmarktstabilität, Baden-Baden, S. 117-138.

Bryson, Phillip J. (2001), Economy and „New Economy" in the United States and Germany, in: Intereconomics, Hamburg, S. 180-190.

Buch, Claudia M. u.a. (2001), Globalisierung der Finanzmärkte: Freier Kapitalverkehr oder Tobin-Steuer?, Kiel.

Bühner, Rolf (1997), Shareholder Value schuldlos am Pranger?, in: Mitbestimmung 11/1997, Düsseldorf, S. 12-16.

Bühner, Rolf und *Anke Tuschke* (1997), Zur Kritik am Shareholder Value: eine ökonomische Analyse, in: Betriebswirtschaftliche Forschung und Praxis, Herne/Berlin, S. 499-516.

Carey, H. (1848), The Past, the Present and the Future, Philadelphia; zitiert nach *Bondi* (1959), S. XXXII.

Cassel, Gustav (1929), Sozialismus oder Fortschritt, Berlin.

Castel, Robert (2000), Die Metamorphosen der sozialen Frage: eine Chronik der Lohnarbeit, Konstanz.

Ceausescu, Nicolae (1979), Grundlegende Prozesse und Tendenzen der zeitgenössischen Weltentwicklung, Bukarest.

Chaloner, W.H. und *W.O. Henderson* (1974), Friedrich Engels und das England der „Hungrigen 1840er Jahre", in: ORDO: Jahrbuch für die Ordnung von Wirtschaft und Gesellschaft, Band 25, Düsseldorf, S. 261-281.

Christensen, Björn (2001), Qualifikationsanforderungen und Arbeitsformen in der Neuen Ökonomie, Kiel.

Cigan, Heidi (2002), Der Beitrag des Internets für den Fortschritt und das Wachstum in Deutschland: Ökonomische Auswirkungen des Internets und der Gestaltung der Zugangspreise, Hamburg.

Clement, Reiner (2000), Braucht die New Economy eine neue Regulierung?, in: Wirtschaftsdienst 2000/IX, Hamburg, S. 542-548.

Coates, David (2000), Models of Capitalism: Growth and Stagnation in the Modern Era, Cambridge.

Cogneau, Denis u.a. (2000), Regional Integration, Migration, Growth and Direct Investment: A Reading of the Economic Literature, in: OECD (Hrsg.), Globalisation, Migration and Development, Paris, S. 75-123.

Conrad, Christian A. (2002), Theorie der „speculative bubbles", in: WiSt: Wirtschaftswissenschaftliches Studium, München/Frankfurt am Main, S. 519-522.

Crockett, Andrew (2001), Die Grundsätze für eine wirksame Bankenaufsicht und ihre Umsetzung, in: *Christa Randzio-Plath* (Hrsg.), Zur Globalisierung der Finanzmärkte und Finanzmarktstabilität, Baden-Baden, S. 87-99.

Dahrendorf, Ralf (2002), Was von Dauer ist: Klassen ohne Kampf, Kampf ohne Klassen, in: Frankfurter Allgemeine Zeitung, 9.3.2002, Frankfurt am Main, S. 8.

Daumann, Frank (1999), Interessenverbände im politischen Prozess: Eine Analyse auf Grundlage der Neuen Politischen Ökonomie, Tübingen.

Demsetz, Harold (1967), Towards a Theory of Property Rights, in: American Economic Review, Nashville, S. 347-359.

Deutsche Bundesbank (1999), Zur Bedeutung von Fundamentalfaktoren für die Entstehung von Währungskrisen in Entwicklungs- und Schwellenländern, in: Monatsbericht April 1999, Frankfurt am Main, S. 15-28.

Deutsche Bundesbank (2000), Der Markt für Wagniskapital in Deutschland, in: Monatsbericht Oktober 2000, Frankfurt am Main, S. 15-29.

Deutsche Shell AG (Hrsg., 1995), Die Ereignisse um Brent Spar in Deutschland, Hamburg.

Donges, Juergen B. (2002), Möglichkeiten und Grenzen wirtschaftswissenschaftlicher Politikberatung, in: Wirtschaft im Wandel, Halle, S. 239-247.

Downs, Anthony (1968), Ökonomische Theorie der Demokratie, Tübingen.

Downs, Anthony (1974a), Eine ökonomische Theorie des politischen Handelns in der Demokratie, in: *Hans Peter Widmaier* (Hrsg.), Politische Ökonomie des Wohlfahrtsstaates, Frankfurt am Main, S. 121-139.

Downs, Anthony (1974b), Nicht marktwirtschaftliche Entscheidungssysteme: Eine Theorie der Bürokratie, in: *Hans Peter Widmaier* (Hrsg.), Politische Ökonomie des Wohlfahrtsstaates, Frankfurt am Main, S. 199-207.

Dresdner Bank (2000), Wie relevant sind Leistungsbilanzdefizite?, Frankfurt am Main.

Dürr, Ernst (1997), Die Enzyklika „Centesimus annus" und die Soziale Marktwirtschaft, in: ORDO: Jahrbuch für die Ordnung von Wirtschaft und Gesellschaft, Band 48, Stuttgart, S. 779-785.

Edwards, Michael (2001), NGOs and International Economic Policy-Making: Rights and responsibilities in the global area, in: World Economics, July-September 2001, Henley-on-Thames, S. 127-137.

Eckwert, Bernhard und *Udo Broll* (1997), Verursacht die Eigendynamik der internationalen Devisenmärkte Anpassungslasten für die reale Wirtschaft?, in: *Bernhard Gahlen* u.a. (Hrsg.), Finanzmärkte, Tübingen, S. 253-262.

Eggerstedt, Harald (1997), Kapitalmärkte im Entwicklungsprozeß: Private Kapitalzuflüsse in Entwicklungsländer, in: *Alfred Schüller* (Hrsg.), Kapitalmarktentwicklung und Wirtschaftsordnung, Marburg, S. 63-77.

Eichhorst, Werner u.a. (2001), Benchmarking Deutschland: Arbeitsmarkt und Beschäftigung, Berlin.

EKD und *DBK* (1997), Gemeinsames Wort: Für eine Zukunft in Solidarität und Gerechtigkeit, Bonn.

Engelhard, Peter (1999), Ordnungstheorie als Theorie humaner Gesellschaftsordnungen, in: *Peter Engelhard* und *Heiko Geue* (Hrsg.), Theorie der Ordnungen: Lehren für das 21. Jahrhundert, Stuttgart, S. 65-99.

Engelhard, Peter , *Ulrich Fehl* und *Heiko Geue* (1998), Konzertierte Aktion, Runde Tische, Aktionsbündnisse: Machtkontrolle organisierter Interessen durch korporatistische Politikbeteiligung?, in: *Dieter Cassel* (Hrsg.), 50 Jahre Soziale Marktwirtschaft, Stuttgart.

Engels, Friedrich (1845/1923), Die Lage der arbeitenden Klasse in England, Stuttgart.

Engels, Friedrich (1891/1946), Einleitung, in: *Karl Marx*: Lohnarbeit und Kapital, Berlin, S. 5-13.

Engels, Wolfram (1996), Der Kapitalismus und seine Krisen, Düsseldorf.

Enquete-Kommission „Globalisierung der Weltwirtschaft: Herausforderungen und Antworten" (2002), Schlussbericht, Bundestags-Drucksache 14/9200, Berlin.

Erhard, Ludwig (1944/1988), Kriegsfinanzierung und Schuldenkonsolidierung (Denkschrift 1943/1944: Schlusskapitel, März 1944), in: *Karl Hohmann* (Hrsg., 1988), Ludwig Erhard: Gedanken aus fünf Jahrzehnten, Düsseldorf, S. 48-52.

Erhard, Ludwig (1945/1988), Gutachten zum wirtschaftlichen Wiederaufbau (Auszug, 1945), in: Karl Hohmann (Hrsg., 1988), Ludwig Erhard: Gedanken aus fünf Jahrzehnten, Düsseldorf, S. 53-54.

Erhard, Ludwig (1946/1988), Freie Wirtschaft und Planwirtschaft (Die Neue Zeitung, 14. Oktober 1946), in: *Karl Hohmann* (Hrsg., 1988), Ludwig Erhard: Gedanken aus fünf Jahrzehnten, Düsseldorf, S. 69-72.

Erhard, Ludwig (1947/1988), Sprachverwirrung um die Wirtschaftsordnung (Die Neue Zeitung, 23. Juni 1946), in: *Karl Hohmann* (Hrsg., 1988), Ludwig Erhard: Gedanken aus fünf Jahrzehnten, Düsseldorf, S. 63-77.

Erhard, Ludwig (1948a/1988), Der Weg in die Zukunft, in: Karl Hohmann (Hrsg., 1988), Ludwig Erhard: Gedanken aus fünf Jahrzehnten, Düsseldorf, S. 95-119.

Erhard, Ludwig (1948b/1988), Der neue Kurs (Rundfunkansprache 21.6 1948), in: Karl Hohmann (Hrsg., 1988), Ludwig Erhard: Gedanken aus fünf Jahrzehnten, Düsseldorf, S. 120-126.

Erhard, Ludwig (1957), Wohlstand für Alle, Düsseldorf.

Erhard, Ludwig (1961/2002), Wirtschaftswunder und Unmöglichkeiten (Auszüge einer Schallplattenaufnahme), in: Frankfurter Allgemeine Zeitung, 4.5.2002, Frankfurt am Main, S. 8.

Erhard, Ludwig (1962/1988), Maßhalten!, in: Karl Hohmann (Hrsg., 1988), Ludwig Erhard: Gedanken aus fünf Jahrzehnten, Düsseldorf, S. 729-737.

Erker, Paul (2001), Dampflok, Daimler, DAX: Die deutsche Wirtschaft im 19. und 20. Jahrhundert, Stuttgart.

Eucken, Walter (1932/1997), Staatliche Strukturwandlungen und die Krisis des Kapitalismus, in: ORDO: Jahrbuch für die Ordnung von Wirtschaft und Gesellschaft (1997), Band 48, Stuttgart, S. 5-24; auch in: Weltwirtschaftliches Archiv (1932), Kiel, S. 287-321.

Eucken, Walter (1934/1954), Kapitaltheoretische Untersuchungen, Tübingen.

Eucken, Walter (1940/1950), Die Grundlagen der Nationalökonomie, Tübingen.

Eucken, Walter (1951/2001), Wirtschaftsmacht und Wirtschaftsordnung. Londoner Vorträge zur Wirtschaftspolitik und zwei Beiträge zur Antimonopolpolitik, Münster.

Eucken, Walter (1952/1990), Grundsätze der Wirtschaftspolitik, Tübingen.

Fack, Fritz Ullrich (2001), Die Furcht vor dem Börsenkrach, in: Frankfurter Allgemeine Zeitung, 23.3.2001, Frankfurt am Main, S. 15.

Fehl, Ulrich (1974), Kapitalzins und Allokation: Zum Kardinalfehler der Marxschen Arbeitswerttheorie, in: Zeitschrift für die gesamte Staatswissenschaft, Tübingen, S. 267-324.

Fehl, Ulrich (1976), Grenzproduktivitätstheorie versus Arbeitswertlehre: Erwiderung auf H. J. Wagener, in: Zeitschrift für die gesamte Staatswissenschaft, Tübingen, S. 351-366.

Fehl, Ulrich (1989), Zu Walter Euckens kapitaltheoretischen Überlegungen, in: ORDO: Jahrbuch für die Ordnung von Wirtschaft und Gesellschaft, Band 40, Stuttgart, S. 71-83.

Fehl, Ulrich (1994), Sparen und Kapitalbildung: Voraussetzung und Motor von Wirtschaftswachstum, in: *Carsten Herrmann-Pillath* u.a. (Hrsg.), Marktwirtschaft als Aufgabe: Wirtschaft und Gesellschaft im Übergang vom Plan zum Markt, Stuttgart, S. 347-360.

Fehl, Ulrich (2002), Österreichische Schule, in: *Alfred Schüller* und *Hans-Günter Krüsselberg* (Hrsg.), Grundbegriffe zur Ordnungstheorie und Politischen Ökonomik, 5. Auflage, Marburg, S. 55-56.

Fehn, Rainer (2000), Steuerreform, Kapitalmarktunvollkommenheiten und Arbeitslosigkeit, in: Wirtschaftsdienst 2000/II, Hamburg, S. 125-132.

Fehn, Rainer (2001a), Rigide Arbeitsmärkte und unvollkommene Kapitalmärkte: Wurzeln der kontinentaleuropäischen Beschäftigungsmisere?, in: WiSt: Wirtschaftswissenschaftliches Studium, München/Frankfurt am Main, S. 640-647.

Fehn, Rainer (2001b), Korporatismus auf dem Arbeitsmarkt und institutionelle Rahmenbedingungen auf dem Kapitalmarkt: Zwei Seiten ein und derselben Medaille?, Würzburg.

Fehr, Ernst (2001), Über Vernunft, Wille und Eigennutz hinaus, in: Neue Zürcher Zeitung, 28./29.4.2001, Zürich, S. 8.

Fehr, Ernst und *Klaus M. Schmidt* (2000), Theories of Fairness and Reciprocity: Evidence and Economic Applications, München.

Feldmann, Horst (1999), Ordnungstheoretische Aspekte der Institutionenökonomik, Berlin.

Fels, Gerhard u.a. (1999), Germany: Between Corporatist Stability and Corporate Flexibility, in: *Group of Thirty* (Hrsg.), The Evolving Corporation: Global Imperatives and National Responses, Washington, S. 83-125.

Fetscher, Iring (1960), Von Marx zur Sowjetideologie, Frankfurt am Main.

Fischer, Marc (1994), Der Property Rights-Ansatz, in: WiSt: Wirtschaftswissenschaftliches Studium, München/Frankfurt am Main, S. 316-318.

Fleischmann, Gerd (1974), Ungleichheit unter den Wählern: Zur ökonomischen Perspektive in der Soziologie, in: *Hans Peter Widmaier* (Hrsg.), Politische Ökonomie des Wohlfahrtsstaates, Frankfurt am Main, S. 140-159.

Forrester, Viviane (1997), Der Terror der Ökonomie, Bern.

Frankel, Jeffrey A. (2000), Assessing the Efficiency Gain from further Liberalization, o.O..

Frerich, Johannes und *Martin Frey* (1996), Handbuch der Geschichte der Sozialpolitik in Deutschland: Band 1: Von der vorindustriellen Zeit bis zum Ende des Dritten Reiches, München.

Frey, Bruno S. (1991), Public Choice, in: WiSt: Wirtschaftswissenschaftliches Studium, München/Frankfurt am Main, S. 492-496.

Frey, Bruno S. (1997), Markt und Motivation: Wie ökonomische Anreize die (Arbeits-) Moral verdrängen, München.

Frey, Bruno S. (1999), Was bewirkt die Volkswirtschaftslehre?, Zürich.

Frey, Bruno S. (2001), Die Grenzen ökonomischer Anreize: Was Menschen motiviert, in: Neue Zürcher Zeitung, 18.5.2001, Zürich, S. 25.

Frey, Bruno S. (2002), Liliput oder Leviathan? Der Staat in der globalisierten Wirtschaft, in: Perspektiven der Wirtschaftspolitik, Oxford, S. 363-375.

Frey, Bruno S. und *Iris Bohnet* (1993), Der ökonomische Blickwinkel: Ein Ansatz zu einer einheitlichen Sozialwissenschaft, in: WiSt: Wirtschaftswissenschaftliches Studium, München/Frankfurt am Main, S. 95-97.

Frey, Bruno S. und *Alois Stutzer* (2001), Beyond Bentham: Measuring Procedural Utility, Zürich.

Freytag, Andreas (2000), Was ist wirklich neu an der New Economy?, in: Zeitschrift für Wirtschaftspolitik, Stuttgart, S. 303-312.

Freytag, Andreas und *Razeen Sally* (2001), Offene Türen für globale Märkte, in: Frankfurter Allgemeine Zeitung, 27.1.2001, Frankfurt am Main, S. 15.

Friedman, Milton (1970), Die optimale Geldmenge und andere Essays, München.

Friedman, Milton (1970/1974), Die Rolle der Geldpolitik, in: *Karl Brunner, Hans G. Monissen* und *Manfred J.M. Neumann* (Hrsg., 1974), Geldtheorie, Köln, S. 314-331; auch in: Friedman, Milton (1970), Die optimale Geldmenge und andere Essays, München, S. 135-156.

Friedman, Milton (1984), Kapitalismus und Freiheit, Frankfurt am Main/Berlin.

Fuest, Winfried (2001), Tobin-Steuer: Diskussion über eine „idiotische Idee", in: Der Arbeitgeber 11/2001, Berlin, S. 16-17.

Geue, Heiko (1999), Ordnungsansätze einer internationalen Markt-, Preis- und Zahlungsgemeinschaft, in: *Peter Engelhard* und *Heiko Geue* (Hrsg.), Theorie der Ordnungen: Lehren für das 21. Jahrhundert, Stuttgart, S. 199-233.

Giersch, Herbert (2000), Über individuelle Freiheit und globales Wirtschaften, in: *Lüder Gerken* und *Gerhard Schick* (Hrsg.), Grüne Ordnungsökonomik: Eine Option moderner Wirtschaftspolitik?, Marburg, S. 181-197.

Golder, Stefan M. (2002), Mit Derivaten auf das Wetter wetten: Risikomanagement in wetterabhängigen Industrien, in: Neue Zürcher Zeitung, 20./21.4.2002, Zürich, S. 14.

Gorz, André (1997), Um den Euro tobt der weltweite Klassenkampf. Interview mit Jürgen Altweg, in: Frankfurter Allgemeine Zeitung, 1.8.1997, Frankfurt am Main; zitiert nach: *Horst Rodemer* und *Harmut Dicke* (2000), Globalisierung, Europäische Integration und internationaler Standortwettbewerb, Baden-Baden.

Graham, Edward M. (2000), Fighting the Wrong Enemy: Antiglobal Activists and Multinational Enterprises, Washington.

Gylfason, Thorvaldur (2001), Lessons from the Dutch Disease: Causes, Treatment, and Cures, Institute for Economic Studies Working Paper 01:06, Reykjavik.

Härtel, Hans-Hagen (2001), Irrlicht Tobin-Steuer, in: Wirtschaftsdienst 2001/IX, Hamburg, S. 492.

Hahn, Albrecht (1949), Die Grundirrtümer in Lord Keynes' General Theory of Employment, Interest and Money, in: ORDO: Jahrbuch für die Ordnung von Wirtschaft und Gesellschaft, Band 2, Bonn, S. 170-192.

Hamel, Hannelore (1992a), Arbeitswertlehre, in: *Alfred Schüller* und *Hans-Günter Krüsselberg*, (Hrsg.), Grundbegriffe zur Ordnungstheorie und Politischen Ökonomik, 3. Auflage, Marburg, S. 76-78.

Hamel, Hannelore (1992b), Mehrwerttheorie, in: *Alfred Schüller* und *Hans-Günter Krüsselberg* (Hrsg.), Grundbegriffe zur Ordnungstheorie und Politischen Ökonomik, 3. Auflage, Marburg, S. 78-79.

Hamel, Hannelore (1992c), Ausbeutung, in: *Alfred Schüller* und *Hans-Günter Krüsselberg* (Hrsg.), Grundbegriffe zur Ordnungstheorie und Politischen Ökonomik, 3. Auflage, Marburg, S. 79.

Hamel, Hannelore (1992d), Verelendungstheorie, in: *Alfred Schüller* und *Hans-Günter Krüsselberg* (Hrsg.), Grundbegriffe zur Ordnungstheorie und Politischen Ökonomik, 3. Auflage, Marburg, S. 79-80.

Hampp, Bernhard (2000), „Ethik muss sich rechnen", in: Süddeutsche Zeitung, 9.10.2000, München.

Hartwig, Karl-Hans (1997), Wirtschaftsverbände und Soziale Marktwirtschaft, in: ORDO: Jahrbuch für die Ordnung von Wirtschaft und Gesellschaft, Band 48, Stuttgart, S. 655-675.

Hasse, Rolf H. (1996), Globalisierung versus Protektionismus, in: *Reinhold Biskup* (Hrsg.), Globalisierung und Wettbewerb, Bern, S. 285-327.

Hauschild, Helmut (2000a), Kampf um den Vorsitz der IG Metall, in: Handelsblatt, 1.12.2000, Düsseldorf, S. 7.

Hauschild, Helmut (2000b), Kein Ort für rote Fahnen, in: Handelsblatt, 28.12.2000, Düsseldorf, S. 12.

Hayek, Friedrich August von (1955), Wirtschaftsgeschichte und Politik, in: ORDO: Jahrbuch für die Ordnung von Wirtschaft und Gesellschaft, Band 7, Düsseldorf, S. 3-22.

Hayek, Friedrich August von (1963), Arten der Ordnung, in: ORDO: Jahrbuch für die Ordnung von Wirtschaft und Gesellschaft, Band 14, Düsseldorf, S. 3-20.

Hayek, Friedrich August von (1990), Mengers „Grundsätze": Ihr Platz in der Geschichte des ökonomischen Denkens, in: *Friedrich August von Hayek, John R. Hicks* und *Israel M. Kirzner*: Carl Mengers wegweisendes Werk, Düsseldorf, S. 21-37.

Heudhues, Franz (2000), Globalisierung, Einkommensverteilung und ländliche Regionalentwicklung in Entwicklungsländern, Stuttgart.

Heinemann, Friedrich (2001), Da weiß man, was man hat, in: Frankfurter Allgemeine Zeitung, 2.6.2001, Frankfurt am Main, S. 15.

Heise, Michael (2002), Die Wiederkehr des Konjunkturzyklus, in: Frankfurter Allgemeine Zeitung, 21.9.2002, Frankfurt am Main, S. 13.

Hellwig, Martin (1997), Unternehmensfinanzierung, Unternehmenskontrolle und Ressourcenallokation: Was leistet das Finanzsystem?, in: *Bernhard Gahlen* u.a. (Hrsg.), Finanzmärkte, Tübingen, S. 211-243.

Hellwig, Martin (1998), Systemische Risiken im Finanzsektor, in: *Dieter Duwendag* (Hrsg.), Finanzmärkte im Spannungsfeld von Globalisierung, Regulierung und Geldpolitik, Berlin, S. 123-151.

Henneberger, Fred u.a. (2000), Globalisierung und Arbeitsmarkt, Baden-Baden.

Henning, Friedrich-Wilhelm (1991), Handbuch der Wirtschafts- und Sozialgeschichte Deutschlands: Band 1: Deutsche Wirtschafts- und Sozialgeschichte im Mittelalter und in der frühen Neuzeit, Paderborn.

Henning, Friedrich-Wilhelm (1996), Deutsche Wirtschafts- und Sozialgeschichte im 19. Jahrhundert, Paderborn.

Herrmann-Pillath, Carsten (1994), Wissenschaft und Kultur als Kräfte gesellschaftlicher Ordnung während der Transformation, in: *Carsten Herrmann-Pillath* u.a. (Hrsg.), Marktwirtschaft als Aufgabe: Wirtschaft und Gesellschaft im Übergang vom Plan zum Markt, Stuttgart, S. 285-301.

Hertner, Peter (2002), Unterschiedliche wirtschaftliche Integrationsphasen: Ein historischer Vergleich, in: *Alfred Schüller* und *H. Jörg Thieme* (Hrsg.), Ordnungsprobleme der Weltwirtschaft, Stuttgart, S. 27-43.

Heuß, Ernst (1965), Freiheit und Ungewissheit, in: ORDO: Jahrbuch für die Ordnung von Wirtschaft und Gesellschaft, Band 15/16, Düsseldorf, S. 43-54.

Heuß, Ernst (1987), Gerechtigkeit und Marktwirtschaft, in: ORDO: Jahrbuch für die Ordnung von Wirtschaft und Gesellschaft, Band 38, Stuttgart, S. 3-19.

Hilferding, Rudolf (1910/1947), Das Finanzkapital, Berlin.

Hirsch-Kreinsen, Hartmut (1999), Shareholder Value: Zum Wandel von Unternehmensstrukturen und Kapitalmarktbedingungen, in: Mitteilungen des Wirtschafts- und Sozialwissenschaftlichen Instituts der Hans-Böckler-Stiftung, Düsseldorf, S. 322-330.

Hirth, Hans und *Andreas Walter* (2001), Rationales Herdenverhalten, in: WiSt: Wirtschaftswissenschaftliches Studium, München/Frankfurt am Main, S. 17-22.

Höfer, Max A. (2001), Die heimliche Macht, in: Capital 6/2001, Köln, S. 64-66.

Hofmann, Daniel (2000), Das Unbehagen an der Globalisierung: Gilt die liberale Wirtschaftsordnung nur bei schönem Wetter?, in: Neue Zürcher Zeitung, 30.9.2000, Zürich, S. 57.

Horn, Ernst-Jürgen (1995), Ordnungs- und wettbewerbspolitische Herausforderungen durch die Globalisierung der Finanzmärkte, Kiel.

Hüther, Michael (2000), Was ist wirklich neu an der „New Economy"?, in: Zeitschrift für Wirtschaftspolitik, Stuttgart, S. 286-295.

Huffschmid, Jörg (2001), Finanzmärkte benötigen einen politischen Rahmen, in: Wirtschaftsdienst 2001/X, Hamburg, S. 558-560.

Issing, Otmar (2001), Globalisierung ist nie Gemütlichkeit, in: Frankfurter Allgemeine Zeitung, 19.5.2001, Frankfurt am Main, S. 15.

Institut der deutschen Wirtschaft Köln (1998a), Asien: Auf dem Boden der Tatsachen, in: Informationsdienst iwd, 05/1998, Köln, S. 4-5.

Institut der deutschen Wirtschaft Köln (1998b), Asiatische Krise: Für rasche und entschiedene Reformen, in: Informationsdienst iwd, 34/1998, Köln, S. 4-5.

Institut der deutschen Wirtschaft Köln (2000a), Globalisierung: Viel besser als ihr Ruf, in: Informationsdienst iwd, 18/2000, Köln, S. 6-7.

Institut der deutschen Wirtschaft Köln (2000b), Auslandsinvestitionen: Auf der Suche nach neuen Absatzmärkten, in: Informationsdienst iwd, 33/2000, Köln, S. 8.

Institut der deutschen Wirtschaft Köln (2000c), Globalisierung und Armut: Haltlose Vorwürfe, in: Informationsdienst iwd, 35/2000, Köln, S. 4-5.

Institut der deutschen Wirtschaft Köln (2002a), Deutschland im globalen Wettbewerb: Internationale Wirtschaftszahlen 2003, Köln.

Jens, Uwe (2000), Gesamtwirtschaftliche Implikationen des Shareholder-Value-Konzepts, in: ifo Schnelldienst 11/2000, München, S. 8-16.

Jens, Uwe (2001), In den Fängen der Lobbyisten, in: Wirtschaftswoche, 8/2001, Düsseldorf, S. 28.

Joffe, Josef (2000), Ein Segen für die Armen, in: Die Zeit, 28.9.2000, Hamburg, S. 7.

Johannes Paul II. (1981), Enzyklika Laborem exercens, Rom.
http://www.vatican.va/holy_father/john_paul_ii/encyclicals/documents/hf_jp-ii_enc_14091981_laborem-exercens_ge.html

Johannes Paul II. (1991), Enzyklika Centesimus annus, Rom.
http://www.vatican.va/holy_father/john_paul_ii/encyclicals/documents/hf_jp-ii_enc_01051991_centesimus-annus_ge.html

Johnson, Harry G. (1974), Neue Entwicklungen in der Geldtheorie: Ein Kommentar, in: *Karl Brunner, Hans G. Monissen* und *Manfred J.M. Neumann* (Hrsg.), Geldtheorie, Köln, S. 26-48.

Jürgens, Ulrich u.a. (2000), Corporate Governance and Shareholder Value in Deutschland, Berlin.

Kaelble, Hartmut (1983), Industrialisierung und soziale Ungleichheit, Göttingen.

Kalmbach, Peter (2003), „New Economy" – war da was?, in: Wirtschaftsdienst 2003/I, Hamburg, S. 38-44.

Kath, Dietmar (1983), Property Rights und Portfolio-Theorie, in: *Alfred Schüller* (Hrsg.), Property Rights und ökonomische Theorie, München, S. 241-270.

Kaufhold, Karl Heinrich (1993), Deutschland 1650-1850, in: *Ilja Mieck* (Hrsg.), Europäische Wirtschafts- und Sozialgeschichte von der Mitte des 17. Jahrhunderts bis zur Mitte des 19. Jahrhunderts, Stuttgart, S. 523-588.

Keck, Margaret E. (2000), Von Seattle nach Prag: Der wachsende Einfluss der Nichtregierungsorganisationen, in: Neue Zürcher Zeitung, 30.9.2000, Zürich, S. 55.

Kerber, Wolfgang (1996), Wettbewerb als Hypothesentest: Eine evolutorische Konzeption wissensschaffenden Wettbewerbs, Bochum.

Keynes, John Maynard (1935/1966), Allgemeine Theorie der Beschäftigung, des Zinses und des Geldes, Berlin.

Kirsch, Guy (1983), Neue politische Ökonomie, Düsseldorf.

Kirsch, Guy (2003), Das Hemd, der Rock und der Bürger: Unvernunft ist fernsehtauglich, ordnungspolitische Vernunft dagegen nicht, in: Frankfurter Allgemeine Sonntagszeitung, 31.8.2003, Frankfurt am Main, S. 11.

Kirzner, Israel M. (1990), Carl Menger und die subjektivistische Tradition in der Ökonomie, in: *Friedrich August von Hayek, John R. Hicks* und *Israel M Kirzner: Carl Mengers wegweisendes Werk*, Düsseldorf, S. 61-82.

Klug, Oskar (1966), Katholizismus und Protestantismus zur Eigentumsfrage: Eine gesellschaftspolitische Analyse, Hamburg.

Knight, Jack (1997), Institutionen und gesellschaftlicher Konflikt, Tübingen.

Knorr, Andreas (1999), Staatliche Bankenaufsicht: eine effiziente Institution?, in: ORDO: Jahrbuch für die Ordnung von Wirtschaft und Gesellschaft, Band 50, Stuttgart, S. 345-369.

Koesters, Paul-Heinz (1984), Ökonomen verändern die Welt, Hamburg.

Kopp, Gudrun und *Karl-Heinz Paqué* (2001), Minderheitsvotum der FDP-Fraktion zu Kapitel 1: Finanzmärkte, in: Enquete-Kommission „Globalisierung der Weltwirtschaft: Herausforderungen und Antworten": Zwischenbericht, Bundestags-Drucksache 14/6910, Berlin, S. 185-192.

Koslowski, Peter (2002), Spekulation ist nicht nur ein Spiel: Zur Wirtschaftsethik des Kapitalmarkts, in: Frankfurter Allgemeine Zeitung, 1.6.2002, Frankfurt am Main, S. 15.

Kotz, Hans-Helmut (2001), New Economy und Geldpolitik: waren wir in Eldorado?, in: Wirtschaftsdienst 2001/XII, Hamburg, S. 685-691.

Krause, Günter und *Tom Sonntag* (1991), Institutionelles Denken heute: Das Beispiel der „Property Rights", in: iPW Berichte aus der internationalen Politik und Wirtschaft, 2/3-91, München/Frankfurt am Main, S. 32-38.

Krelle, Wilhelm (1962), Verteilungstheorie, Wiesbaden.

Krueger, Anne O. (1974), The Political Economy of the Rent-Seeking Society, in: American Economic Review, Nashville, S. 291-303.

Krüsselberg, Hans-Günter (1983), Property Rights-Theorie und Wohlfahrtsökonomik, in: Alfred Schüller (Hrsg.), Property Rights und ökonomische Theorie, München, S. 45-77.

Krüsselberg, Hans-Günter (1997), Einige ordnungstheoretische Thesen zum Thema „Eigentum und/oder Verfügungsrechte (Vermögen)", in: *Hans-Günter Krüsselberg* (Hrsg.), Ethik, Vermögen und Familie, Stuttgart, S. 133-138.

Krüsselberg, Hans-Günter (2002), Klassik im Zeichen von Humanität und Aufklärung, in: *Alfred Schüller* und *Hans-Günter Krüsselberg* (Hrsg.), Grundbegriffe zur Ordnungstheorie und Politischen Ökonomik, 5. Auflage, Marburg, S. 42-45.

Krugman, Paul (1997), Currency Crises, Paper prepared for an NBER-Conference, o.O.. http://web.mit.edu/krugman/www/crises.html

Küller, Hans-Detlev (1997), Das Shareholder Value-Konzept aus Gewerkschaftssicht, in: Betriebswirtschaftliche Forschung und Praxis, Herne/Berlin, S. 517-531.

Kürsten, Wolfgang (2000), „Shareholder Value": Grundelemente und Schieflagen einer polit-ökonomischen Diskussion aus finanzierungstheoretischer Sicht, in: Zeitschrift für Betriebswirtschaft, Wiesbaden, S. 359-381.

Lachmann, Ludwig (1956), Capital and its Structure, London.

Lachmann, Ludwig (1963), Wirtschaftsordnung und wirtschaftliche Institutionen, in: ORDO: Jahrbuch für die Ordnung von Wirtschaft und Gesellschaft, Band 14, Düsseldorf, S. 63-77.

Lachmann, Ludwig (1975), Makroökonomischer Formalismus und die Marktwirtschaft, Tübingen.

Lachmann, Ludwig (1984), Marktprozeß und Erwartungen: Studien zur Theorie der Marktwirtschaft, München.

Lamfalussy, Alexandre (2000), Financial Crises in Emerging Markets, New Haven/London.

Lamfalussy, Alexandre (2001), Die finanzielle Globalisierung und Fragilitätsprobleme, in: *Christa Randzio-Plath* (Hrsg.), Zur Globalisierung der Finanzmärkte und Finanzmarktstabilität, Baden-Baden, S. 11-17.

Landes, David S. (1999), Wohlstand und Armut der Nationen: Warum die einen reich und die anderen arm sind, Berlin.

Lang, Franz Peter (1985), Prebisch-Singer-These, in: WiSt: Wirtschaftswissenschaftliches Studium, München/Frankfurt am Main, S. 77-79.

Lange-von Kulessa, Jürgen und *Andreas Renner* (1998), Die Soziale Marktwirtschaft Alfred Müller-Armacks und der Ordoliberalismus der Freiburger Schule: Zur Unvereinbarkeit zweier Staatsauffassungen, in: ORDO: Jahrbuch für die Ordnung von Wirtschaft und Gesellschaft, Band 49, Stuttgart, S. 79-104.

Langhammer, Rolf (2001), Tyrannei von Natur und Mensch, in: Frankfurter Allgemeine Zeitung, 5.5.2001, Frankfurt am Main, S. 15.

Langhammer, Rolf (2002), Das Soziale in der Globalisierung: Zwischen Gutgemeintem und Gutem, in: Volkswirtschaftliche Korrespondenz der Adolf-Weber-Stiftung, Nr. 2/2002, München.

Larsson, Tomas (2001), The Race to the Top: The real Story of Globalization, Washington.

Lee, Eddy (2001), Die Auswirkung von Finanzkrisen auf Beschäftigung und ihre sozialen Folgen, in: *Christa Randzio-Plath* (Hrsg.), Zur Globalisierung der Finanzmärkte und Finanzmarktstabilität, Baden-Baden, S. 165-174.

Leipold, Helmut (1994), Interdependenz von wirtschaftlicher und politischer Ordnung, in: *Carsten Herrmann-Pillath* u.a. (Hrsg.), Marktwirtschaft als Aufgabe: Wirtschaft und Gesellschaft im Übergang vom Plan zum Markt, Stuttgart, S. 723-738.

Leipold, Helmut (1996), Ideendynamik: Stagnation, Weiterentwicklung und Paradigmenwechsel in der Ordnungstheorie, in: *Dieter Cassel* (Hrsg.), Entstehung und Wettbewerb von Systemen, Berlin, S. 93-115.

Leipold, Helmut (2001), Islam, institutioneller Wandel und wirtschaftliche Entwicklung, Stuttgart.

Leisner, Walter (2001), Eigentum: ein Menschenrecht, in: Volkswirtschaftliche Korrespondenz der Adolf-Weber-Stiftung, Nr. 10/2001, München.

Leo XIII. (1891), Enzyklika Rerum novarum, Rom.
http://198.62.75.1/www1/overkott/rerum.htm

Liebrich, Silvia (2002), Präsident Mugabe ruiniert Simbabwe, in: Süddeutsche Zeitung, 28.1.2001, München, S. 22.

Lindgren, Carl Johan u.a. (1999), Financial Sector Crisis and Restructuring: Lessons from Asia, Washington.

Lipp, Ernst-Moritz (1996), Die Globalisierung der Finanzmärkte, in: *Reinhold Biskup* (Hrsg.), Globalisierung und Wettbewerb, Bern, S. 201-215.

Löchel, Horst (1999), Ökonomische Institutionen als das Ergebnis von Verteilungskonflikten, in: WiSt: Wirtschaftswissenschaftliches Studium, München/Frankfurt am Main, S. 275-278.

Lorson, Peter (1999), Shareholder Value-Ansätze, in: Der Betrieb, Düsseldorf, S. 1329-1339.

Lübbe, Hermann (1996), Globalisierung: Zur Theorie der zivilisatorischen Evolution, in: *Reinhold Biskup* (Hrsg.), Globalisierung und Wettbewerb, Bern, S. 39-63.

Lütge, Friedrich (1979), Deutsche Sozial- und Wirtschaftsgeschichte: ein Überblick, Berlin.

Lutz, Friedrich A. (1954), Die Entwicklung der Zinstheorie seit Böhm-Bawerk, in: *Walter Eucken*: Kapitaltheoretische Untersuchungen, Tübingen, S. IX-XXVII.

Mai, Stefan (2000), Prognosen zum E-Commerce: Ungewissheiten über das zukünftige Potenzial des elektronischen Handels, in: Zeitschrift für Wirtschaftspolitik, Stuttgart, S. 267-284.

Martin, Hans-Peter und *Harald Schumann* (1996), Die Globalisierungsfalle: Der Angriff auf Demokratien und Wohlstand, Reinbek bei Hamburg.

Marx, Karl und *Friedrich Engels* (1848/1977), Manifest der Kommunistischen Partei, Berlin (Ost).

Marx, Karl (1867/1969), Das Kapital, Band I, Frankfurt am Main.

Marx, Karl (1885/1969), Das Kapital, Band II, Frankfurt am Main.

Marx, Karl (1891/1946), Lohnarbeit und Kapital, Berlin.

Matthes, Jürgen (2000), Das deutsche Corporate-Governance-System: Wandel von der Stakeholder Orientierung zum Shareholder-Value-Denken, Köln.

Maxeiner, Dirk und *Michael Miersch* (2001), Das Mephisto-Prinzip: Warum es besser ist, nicht gut zu sein, Frankfurt am Main.

Mayer, Thomas (2001), Freie Finanzmärkte sind notwendig, in: Wirtschaftsdienst 2001/X, Hamburg, S. 561-563.

Meinhardt, Günther (1972), Der schlesische Weberaufstand von 1844, in: Jahrbuch der schlesischen Friedrich-Wilhelms-Universität zu Breslau, Band 17, Berlin, S. 91-112.

Melzig-Thiel, Bertram (2000), Arbeit in der Informationsgesellschaft: Chancen und Risiken neuer Informations- und Kommunikationstechnologien für die Beschäftigung, Frankfurt am Main.

Menger, Carl (1871/1923), Grundsätze der Volkswirtschaftslehre, Wien.

Mestmäcker, Ernst-Joachim (1990), Vorwort zur Neuausgabe 1990, in: *Walter Eucken*: Grundsätze der Wirtschaftspolitik, Tübingen, S. V-XVI.

Meyer, Albert (2001), Die Tobin-Steuer: Mehr als eine gute Idee?, in: Wirtschaftsdienst 2001/XII, Hamburg, S. 730-736.

Meyer, Wilhelm (1968), Personen und Institutionen: Zur Analyse der ökonomischen Krisenerscheinungen in der Bundesrepublik, in: ORDO: Jahrbuch für die Ordnung von Wirtschaft und Gesellschaft, Band 19, Düsseldorf, S. 99-157.

Meyer, Wilhelm (1983), Entwicklung und Bedeutung des Property Rights-Ansatzes in der Nationalökonomie, in: *Alfred Schüller* (Hrsg.), Property Rights und ökonomische Theorie, München, S. 1-44.

Meyer, Wilhelm (1989), Geschichte und Nationalökonomie: Historische Einbettung und allgemeine Theorien, in: ORDO: Jahrbuch für die Ordnung von Wirtschaft und Gesellschaft, Band 40, Stuttgart, S. 31-54.

Meyer, Wilhelm (2000), Der Wohlstand der Nationen und die Moral der Wirtschaftssubjekte, in: ORDO: Jahrbuch für die Ordnung von Wirtschaft und Gesellschaft, Band 51, Stuttgart, S. 127-167.

Micklethwait, John und *Adrian Wooldridge* (2001), The Globalization Backlash, in: Foreign Policy, September/October 2001, Washington, S. 16-26.

Mieck, Ilja (1993), Wirtschaft und Gesellschaft Europas von 1650 bis 1850, in: *Ilja Mieck* (Hrsg.), Europäische Wirtschafts- und Sozialgeschichte von der Mitte des 17. Jahrhunderts bis zur Mitte des 19. Jahrhunderts, Stuttgart, S. 1-233.

Miegel, Meinhard (2000), „Sie sitzen in einem Boot"; Interview in: Der Spiegel, 34/2000, Hamburg, S. 164-166.

Mises, Ludwig von (1929), Kritik des Interventionismus, Jena.

Mises, Ludwig von (1932), Die Gemeinwirtschaft: Untersuchungen über den Sozialismus, Jena.

Mises, Ludwig von (1933), Grundprobleme der Nationalökonomie, Jena.

Mises, Ludwig von (1958), Die Wurzeln des Antikapitalismus, Frankfurt am Main.

Mises, Ludwig von (1944/1997), Die Bürokratie, Sankt Augustin.

Mishkin, Frederic S. (1998), International Capital Movements, Financial Volatility and Financial Instability, in: *Dieter Duwendag* (Hrsg.), Finanzmärkte im Spannungsfeld von Globalisierung, Regulierung und Geldpolitik, Berlin, S. 11-40.

Monopolkommission (2002), Vierzehntes Hauptgutachten der Monopolkommission 2000/2001, Bundestags-Drucksache 14/9903, Berlin.

Müller, Anton P. (2002), Die Verführung durch die Geldpolitik: Die Sicht der österreichischen Schule der Nationalökonomie auf Finanzkrisen, in: Neue Zürcher Zeitung, 26./27.1.2002, Zürich, S. 8.

Müller-Armack, Alfred (1946/1990), Wirtschaftslenkung und Marktwirtschaft Irenik, München; auch in: *Alfred Müller-Armack* (1976), Wirtschaftsordnung und Wirtschaftspolitik, Bern, S. 19-170.

Müller-Armack, Alfred (1950), Soziale Irenik, in: Weltwirtschaftliches Archiv, Band 64, Hamburg, S. 181-203.

Müller-Armack, Alfred (1952/1976), Stil und Ordnung der Sozialen Marktwirtschaft, in: *Alfred Müller-Armack* (1976), Wirtschaftsordnung und Wirtschaftspolitik, Bern, S. 231-242.

Müller-Armack, Alfred (1962/1976), Das gesellschaftspolitische Leitbild der Sozialen Marktwirtschaft, in: *Alfred Müller-Armack* (1976), Wirtschaftsordnung und Wirtschaftspolitik, Bern, S. 293-315.

Mundell, Robert A. (1961), A Theory of Optimum Currency Areas, in: American Economic Review, 1961, S. 657-665.

Musgrave, Richard A. u.a. (1978), Die öffentlichen Finanzen in Theorie und Praxis, Tübingen.

Myrdal, Gunnar (1959), Ökonomische Theorie und unterentwickelte Regionen, Stuttgart.

Niskanen, William A. (1974), Nichtmarktwirtschaftliche Entscheidungen: Die eigentümliche Ökonomie der Bürokratie, in: *Hans Peter Widmaier* (Hrsg.), Politische Ökonomie des Wohlfahrtsstaates, Frankfurt am Main, S. 208-222.

Noelle-Neumann, Elisabeth (1996), Öffentliche Meinung: Die Entdeckung der Schweigespirale, Frankfurt am Main.

Noelle-Neumann, Elisabeth (2002a), Wahlkampf der Meinungsführer: Nach ihnen richtet sich die übrige Bevölkerung, in: Frankfurter Allgemeine Zeitung, 14.8.2002, Frankfurt am Main, S. 5.

Noelle-Neumann, Elisabeth (2002b), Wahlen: Was zählt, ist die Wirtschaft, in: Handelsblatt, 20.08.2002, Düsseldorf, S. 8.

Norberg, Johan (2001), In Defence of Global Capitalism, Stockholm.

North, Douglass C. (1992), Institutionen, institutioneller Wandel und Wirtschaftsleistung, Tübingen.

North, Douglass C. und *Robert Paul Thomas* (1970), An Economic Theory of the Growth of the Western World, in: Economic History Review, New York, S. 1-19.

North, Douglass C. und *Robert Paul Thomas* (1973), The Rise of the Western World: A New Economic History, New York.

North, Douglass C. und *Barry R. Weingast* (1989), Constitutions and Commitment: The Evolution of Institutions Governing Public Choice in Seventeenth-Century England, in: The Journal of Economic History, New York, S. 803-834.

o.V. (2000a), Kids need liquidity, too, in: The Economist, 16.9.2000, London, S. 111.

o.V. (2000b), Mehrheit der Bundsbürger sieht Unternehmer als Ausbeuter, in: Handelsblatt, 20.09.2000, Düsseldorf, S. 7.

o.V. (2000c), In Nizza Demonstration für die Tobin-Steuer, in: Frankfurter Allgemeine Zeitung, 8.12.2000, Frankfurt am Main, S. 14.

o.V. (2000d), „Kursrutsch bei Aktien hilft den Gewerkschaften", in: Frankfurter Allgemeine Zeitung, 11.12.2000, Frankfurt am Main, S. 19.

o.V. (2001a), DGB-Beschäftigte: Im eigenen Haus gibt es keine Tarifautonomie, in: Frankfurter Allgemeine Zeitung, 30.1.2001, Frankfurt am Main, S. 17.

o.V. (2001b), Schmoldt: Arbeiter als Aktionäre, in: Süddeutsche Zeitung, 28.2.2001, München, S. 24.

o.V. (2001c), Zimbabwe führt Preiskontrollen ein, in: Frankfurter Allgemeine Zeitung, 16.10.2001, Frankfurt am Main, S. 18.

o.V. (2001d), „Steuerreform nur gegen Beschäftigung", in: Frankfurter Allgemeine Zeitung, 24.12.2001, Frankfurt am Main, S. 11.

o.V. (2002a), Schatten Simbabwes über Afrika, in: Neue Zürcher Zeitung, 12.6.2002, Zürich, S. 10.

o.V. (2002b), Farmarbeiter: die eigentlichen Opfer, in: Neue Zürcher Zeitung, 17.9.2002, Zürich, S. 7.

OECD (Hrsg., 2000), Globalisation, Migration and Development, Paris.

Ockenfels, Alexander (1999), Fairneß, Reziprozität und Eigennutz, Tübingen.

Olson, Mancur (1968), Die Logik des kollektiven Handelns, Tübingen.

Olson, Mancur (1991), Aufstieg und Niedergang von Nationen, Tübingen.

Opper, Sonja (2001), Der Stand der Neuen Institutionenökonomik, in: Wirtschaftsdienst 2001/X, Hamburg, S. 601-608.

O'Rourke, Kevin H. und *Jeffrey G. Williamson* (2000), When Did Globalization Begin?, o.O..

O'Rourke, P. J. (2002), Das Schwein mit dem Holzbein: Was Sie schon immer über Wirtschaft wissen wollten und nie zu fragen wagten, Frankfurt am Main/Wien.

Osterloh, Margit, Bruno S. Frey und *Jetta Frost* (2000), Intrinsische Motivation oder residuale Eigentumsrechte?, in: Zeitschrift für Betriebswirtschaft, Wiesbaden, S. 1397-1403.

Ostry, Sylvia (2002), Die Zukunft des Welthandelssystems, in: *Institut der deutschen Wirtschaft Köln* (Hrsg.), Ordnungspolitik für das 21. Jahrhundert, Köln, S. 97-129.

Ott, Alfred E. (1994), Akzeptanz der marktwirtschaftlichen Ordnung und des technischen Fortschritts, in: *Carsten Herrmann-Pillath* u.a. (Hrsg.), Marktwirtschaft als Aufgabe: Wirtschaft und Gesellschaft im Übergang vom Plan zum Markt, Stuttgart, S. 271-284.

Paqué, Karl-Heinz (2000), Grundsätzliches zur Globalisierung der Finanzmärkte, Magdeburg.

Paqué, Karl-Heinz (2001a), Kein Bedarf an Sand im Getriebe, in: Frankfurter Allgemeine Zeitung, 20.10.2001, Frankfurt am Main, S. 15.

Paqué, Karl-Heinz (2001b), Zur Globalisierung der Finanzmärkte, in: Wirtschaftsdienst 2001/X, Hamburg, S. 555-558.

Paqué, Karl-Heinz (2001c), Soziale Marktwirtschaft und globale „New Economy": Ein Widerspruch?, in: Aus Politik und Zeitgeschichte, B9/2001, Bonn, S. 31-38.

Perras, Arne (2002), Schachspiel mit blutigen Regeln, in: Süddeutsche Zeitung, 1.10.2002, München, S. 3.

Peterhoff, Reinhard (1990), Kapital und Arbeit: Partner oder Gegner?, in: *Hannelore Hamel* (Hrsg.), Soziale Marktwirtschaft: Zum Verständnis ihrer Ordnungs- und Funktionsprinzipien, Marburg, S. 27-30.

Pfeiffer, Hermannus (2000), Die Zähmung des Geldes, Hamburg.

Picot, Arnold und *Dominik K. Heger* (2003), Braucht das Internet eine neue Wettbewerbspolitik? in: *Peter Oberender* (Hrsg.), Wettbewerb in der Internetökonomie, Berlin, S. 9-38.

Plato (o.J./1982), Der Staat, Stuttgart.

Prebisch, Raul (1959), International Trade and Payments in an Era of Coexistence: Commercial Policy in the Underdeveloped Countries, in: American Economic Review, Nashville, S. 251-273.

Prien, Hans-Jürgen (1992), Luthers Wirtschaftsethik, Göttingen.

Pritzl, Rupert F.J. (1995), Property Rights, Rechtsunsicherheit und Rent-Seeking in Entwicklungsländern, in: List Forum für Wirtschafts- und Finanzpolitik, Düsseldorf, S. 266-293.

Quaas, Friedrun (2002), Soziale Marktwirtschaft: Soziale Irenik, in: *Rolf H. Hasse, Hermann Schneider* und *Klaus Weigelt* (Hrsg.), Lexikon Soziale Marktwirtschaft – Wirtschaftspolitik von A bis Z, Paderborn, S. 384-387.

Puntsch, Eberhard (1994), Der Links-Mitte-Rechts-Unfug: Die Welt der Parteien ist nicht zweipolig, München.

Rath, Corinna (1998), Staat, Gesellschaft und Wirtschaft bei Max Weber und Walter Eucken: eine theorievergleichende Studie, Egelsbach.

Recktenwald, Horst Claus (1999), Würdigung des Werkes, in: *Adam Smith*: Der Wohlstand der Nationen, München, S. XV-LXXIX.

Remsperger, Hermann (2000), Globalisierung und Finanzmärkte, in: Deutsche Bundesbank, Auszüge aus Presseartikeln Nr. 30/2000, Frankfurt am Main, S. 2-6.

Reulecke, Jürgen (1990), Bürgerliche Bestrebungen zur „Beheimatung der unteren Klassen" in der Industriegesellschaft (Gesellenheim, Arbeiterheim, Volksheim), in: *Dietmar Petzina* und *Jürgen Reulecke* (Hrsg.), Bevölkerung, Wirtschaft, Gesellschaft seit der Industrialisierung, Dortmund, S. 343-357.

Ricardo, David (1817/1959), Über die Grundsätze der Politischen Ökonomie und der Besteuerung, Berlin (Ost).

Richter, Stephan-Götz (2001), Protestieren für die Gerechtigkeit, in: Financial Times Deutschland, 25.1.2001, Hamburg, S. 30.

Rodemer, Horst und *Hartmut Dicke* (2000), Globalisierung, Europäische Integration und internationaler Standortwettbewerb, Baden-Baden.

Rodenstock, Randolf (2001), Chancen für alle: die neue soziale Marktwirtschaft, Köln.

Rodrik, Dani (2000), Grenzen der Globalisierung: Ökonomische Integration und soziale Desintegration, Frankfurt am Main.

Röpke, Jochen (1983), Handlungsrechte und wirtschaftliche Entwicklung, in: *Alfred Schüller* (Hrsg.), Property Rights und ökonomische Theorie, München, S. 111-144.

Roos, Lothar (o.J.), Das Verhältnis von Arbeit und Kapital nach der Enzyklika Laborem exercens, o.O..

Roppel, Ulrich (1979), Ökonomische Theorie der Demokratie, Freiburg.

Rosen, Rüdiger von (1999), Unkontrollierbare Finanzströme: Lehren aus der Krise in Südostasien, in: Internationale Politik, Nr. 2-3/1999, Berlin, S. 59-65; zitiert nach: http://www.dai.de/internet/dai/dai-2-0.nsf/WebAnsichtPublikationenAufsaetze/ 41256A99002BDD55C125699A00565E72?openDocument

Rüb, Matthias (2002), Weltsozialfall Afrika, in: Frankfurter Allgemeine Zeitung, 25.6.2002, Frankfurt am Main, S. 5.

Sachs, Jeffry (1996), Globalization and Employment, Vortrag am 18.3.1996 beim International Institute für Labour Studies der International Labor Organization, Genf. http://www.ilo.org/public/english/bureau/inst/papers/publecs/sachs/ch2.htm

Schempp, Ulrich (1992), Integrativer Rückschritt mit Tücken: Überlegungen zu einem Vorschlag von James Tobin, in: Jahrbuch für Nationalökonomie und Statistik, Band 209, Stuttgart, S. 231-240.

Scherpenberg, Jens von (1999), Re-Regulierung der internationalen Finanzmärkte?, in: Aus Politik und Zeitgeschichte, 49/99, Bonn, S. 19-24.

Schildt, Gerhard (1996), Die Arbeiterschaft im 19. und 20. Jahrhundert, München.

Schittek, Carsten (1999), Ordnungsstrukturen im europäischen Integrationsprozeß, Stuttgart.

Schleich, Thomas (1983), Überlegungen zum Problem senatorischer Handelsaktivitäten (1), in: Münstersche Beiträge zur Antiken Handelsgeschichte 2/1983, Sankt Katharinen, S. 65-90.

Schleich, Thomas (1984), Überlegungen zum Problem senatorischer Handelsaktivitäten (2), in: Münstersche Beiträge zur Antiken Handelsgeschichte 1/1984, Sankt Katharinen, S. 37-72.

Schmidt, Paul-Günther (2001), Ursachen systemischer Bankenkrisen: Erklärungsversuche, empirische Evidenz und wirtschaftspolitische Konsequenzen, in: ORDO: Jahrbuch für die Ordnung von Wirtschaft und Gesellschaft, Band 52, Stuttgart, S. 237-280.

Schmölders, Günter (1961), Geschichte der Volkswirtschaftslehre, Wiesbaden.

Schmoller, Gustav (1890), Zur Social- und Gewerbepolitik der Gegenwart, Leipzig.

Schneider, Michael (2000), Kleine Geschichte der Gewerkschaften, Bonn.

Schneider, Ursula (2000), Internationale Finanzmärkte: Katalysator oder Konkurrenz der Realwirtschaft, in: Wirtschaftspolitische Blätter, 4/2000, Wien, S. 431-438.

Schönert, Elisabeth (1999), Vom Spekulanten zum T-Shirt-Näher, in:Die Welt, 5.7.1999,Berlin. http://www.welt.de/daten/1999/07/05/0705wi120209.htx

Schoppe, Siegfried G. (1989), Kanonisches Zinsverbot und wirtschaftliche Entwicklung, in: *Gernot Gutmann* und *Alfred Schüller* (Hrsg.), Ethik und Ordnungsfragen der Wirtschaft, Baden-Baden, S. 157-174.

Schreiter, Carsten (2000), Die kapitaltheoretische Fundierung des Sayschen Gesetzes, Marburg.

Schreiter, Carsten (2001), Intertemporal Competition and Intertemporal Co-operation: The Consequences of Product Innovations in Macroeconomics, Marburg.

Schüller, Alfred (o.J.), Grundelemente der güterwirtschaftlichen (reinen) Theorie des internationalen Handels, Marburg.

Schüller, Alfred (1979), Eigentumsrechte, Unternehmenskontrollen und Wettbewerbsordnung, in: ORDO: Jahrbuch für die Ordnung von Wirtschaft und Gesellschaft, Band 30, Stuttgart, S. 325-346.

Schüller, Alfred (1983a), Property Rights, Theorie der Firma und wettbewerbliches Marktsystem, in: *Alfred Schüller* (Hrsg.), Property Rights und ökonomische Theorie, München, S. 145-183.

Schüller, Alfred (1983b), Einführung, in: *Alfred Schüller* (Hrsg.), Property Rights und ökonomische Theorie, München, S. I-XXI.

Schüller, Alfred (1988a), Ökonomik der Eigentumsrechte in ordnungstheoretischer Sicht, in: *Dieter Cassel* u.a. (Hrsg.), Ordnungspolitik, München, S. 155-183.

Schüller, Alfred (1988b), Die Verschuldungskrise als Ordnungsproblem: Plädoyer für eine vertrauensbildende Entwicklungspolitik, in: Neue Zürcher Zeitung, 10./11.7.1988, Zürich, S. 15; auch in: *Alfred Schüller* (2002), Marburger Studien zur Ordnungsökonomik, Stuttgart, S. 289-294.

Schüller, Alfred (1988c), Zur Frage der internationalen Wettbewerbsfähigkeit von Volkswirtschaften, Marburg.

Schüller, Alfred (1989), Gerechtigkeit und wirtschaftliche Entwicklung, in: *Gernot Gutmann* und *Alfred Schüller* (Hrsg.), Ethik und Ordnungsfragen der Wirtschaft, Baden-Baden, S. 411-449.

Schüller, Alfred (1994), Vom staatlichen Preisdirigismus zu Wettbewerbspreisen, in: *Carsten Herrmann-Pillath* (Hrsg.), Marktwirtschaft als Aufgabe: Wirtschaft und Gesellschaft im Übergang vom Plan zum Markt, Stuttgart, S. 465-480.

Schüller, Alfred (1996a), Ordnungspolitische Dimensionen der Globalisierung, in: *Reinhold Biskup* (Hrsg.), Globalisierung und Wettbewerb, Bern, S. 81-127.

Schüller, Alfred (1996b), Gefährden internationale Kapitalmärkte Stabilität und Wohlstand?, in: Neue Zürcher Zeitung, 28./29.12.1996, Zürich, S. 39.

Schüller, Alfred (1997a), Die Kirchen und die Wertgrundlagen der Sozialen Marktwirtschaft, in: ORDO: Jahrbuch für die Ordnung von Wirtschaft und Gesellschaft, Band 48, Stuttgart, S. 727-755.

Schüller, Alfred (1997b), Fehlorientierungen des Kapitalmarktes in Deutschland – Für teilhaberfreundliche Reformen, in: *Alfred Schüller* (Hrsg.), Kapitalmarktentwicklung und Wirtschaftsordnung, Marburg, S. 1-17.

Schüller, Alfred (1997c), Der Wettbewerbszusammenhang zwischen Kapital- und Gütermärkten, in: *Karl von Delhaes* und *Ulrich Fehl* (Hrsg.), Dimensionen des Wettbewerbs, Stuttgart, S. 177-216.

Schüller, Alfred (1999), Vergleichende Systemforschung und Ordnungstheorie: Der Beitrag der Marburger Forschungsstelle, in: *Alfred Schüller* und *Christian Watrin* (Hrsg.), Wirtschaftliche Systemforschung und Ordnungspolitik, Stuttgart, S. 5-34.

Schüller, Alfred (2000a), Das Menschenbild der christlichen Kirchen aus ordnungsökonomischer Sicht, in: *Reinhold Biskup* und *Rolf Hasse* (Hrsg.), Das Menschenbild in Wirtschaft und Gesellschaft, Bern, S. 79-133.

Schüller, Alfred (2000b), Soziale Marktwirtschaft und Dritte Wege, in: ORDO: Jahrbuch für die Ordnung von Wirtschaft und Gesellschaft, Band 51, Stuttgart, S. 169-202.

Bei Fragen zur Produktsicherheit wenden Sie sich bitte an:
If you have any questions regarding product safety,
please contact:

Walter de Gruyter GmbH
Genthiner Straße 13
10785 Berlin
productsafety@degruyterbrill.com